Der richtige Berliner

Der richtige

Berliner

in Wörtern
und Redensarten
verfaßt von Hans Meyer
und
Siegfried Mauermann
bearbeitet & ergänzt
von
Walther Kiaulehn

Verlag C. H. Beck München

Frau Almuth Gittermann hat im Einverständnis
mit Professor Dr. Siegfried Mauermann
die Anregung zu einer Neuauflage des Buches gegeben und stellte dazu
ihr in langen Jahren gesammeltes Berlin-Material
liebenswürdigerweise zur Verfügung.

ISBN 3 406 30611 X

Neuausgabe der 10. Auflage. 1985
Einband und Buchschmuck von Andreas Brylka

Druck der C. H. Beck'schen Buchdruckerei, Nördlingen

INHALT

Einleitung
Der richtige Berliner und der Berliner überhaupt

Hans Meyers Buch ‹Der richtige Berliner› ist ein Kind des Ärgers. Der Ärger ist oft ein Ausdruck der Liebe. Hans Meyer, vor achtzig Jahren Professor am Gymnasium zum Grauen Kloster, war ein geborener Berliner und ärgerte sich darüber, wie schlampig meist die Zugewanderten mit der Berliner Stadtsprache umgingen. Sie näherten sich ihr mit zu wenig Liebe, rissen sie in plumper Vertraulichkeit an sich und glaubten sie zu besitzen, wenn sie ihr ein paar drollige Äußerlichkeiten abgelauscht hatten. Er sah sein geliebtes Berlinisch schon vor die Hunde gehen.

Obwohl die Berliner die Anziehungskraft ihrer Stadt kannten und auch sehr gut wußten, daß die Stadtsprache sie bisher alle in ihren Bann geschlagen und zu echten Berlinern gemacht hatte, erschien es ihnen nach 1871 fraglich, ob die Kraft der Sprache dem immer größer werdenden Zustrom gewachsen war. Von 1820 bis 1870 war die Einwohnerzahl Berlins auf das Vierfache gestiegen, von 200000 bis auf 800000. Jedes Jahr hatte es zwölftausend neue Berliner gegeben. Seit der Reichsgründung indes kamen jährlich doppelt soviele Zuwanderer, und 1878 zählte Berlin schon über eine Million Einwohner.

Das ständige Wachstum der Stadt war jedoch nicht die einzige Sorge des gelehrten Herrn. Was ihn noch mehr wurmte, war die Wurstigkeit der sogenannten ‹Gebildeten› gegen die alte Stadtsprache. Noch 1904, als er schon die fünfte Auflage des ‹Richtigen Berliners› hatte herausbringen können, – inzwischen gab es schon dreieinhalb Millionen Berliner – grollte er: «Nicht selten wird die Meinung ausgesprochen, ein gebildeter Mensch könnte sich mit dem Berlinischen höchstens aus Spaß (‹aus Ulk›) abgeben. Diesem Vorurteil kann nicht scharf genug widersprochen werden. Denn abgesehen davon, daß die Sprache der drittehalb Millionen Einwohner der Provinz (!) Berlin (es sind mehr, als manches Königreich hat) das Recht hat, ernstgenommen zu werden, abgesehen davon, daß diese Sprache vielleicht für Deutschland dieselbe Bedeutung erlangen wird, wie die von Paris für Frankreich erreicht hat, ist diese Sprache eine *Sprache*, so gut wie jede andere, ein natürlich erwachsener Dialekt mit eignem Charakter und eignen Gesetzen. Mit ihr, wie mit jeder deutschen Mundart, verglichen, ist unsere hochdeutsche Bildungssprache ein künstliches Erzeugnis.»

Aller guten Dinge sind drei, und so war es auch noch ein dritter Ärger, der den Professor Meyer in seinem Grauen Kloster bewegte, den ‹Richtigen Berliner› zu erschaffen. Ein gewisser C.F. Trachsel – Meyer sagt von ihm: «der kein Berliner und auch sonst, wie jeder Eingeborene auf den ersten Blick sah, dem Unternehmen nicht gewachsen war» – hatte 1873 ein ‹Glossarium der Berlinischen Wörter und Redensarten› erscheinen lassen.

Das war mehr als man zulassen durfte. Nach Berlin kommen und die Sprache nicht sprechen können, gut; aber nach Berlin kommen, die Sprache nicht sprechen können und dann ein Wörterbuch über sie herausgeben, das grenzte an Frechheit. So setzte sich Hans Meyer mit seinen beiden Freunden Otto Steinecke und Oscar Bartsch hin und schrieb in jahrelangen, heiteren Mühen ein Buch, das 1878 unter dem Titel ‹Der richtige Berliner in Wörtern und Redensarten› bei H. S. Hermann erschien, dessen Verlag, im Herzen des alten Berlin, nahe dem Spittelmarkt gelegen, das Buch dann fast fünfzig Jahre lang betreut hat.

‹In heiteren Mühen›, hätte als Motto über Meyers Buch stehen können. Denn weil es das Buch eines Berliners war, sah man ihm nicht an, wieviel Galle in der Tinte gewesen war. Es war lustig geraten, war liebenswürdig und gemütlich. Es ließ das Talmi-Berlinisch einfach links liegen und hielt sich so aus jeder Polemik heraus. Was im ‹Richtigen Berliner› stand, war waschechtes Berlinisch. Damit gab das Buch sich zufrieden. Die vielen Kinderlieder und Abzählverse zeigten besser als viele philologische Untersuchungen, daß es sich beim Berlinischen tatsächlich um eine eigenständige Sprache handelt. Hans Meyers glücklichster Griff jedoch war, daß er den ‹Richtigen Berliner› dennoch auf eine wissenschaftliche Grundlage stellte, ohne indes ein gelehrtes Werk daraus machen zu wollen.

Gelehrte und ungelehrte Leute konnten das Buch mit der gleichen Entdecker- und Wiedersehensfreude lesen. So hatte ‹Der richtige Berliner› alle Aussicht, ein langes Leben zu führen. Tatsächlich erlebte das Buch in knapp fünfzig Jahren neun Auflagen. Sechs davon besorgte Meyer selbst, die übrigen drei gab sein Schüler und späterer Freund Professor Dr. Siegfried Mauermann heraus, der nach wie vor einer der besten Kenner der Berliner Sprache und ihrer Entwicklung ist, und auch am Zustandekommen dieser Auflage noch lebhaften Anteil genommen hat, wobei ihn Frau Almuth Gittermann durch ihre unermüdliche Sammlertätigkeit unterstützte. ‹Der richtige Berliner› war nicht nur ein Volksbuch geworden, sondern eine Institution. Dadurch, daß jede Auflage revidiert und erweitert worden war, faßte das Buch alles zusammen, was zum Berliner Sprachschatz gehörte. Was nicht im ‹Richtigen Berliner› stand, gab es nicht, nicht mehr oder es war zweifelhaft.

Als Meyer begann, lagen noch keine wissenschaftlichen Untersuchungen über die Berliner Stadtsprache vor. Alles, was ‹Der richtige Berliner› zur Orthographie und Grammatik des Berlinischen brachte, war das Ergebnis von Meyers eigener Arbeit. Sein Beispiel wirkte anfeuernd auf Schriftsteller und Gelehrte; und 1901 erließ die philosophische Fakultät der Berliner Universität eine Preisaufgabe zur Untersuchung des Berliner Dialekts. Doch erst im Jahre 1925, also lange nach Meyers Tod, gelang es der geborenen Berlinerin Agathe Lasch, die an der Hamburger Universität Philologie lehrte, die Preisaufgabe zu lösen, die inzwischen von der ‹Gesellschaft der Berliner Freunde der deutschen Akademie› neu gestellt worden war. Sie legte das Buch ‹Berlinisch› vor, das eine glänzende Rechtfertigung der Meyerschen Ansichten war. Agathe Lasch hatte, wie es die Preisaufgabe verlangte, die niederdeutschen Urkunden und Akten der Stadt Berlin durchforscht, die sprachliche Seite der Berliner Literatur von ihren Anfängen her studiert und dann den Berliner Dialekt grammatikalisch und lexikographisch dargestellt.

‹Der richtige Berliner› hatte keine Möglichkeit mehr, die große Arbeit von Agathe Lasch zu registrieren. Als sich 1941 Gelegenheit zu einer Neuauflage bot, verbrannten die Druckstöcke des Buches.

Wenn jetzt die zehnte Auflage des Buches erscheint, sind seit der ersten Auflage fast neunzig Jahre vergangen. ‹Der richtige Berliner› hat heute noch andere Absichten als früher. Er wendet sich nicht mehr ausschließlich an die geborenen Berliner und nicht nur an die Berliner in Berlin. Der gewordene Berliner ist ihm genau so wichtig und überdies liegt ihm am Herzen, ein Mittler zwischen den Berlinern in Berlin und jenen Berlinern zu sein, die in der Diaspora leben. Das Schicksal der Stadt hat ihre Kinder weit verstreut. Doch über diese Familiaritäten hinaus, hat sich ‹Der richtige Berliner› so lebenskräftig gezeigt, daß er den Versuch wagen darf, sich als ein deutsches Buch schlechthin vorzustellen. Meyers hochgemute Prophezeiung, das Berlinische werde für die deutsche Sprache vielleicht noch einmal die gleiche Bedeutung haben wie die Sprache von Paris für Frankreich, scheint den Beobachtern der deutschen Sprachentwicklung längst mehr zu sein als nur der Wunschtraum eines Berliner Professors, der sich trotzig gegen die hochdeutschen Bildungsphilister stellte. Die deutsche Sprache hat inzwischen mehr Berolinismen aufgenommen, als man 1905 für möglich hielt; und vor allem ist sie unter dem Einfluß des Berlinischen wohltuend kürzer geworden.

Wie in allen Auflagen hat sich ‹Der richtige Berliner› auch jetzt wieder verjüngt, hat welke Blätter abgeworfen und marschiert überhaupt mit leichterem Gepäck. Die phonetische Schreibung hat sich vereinfacht, genau gesagt, sie hat einige Umständlichkeiten der Meyerschen Zeit aufgegeben. Der geborene Berliner Kurt Tucholsky hatte das feinste Ohr von allen Schriftstellern, die sich im Berlinischen versucht haben. Seine phonetische Schreibweise hätte den alten Meyer sicher entzückt, und darum findet sich in dieser zehnten Auflage manchmal auch die Tucholsky'sche Schreibweise. So ist manches geändert worden, doch an einer alten Übung wurde festgehalten: Mitarbeiter und Herausgeber sind wie immer geborene Berliner.

*

Wer das Wörterbuch, diesen ‹Berliner Duden›, zum erstenmal liest – und kein Berliner ist –, der könnte aus der Fülle der Ausdrücke für ‹trinken› und ‹schlagen› leicht folgern, daß die Berliner ein versoffenes Pack sind, das sich ständig schlägt. Ein falscher Verdacht.

Zwar ist der Berliner ein großer Kneipengänger, doch neigt er nicht zur Völlerei. Wäre es anders, würden die Budiker in Berlin alle reiche Leute sein. Doch reich gewordene Kneipiers sind in Berlin selten. Der Berliner führt ein einfaches Leben. Das kleine Helle, die Weiße und die weißen Schnäpse, Bouletten, Bratheringe, Soleier und Hackepeter kommen der berüchtigten oder berühmten ‹Schwarzen Suppe› von Sparta sehr nahe.

Der Berliner kann ohne Kneipe nicht leben. Jeder hat ‹gleich um die Ecke› oder ‹schräjrüber› sein Stammlokal. Wer in Berlin lebt und nicht regelmäßig in die Kneipe geht, ist entweder krank oder kein Berliner.

Der Kneipenhang des Berliners hat viele Gründe. Die Soziologen führen natürlich zuerst die schlechten Berliner Wohnverhältnisse an. Die Stadt – und wenn sie noch so groß war – war immer zu klein für die vielen Menschen. Der Zwang, zusammenrücken zu müssen, dauert schon über 150 Jahre an. Noch 1910 wohnten beinahe 600000 Berliner in Zimmern, die mit fünf und mehr Personen belegt waren. Da waren dann die Bank im Park oder der Kneipentisch die einzigen Gelegenheiten, ein bißchen für sich zu leben. Doch mit den schlechten Wohnverhältnissen allein ist die Kneipenlust der Berliner noch nicht geklärt. Auch Berliner, die zuhause viel Platz haben, gehen dennoch in die Kneipe. Selbst Ästheten, die wahre Kunstwerke von Wohnungen besitzen, schließen diese kulturellen Hochleistungen zu bestimmten Zeiten ab und gehen in die Kneipe. Es macht ihnen dabei gar nichts aus, daß in ihrer Stammkneipe immer ein altes Fahrrad am Klavier lehnt. Ja, es läßt sich sogar sagen, daß der Berliner ein starkes Mißtrauen gegen Kneipen hat, die mit künstlichen Mitteln ‹gemütlich› gemacht worden sind; Burgen- und Pußtastil nimmt er nur in Restaurants hin. Von einer ‹richtigen› Kneipe jedoch verlangt er jene Sachlichkeit, die schon das Ungemütliche streift, nicht zu hell und nicht zu dunkel, und der Kamm soll nicht auf der Butter liegen. Damit hat sichs.

Der Wiener hat sein Kaffeehaus, der Berliner geht in die Kneipe. Sie ist sein Klub, sein Spielsalon, seine Quatschbude, seine Denkerklause und sein Privatkabinett, wo er ganz für sich sein kann und doch nicht allein ist. Er will Abstand und Stallwärme zugleich, und daraufhin sind die Kneipen zugeschnitten. Sie haben mehr kleine Tische als große, damit man nicht mit anderen Leuten zusammen sitzen muß, wenn man nicht will. Überdies ist ein hoher Stehtisch für einsame Grübler da.

Deutlicher als sonstwo zeigt sich an und in der Kneipe, daß der Berliner ein Kolonist oder ein Abkömmling von Kolonisten ist. Er neigt zur Melancholie, läßt sie indes nicht gerne aufkommen. Die für die Schwermut so gefährliche Dämmerstunde verbringt er darum, wenns irgend geht, in der Kneipe. Das kleine Helle ist seine Seelenhygiene. Die Kneipenpause verschafft dem Berliner den Abstand zu sich selbst und zu der Welt ringsum. So sind die vielen Ausdrücke für das Trinken auch ein Zeichen der Selbstironie. Ebenso ist es mit dem Schlagen.

Der Berliner läßt sein großes Pferd am liebsten im Stall. Raufereien liegen ihm nicht. In seinem Wesen mischen sich Gutmütigkeit und Furchtlosigkeit. Wenn er muß, schlägt er zu, ohne zu reden. Daß er so gern von Keilereien spricht, kommt von seinem Spaß am Krakehl. Dabei entzündet sich seine Freude an rednerischem Überschwang. «Na, die du dotjeschlagen hast, leben ja alle noch!» «Ein Schlach, und du stehst im Hemde; der nächste wäre Leichenschändung!»

Als der Berliner, so um 1830, eine literarische Figur wurde (Nante), führten ihn die Schriftsteller gern als Streithahn vor. Besonders Glaßbrenner hat es oft getan. Auch von dort her sind dem Berliner Schatz der Redensarten viele homerische Dialoge zugekommen. Dann hat das Skatspiel ganze Serien von Drohungen entstehen lassen: «Beschtell da man schon immer 'n Leichenwagen!» «Und sie trugen einen Doten raus – und der war stumm!»

Die sieghafte Kraft des Berlinischen zeigte sich in den fünfzig Jahren nach 1871. Damals stieg die Einwohnerzahl von 825000 auf vier Millionen. Die Zuwanderer kamen aus allen Himmelsrichtungen und allen deutschen Ländern. Alle diese Ostpreußen, Rheinländer, Schlesier, Polen, Alemannen, Kaschuben, Holsteiner, Pommern und Mecklenburger wurden zu einem einheitlichen Volk durch die Berliner Sprache. Die unverwechselbare Art zu denken, die sich im Berlinischen ausprägt, zog die Menschen an sich und hob ihre Gegensätzlichkeiten auf. Sich zusammenzuraufen ist eine Möglichkeit. Sich zusammenzulachen ist noch besser. Das Berlinische verführt zu einer humoristischen Weltsicht: «Uns kann keener – und im Ernstfall könnse uns alle!» Dies jedoch heißt nichts weiter, als daß für den Berliner der Humor dort noch weitergeht, wo für die anderen der Ernst schon den Humor abgelöst hat.

W. K.

Erster Teil
Das Berlinische

Goethe über die Berliner Sprache:

«Mich freut es immer, wenn ich wo auf Nationalität treffe, selbst auf eine rohe, wenn sie nur erfindungsreich ist. Die Berliner Sprachverderber sind doch auch zugleich die einzigen, in denen noch eine nationelle Sprachentwicklung bemerkbar ist; zum Beispiel Butterkellertreppengefalle, das ist ein Wort, wie es Aristophanes nicht gewagter hätte bilden können; man fällt ja selbst mit hinunter, ohne auch nur eine Stufe zu verfehlen. Dabei muß ich aber doch auch noch die andere Bemerkung machen, daß das Berliner Theater das einzige in Deutschland ist, auf welchem sich eine allgemeine deutsche Sprache ausgebildet hat ...»

Friedrich Foerster, Gespräche mit Goethe, August 1831

ERSTES KAPITEL

SPRACHE UND WITZ DES BERLINERS

Wenn einer berlinern kann, ist es ein Vergnügen, ihn zu hören. Wenn einer berlinern muß, weil er nicht anders kann, ist es meistens gräßlich, weil es nicht das wahre Berlinisch ist, sondern die beengte Sprache aus irgendeinem Berliner Kietz, ein Vorstadtdialekt, der nicht die weltstädtische Weite des sogenannten ‹Hochberlinisch› hat. Natürlich hat der geborene Berliner die größte Aussicht, das beste Berlinisch zu sprechen, denn er hat die Sprache mit allen Ausdrücken und grammatikalischen Finessen von Kindesbeinen an eingeatmet. Sie ist sein Besitz, mit dem er schalten und walten kann. Doch meistens schaltet die Sprache mit ihm. Sie besitzt ihn und sie regiert ihn. Er muß sie sprechen, und er spricht sie kritiklos und mit allen Unarten. So läuft er meist lebenslang mit dem Stempel seines Stadtteils herum, man hört ihm an, wo er geboren ist, auf der ‹Plumpe›, in Rixdorf, auf dem Kreuzberg oder in Weißensee. «Waa?»

Alle Berliner werden mit einem Fehler geboren. So scheint es wenigstens. Sie stoßen mit der Zunge an. Man hört es, wenn sie ein Wort mit einem doppelten ‹s› sagen, beispielshalber: ‹Fussel›. Früher ließen die Mütter in Berlin ihren Neugeborenen mit einem kleinen Zangenknips das Zungensegel lockern. Ich weiß es, denn meine Mutter hat es bei mir auch machen lassen. Mit der gelockerten Zunge konnte man das Lispeln leichter überwinden. Natürlich lag es nicht an der Zunge, sondern an der Sprache. Wer sich ihr widerstandslos überläßt, lispelt eben. Darum ist es so wichtig für den richtigen Berliner, daß er das schiere Hochdeutsch traumsicher sprechen lernt. Das Berlinische fliegt ihm ja von allein zu. Den ‹Steppkes› das genaue Hochdeutsch nicht nur in der Schrift, sondern auch in der Aussprache beizubringen, ist die nobelste Aufgabe der Volksschulen. Das Lispeln muß weg.

Denn das Geheimnis des richtigen Berliners ist, daß er nicht berlinern muß, sondern, daß er es auch kann. Er hat das Berlinische zweimal gelernt, einmal unbewußt als Kind, das zweite Mal mit Absicht. Dieser Absicht ist Kritik beigemengt, Kritik am Hochdeutschen und Kritik am Berlinischen. Das Hochdeutsche ist als Umgangssprache für den Berliner nicht familiär genug, überdies umständlich und zu langsam. Das berlinische Deutsch hingegen ist nicht so weiträumig, zu wenig höflich und weltmännisch und oft unfreiwillig komisch. Doch die Kürze ist unübertroffen – «Quatsch nich, Krause!» – und die humoristische Derbheit der Sprache hält die Rührseligkeit zurück und verhilft der berlinischen Ironie auch da noch zu roten Backen, wo sie schon trostlos wird.

Wer also berlinern will, ohne in Wohnküchenmief zu geraten, muß das Berlinische bewußt sprechen und dabei das Gewöhnliche vermeiden. Das Gewöhnliche ist ja nicht das Volkstümliche, es ist das Allzuplatte. Wer gern in Wörterbüchern liest, weiß, daß die Sprachen das Vulgäre nicht scheuen. Jede Sprache braucht die Begegnung mit dem Primitiven und mit der nackten Rohheit, nur so bleibt sie frisch. Doch kann sie damit nicht ihr Ziel erreichen: die Beseeltheit und die Brauchbarkeit für die Philosophie. Diese Vollkommenheit hat allein das ‹Hochberlinisch›. Der Ausdruck stammt von Hans Meyer. Der Berliner Sprachforscher sagte auch gelegentlich ‹Neuhochberlinisch› und bezeichnete damit den Zustand der Sprache im 19. Jahrhundert.

Doch das Berlinische hat noch etwas anderes im Sinn. Diese Sprache muß das Instrument für eine witzige Lebensgestimmtheit sein. Darum darf sie nichts Nöliges haben, nichts Tratschiges, sie darf nicht zu leiern anfangen und sie darf beim Monologisieren nie in die Art verfallen, die Ringelnatz ‹Das Geseires einer Aftermieterin› genannt hat. Mit einem Wort, das Berlinische muß blitzen können, wenn geblitzt werden muß. Das ist eigentlich nicht mißzuverstehen; denn jeder, der einen richtigen Berliner kennt, weiß, daß er um alles in der Welt nicht als naßforsch gelten will, und daß er laute Leute nicht besonders mag. Der Blitz muß wie von selbst aus der Sprache zucken. Ein paar gute Beispiele dafür hat der alte Adolf Hoffmann gegeben, weiland Reichtagsabgeordneter. In seinem leisen, gemütlichen Tonfall befragte er in einem Untersuchungsausschuß einen ebenso zweifelhaften wie ruppigen Kaufmann. Der mißverstand außerdem seine Rechte vor diesem hohen Ausschuß und meinte, er würde nicht vernommen, sondern sei ein gleichberechtigter Gesprächspartner. Er sagte zu Hoffmann: «Ich lehne es ab, mich mit Ihnen zu unterhalten, Sie verwechseln ja ständig mir und mich!» Kaum hatte er ausgesprochen, erwiderte Hoffmann: «Det isso, is aba nich strafbar. Sie aba verwechseln ständig mein und dein, und deswejen sind Sie hier und müssen mir antworten!» Der Kaufmann war im Handelsregister als Spezialist für Öle und Fette eingetragen, war dann jedoch überraschend ins Textilgeschäft eingestiegen. Warum dieser Wechsel, war er ein Strohmann? Zeuge: «Ich bin eben Kaufmann und handle mit allem. Bei mir können Sie sich sogar den Mond bestellen!» «Det globick», sagte Hoffmann, «aba Sie liefern ihn nich!»

Das alles kann man auch hochdeutsch sagen, doch blitzt es nicht so schön. Das Berlinische hat den Unschuldsglanz des Naiven. Wer berlinert, erscheint kindlich. Ihm traut man nicht zu, einen anderen auf den Arm nehmen zu wollen. Das ist die beste Ausgangsstellung für die Ironie; denn ihre Technik ist ja die Zustimmung zu dem, was man als falsch empfindet. Wenn der Naive einer Ansicht zustimmt, klingt es zunächst nicht herausfordernd, und so kann sich die Ironie in ihrer ganzen Schönheit entfalten.

Über den Hang der Berliner zur Ironie ist sehr viel gerätselt worden. Der Wahrheit am nächsten ist wohl Theodor Fontane gekommen. Er sagte: «Man hat dies ironische Wesen auf den märkischen Sand, auf die Dürre des Bodens, auf den Voltairianismus König Friedrichs II. oder auch auf die eigentümliche Mischung der ursprünglichen Berliner Bevölkerung mit französischen und jüdischen Elementen zurückführen wollen – aber, wie ich glaube, mit Unrecht. Alles das mag eine bestimmte Form geschaffen haben, nicht die Sache selbst. Die Sache selbst war Notwehr, eine natürliche Folge davon, daß einer Ansammlung bedeutender geistiger Kräfte die großen Schauplätze des öffentlichen Lebens über Gebühr verschlossen blieben. Das freie Wort ist endlich der Tod der Ironie geworden und wird es täglich mehr ...»

Als Theodor Fontane diese Sätze in den siebziger Jahren schrieb, damals, als die Deutschen sich ihres neugegründeten Reiches freuten, schien es ja tatsächlich so, daß auch die Freiheit des Wortes gekommen sei. Doch schon wenige Jahre nachher wurde das Sozialistengesetz erlassen, das wiederum ‹eine Ansammlung bedeutender geistiger Kräfte› von den ‹großen Schauplätzen des öffentlichen Lebens› ausschloß. Für die vielen Berliner, die mit den Sozialdemokraten sympathisierten – und Fontane gehörte auch dazu – war also wiederum der Stand der Notwehr gegeben und damit die Rückkehr zur Ironie.

Abgesehen von den Ausnahmegesetzen gegen die Sozialisten hatten die Berliner sich auch sonst nicht über sehr viel Freiheit zu beklagen. Die preußische Monarchie enthielt der Stadt viele der Selbstverwaltungsrechte vor, die andere Städte seit der Steinschen Reform ganz selbstverständlich genossen. Der König war Chef der Berliner Polizei, nicht der Oberbürgermeister. Die Polizei handhabte die Zensur, und sie bestimmte, wie in der Stadt gebaut wurde. Das scheußliche Mietskasernen- und Hinterhofwesen war der Stadt von der Polizei aufgezwungen worden, und über Theater und Presse hing das Damoklesschwert der Polizei-Zensur. Das war dem Journalisten Fontane wohlbekannt. Wenn er dennoch meinte, das freie Wort habe die Ironie in Berlin getötet, so war das wohl mehr ein Wunsch von ihm als eine Tatsache. Über das Recht der freien Rede hat Berlin eigentlich nur einmal, von 1919 bis 1933, verfügt. Danach war es wieder aus. Die Ironie konnte in Berlin nicht sterben, weil sich der Berliner sonst überhaupt nicht hätte mitteilen können.

Der richtige Berliner lebt also nach wie vor in ironischer Grundstimmung. Doch übt er die Ironie nicht um jeden Preis und immerzu. Der Reiz der Sache liegt ja darin, wie sich der einzelne dazu einstellt. Dem einmal vorhandenen Grundgefühl kann sich allerdings kein Berliner entziehen. Doch wird es jeder nach seinem Wesen und Können abwandeln.

Das haben alle richtigen Berliner so gemacht, beispielshalber die berühmten Präsidenten der Berliner Kunstakademie, vom ‹ollen› Schadow bis zu Liebermann. Sowohl Schadow wie auch Liebermann waren ausgezeichnete Schriftsteller, wortmächtige Männer, denen die Schrift in jeder Wendung gehorsam war. Ihr persönlicher Charme war es, daß ihr Berlinisch den intellektuellen Glanz auch dann behielt, wenn sie scheinbar hemmungslos volkstümlich waren. Sie waren es eben nicht, sondern hielten sich stets in der Kontrolle. Wenn sie wollten, verschwand das Berlinische aus ihrer Sprache. Daß sie jedoch ihr Berlinisch nicht etwa nur in Anführungszeichen sprachen, nur als ‹Masche›, das zeigte sich, wenn sie ganz privat berlinerten. So sagte Liebermann einmal über das Porträt, das er von seiner Mutter gemalt hatte: «Die

Hände stimmen nich janz. Ick habse 'n bisken scheener gemalt als se warn, weil ick mir jedacht habe, muß ja nich jleich jeder sehn, det Mutta Jichtknoten hat!» Wie anders war dieses Berlinisch, wenn es ironisch wurde. Als er den Charitédirektor Sauerbruch malte, bemerkte der Mediziner entsetzt, daß Liebermann das schon beinahe fertige Porträt großenteils wieder abgekratzt hatte. «Aber warum denn, es war doch sehr schön!» «Et war eben nich scheen, et war falsch!» «Na, ich hätte es so gelassen.» «Tja», sagte Liebermann, «Ihre Irrtümer, Herr Jeheimrat, die deckt der jrüne Rasen, aba meine, die hängen an de Wand!»

Diese Bildkraft des Berlinischen hatte auch der ‹olle› Schadow aufleuchten lassen. «Ick weeß janich, wat die vielen Maler in Italien wollen. Is doch eintönig. Da jibts nur zwee Sorten von Böme. Beede sehn aus wie Rejenschirme, die eenen uffjeklappt und die andern zujeklappt.» Die Eleganz seiner Ironie äußerte sich in kurzen, gleichsam schnurrenden Sätzen. Über einen mäßigen Maler, Professor Stabfuß, trotzdem sehr bekannt geworden, sagte Schadow: «Ja, der Stabfuß, der hat sich det Malen so anjewöhnt.»

Die berlinische Ironie ist nicht ganz leicht zu handhaben. Sie muß schweben, doch nicht jeder kann sie zum Schweben bringen. Ihr Geheimnis läßt sich nur mit Befangenheit aussprechen. Der Berliner hat seine Redekunst dem ‹Neuen Testament› abgelauscht. Berlin war sehr früh zum Protestantismus übergegangen. Die Bibel zu lesen, war eine große Leidenschaft geworden. Besonders die Art, in der das ‹Neue Testament› sprach, traf die Berliner mitten ins Herz. Es war die antithetische Redeweise: ‹Die Ersten werden die Letzten sein!› ‹Nur wer sich erniedrigt, kann erhöht werden!› Diese drastische Methode, in Gegensätzen zu denken, entsprach der Volksphilosophie der Berliner, daß jede Erscheinung erst von ihrem Gegensatz aus begriffen werden kann. ‹Du wirst deinen Jesum Christum noch kennenlernen!› heißt nicht: du wirst noch der himmlischen Liebe teilhaftig werden, sondern: Du wirst noch einsehen lernen, was Menschen dem Menschen antun können! So stachelte das ‹Neue Testament› die Berliner mächtig an. Sie gewöhnten es sich an, jedes Ding umzudrehen, um seine Kehrseite sehen zu können. Diese Übung ging rasch ins Unterbewußtsein über, und bald verdämmerte ihre religiöse Herkunft.

Wer als Erwachsener frisch nach Berlin kommt, dem fällt das antithetische Denken der Berliner sehr bald auf. Die meisten Berliner indes wissen gar nicht, daß sie in einer besonderen Form denken und sprechen. Jedenfalls scheint es so, als ob sie gar nicht bewußt denken. Man wird leicht dazu verführt, anzunehmen, es sei nur eine drollig unbeholfne Art in Bildern zu sprechen. So unterhält sich ein Berliner mit einem Fremden über das Aussehen des Dichters Stefan George und sagt: «Ach, den kennse nich? Det is doch der, der wie 'ne olle Frau aussieht, die wie 'n oller Mann aussieht!»

Das antithetische Gehirn des Berliners ist mit einer Art von Selén-Zelle kombiniert. Tritt etwas Außergewöhnliches in den Bereich dieses ‹magischen Auges›, dann beginnt die Denkmaschine zu laufen. Sind mehrere Berliner bei solcher Gelegenheit versammelt, dann ist es ein zusätzliches Vergnügen zu beobachten, bei wem der Groschen zuerst fällt. Etwa so:

Ausgerechnet am Montagmorgen betritt ein junger Mann, angetan mit einem besonders schmuddligen, weißen Kragen, das Stadtbahnabteil. Alle Zeitungsleser erheben ihren Blick und starren auf seinen Hals. Es wird ihm peinlich, er möchte an der nächsten Station raus. Beinahe schafft er es auch, doch noch rechtzeitig erreicht ihn eine freundliche Stimme: «Junger Mann, Sie müssen sich Ihren Kraren mal wieda teeren lassen, da kommt schon det Weiße durch!»

Der Doppelsalto in dieser Bemerkung – Weißschwarz–Schwarzweiß – zeigt die Antithese in virtuoser Vollkommenheit. Bei der Bemerkung über Stefan George entsteht die ironische Wirkung durch den scheinbaren Eifer, ein genaues Bild geben zu wollen. Dabei unterläuft der ebenfalls nur scheinbare Lapsus ‹Mann–Frau›, der durch die Korrektur ‹Frau–Mann› und die Zusätze ‹olle› und ‹oller› ins endgültig Komische, also hier in die Wahrheit erhoben wird.

Doch entsteht der Effekt einer ironisch gemeinten Antithese auch schon dadurch, daß man die These am unrechten Ort verkündet. Die Eröffnungsfeierlichkeiten der Internationalen Bauausstellung im Hansaviertel wurden mit einem sogenannten Monstrefeuerwerk an der Siegessäule abgeschlossen. Mindestens fünfzigtausend Berliner waren zusammengeströmt. Es war herrlich. Der Höhe- und Schlußpunkt war ein Feuerregen, der sich von der obersten Spitze der Säule ergoß. Überhell erstrahlte die Viktoria im Magnesiumlicht, und überwältigt von diesem Anblick tat der Feuerwerker ein übriges. Er ließ eine knatternde Folge von Kanonenschlägen los. Dann wurde es dunkel, und es löste sich noch ein letzter, übermächtiger Kanonenschlag. Den Berlinern verschlug es den Atem vor diesem Übermaß an kriegerischem Lärm. Sie standen mucksmäuschenstill. In diese absolute Stille hinein ertönte eine schleppende Berliner Stimme: «Und ihr habt doch jesiegt!»

Für die komische Wirkung einer Antithese genügt auch die einfache Umdrehung: «Arbeeten wollnse alle, fressen will keener!» Im Dritten Reich: «Ehe ick mir so sehr wundre, gloobe ick et lieba!»

Das Spiel mit der Gegensätzlichkeit ist, wie gesagt, uralt in Berlin. Zwei Zeugnisse aus dem Biedermeier: Im ‹Fest der Handwerker› von Angely geht es um einen Maurer, der vom Gerüst gefallen, doch heil unten angekommen war. Ihm gilt die Festrede, deren erste Pointe gleich im Anfang fällt, jedoch nur zündet, wenn der Schauspieler die richtige Pause macht: «Willemm, du bist vons Jerüste jefallen. Det freut uns» – Pause – «det du dir nischt dabei jetan hast!» Der Urheber des zweiten Beispiels war der witzige Friedrich Wilhelm IV., der später leider in geistige Umnachtung fiel. Wenn es um einen Witz ging, vergaß er sogar seine Prüderie und konnte ziemlich derb werden. Ein Preußenprinz hatte damals ein stadtbekanntes Verhältnis mit der Schauspielerin Vieregg, das nicht ohne Folgen geblieben war. Als der Monarch ins Bild gesetzt wurde, sagte er: «Ich wußte immer, daß er ein mathematisches Genie ist, daß er aber nun gleich das Problem löst, ein Viereck rund zu machen, überrascht mich doch!»

Die Mannigfaltigkeit des Gegensatzspiels treibt immer neue Blüten. In Berlin gibt es die Firma ‹Turm-Linde›, die sich mit der Wartung von Fabrikschornsteinen und Türmen beschäftigt. Sie pflegt auch die Turmruine der Kaiser-Wilhelm-Gedächtniskirche. Ein Fremder will wissen, was das für Figuren sind, die man auf den Simsen des Turmes sieht. Ohne aufzublicken, sagt der gefragte Berliner: «Wennse sich bewejen, denn sind et Tauben, aba wennse schtille schtehn, denn sind et die Arbeta von Turm-Linde!»

Genug davon. Hier war lediglich zu zeigen, wie der Berliner seine Witze macht. Natürlich hat nicht alles, worüber in Berlin gelacht wird, antithetischen Charakter. Doch hat es fast immer einen ironischen Hintersinn. So gab es früher eine beliebte Witzfigur, den ‹kleinen Moritz›. Dieser jüdische Schuljunge hatte eine lakonische Art zu reden, die alles Geschwafle der Erwachsenen mit zwei, drei Worten bloßstellte. Sein großer Ruhm in Berlin spricht aus dem Satz: «Wie sich der kleine Moritz die Weltgeschichte vorstellt, so ist sie!» Als in Deutschland das Germanische wieder modern wurde, fragte der Lehrer in der Schule den kleinen Moritz: «Was weißt du von den alten Germanen?» Moritz antwortete: «Nur das Allerbeste, Herr Lehrer!» Nach 1933 verstummte der kleine Moritz und man sagte, er sei ausgewandert, weil er in Deutschland sein Abitur nicht machen konnte. Doch ist es nicht so sicher, daß er Berlin ganz verlassen hatte, denn 1944 kam eine Geschichte von einem Berliner Jungen auf, der auch sehr gut der getarnte kleine Moritz hätte sein können. Dieser ausgebombte Berliner Junge wird ins Rheinland evakuiert und dort in eine sehr fromme Missionsschule gesteckt. Nach sechs Wochen fragt die Lehrerin in der Stunde über Naturkunde: «Was ist das, es ist klein und zierlich mit blanken Augen und einem buschigen Schweif, knabbert gern Nüsse und hüpft von Ast zu Ast. Na, Erwin?» Erwin antwortet: «Normalerweise würde ick ja saren, et issn Eichhörnchen. Aba wie ick den Laden hier kenne, kannet ooch unsa liebet, kleinet Jesukind sein.»

Hier ist die Pointe ganz an das Berlinische gefesselt. Auf Hochdeutsch würde die Bemerkung mit dem respektlosen Wort ‹Laden› nur schockieren. Erst der altklug-trockene Ton nimmt der Geschichte die Blasphemie und sichert ihr die Kindlichkeit. So liegt oft allein im Tonfall des Berliners eine komische Kraft. Allerdings muß dieser Tonfall ganz locker sein. Der sinnierende Taxichauffeur ist ein gutes Beispiel: Ein Herr aus Wien hat einem Taxichauffeur in Berlin ein Trinkgeld gegeben und wundert sich, daß der Chauffeur es wortlos einschiebt. Der Wiener will schon gehen, dreht sich indes noch einmal um und fragt: «Sagen die Chauffeure in Berlin eigentlich ‹danke schön›, wenn sie ein Trinkgeld kriegen?» Darauf wiegt der Chauffeur sinnierend den Kopf und antwortet endlich: «Manche saren et – manche saren et ooch wieder nich!»

Ich habe gefunden, daß die ‹gewordenen› Berliner – die nicht an der Spree geboren sind, sondern später hierherkamen und aus freiem Entschluß zu Berlinern wurden, die humoristischen Möglichkeiten des Berlinischen oft besser benutzen als die geborenen Berliner. Sicher ist die Sprache der gewordenen Berliner akademischer. Es fehlt ihr das Angeflogene, also ‹die drübensche Seite›, ‹die durche Jurke› und ‹die zue Droschke›. Doch durchschauen sie leichter die Grammatik der Sprache, und für die Besonderheiten des Berlinischen sind sie aufgeschlossener. So begreifen sie sehr schnell, daß dem Berlinischen der Genitiv fehlt. Das Berlinische kann beispielsweise einen Romantitel wie ‹Meines Vaters Pferde› gar nicht bilden. Es müßte heißen: ‹Meinem Vater seine Ferde›. Wer also imstande ist, die Formen mühelos zu erkennen, wird der alten niederdeutschen Stadtsprache von selbst auf die Feinheiten kommen. So verzichtet sie nicht völlig auf das ‹s› aus dem hochdeutschen Genitivfall. Es erscheint, beispielshalber, in: ‹andrer Leits Kinda›. Dieses ‹s› zeigt den Besitzfall an. Doch dann müßte eigentlich auch ‹Meines Vatas Ferde› gehen. Nein, es geht nicht, weil ‹meines› nicht geht. Höchstens ginge: ‹Vatas Ferde›. Hier hört man plötzlich das Herzklopfen der Sprache.

«Der Berliner sagt immer mir, auch wenn es richtig ist!» Das hört sich zwar witzig an, ist jedoch nicht genau genug. Richtiger wäre schon: «Der Berliner kann nicht mir und mich verwechseln, weil er immer mir sagt!» Doch auch dies stimmt nicht ganz. Er kann einfach nicht mir und mich verwechseln, weil es nur mir gibt. Der Zusammenfall von Dativ und Akkusativ im Berlinischen hat aus dem alten niederdeutschen ‹mi› das ‹mir› gemacht. Für ein zweites ‹mi›, also für ‹mich› wie im Hochdeutschen, war kein Platz in der Berliner Stadtsprache.

Etwa 1615 schrieb ein aufsässiger märkischer Adliger mit Kreide an die Schlafzimmertür des Markgrafen Joachim in Schloß Cöpenick:

Jochimke, Jochimke, hüte di,
Fangen wie di, hangen wi di!

Gleichgültig nun, ob man damals das ‹i› als ‹y› geschrieben hat, es gab keinen Konsonanten hinter dem ‹i›. Auch das ‹Jochimke› ist beachtenswert. ‹Jochimke› ist die Verkleinerung-, die Liebkosungsform von ‹Joachim›. Sie wird bei Männernamen mit der Endung ‹ke› erzeugt. Doch ‹Joachimke› könnte der Berliner nicht sagen, weil es nicht in den Sprachrhythmus des Berlinischen paßt. Also muß das ‹a› fallen. Das liebkosende ‹ke› sitzt übrigens immer hinter einem Konsonanten und wird nur bei männlichen Sach-, Spitz- oder Vornamen gebraucht, die ja meist mit einem Konsonanten enden: ‹Piefke, Steppke, Helmke› – wie der kleine Wilhelm gerufen wird – ‹Alke›, (von Albert und Alwin) und ‹Jochimke›. Bei Mädchen heißt die Endung ‹ken› und folgt immer auf einen Vokal: ‹Lotteken, Elseken, Anneken›. Gerade das familiäre und streichelnde ‹Jochimke› machte die Drohung ‹Fangen wi di, hangen wi di!› gefährlich. Die märkischen Junker haben ihn übrigens nicht gefangen. Der Humanist Joachim war trotz seiner bibliothekseligen Gelehrsamkeit ein wachsamer und schneller Mann. Er hat unter den Junkern ziemlich hart aufgeräumt.

Doch wir sprechen hier von Grammatik. Gegen Ende des 18. und zu Anfang des 19. Jahrhunderts wendete sich die Mehrzahl der gebildeten Berliner Welt und auch der Hof unter ‹dem dicken Lüderjahn› Friedrich Wilhelm II. willig dem Hochdeutschen zu. Das hatte vornehmlich politische Gründe. Der Neffe Friedrichs des Großen, der jetzt den Preußenstaat regierte, wollte sich schon im Ton von seinem Onkel unterscheiden. Friedrich der Große und auch sein Vater, Friedrich Wilhelm I., konnten von den deutschen Sprachen nur das Berlinische zügig sprechen. Sie liebten die dritte Person mit dem ‹Er›. Der neue König wollte eleganter wirken und legte es darauf an, den Berlinern ein Beispiel zu geben, wenn er in Werthers Tracht im Tiergarten herumspazierte und zu jedermann ‹Sie› sagte. So wurde das Hochdeutsche die offizielle Sprache, und das Berlinische geriet langsam in den Verruf, grob und zweitklassig zu sein. Das Schlimmste jedoch war, daß sich auch die protestantischen Pastoren von der Stadtsprache lossagten. Es wurde von den Kanzeln herunter nicht mehr Berlinisch gesprochen. Bald empfand man das Berlinische als die Sprache der Gosse, der Weißbierkneipen und überhaupt der kleinen Leute. Wer etwas Besseres sein wollte, versuchte Hochdeutsch zu sprechen und sagte darum so oft wie möglich ‹mich›.

Über diese Sprachverwirrung bastelte sich der Berliner Hofschauspieler Rüthling etwa um 1835 ein ulkiges Opus zusammen. Er stahl sich dafür ein paar Verse von Adolf Glaßbrenner und fügte einige von ihm erweiterte Wortspiele hinzu. In ihrem schönen Buch ‹Berlinisch› hat die Sprachforscherin Agathe Lasch den größten Teil dieses Gedichts abgedruckt:

Man spricht das Deutsch, wie stets mir schien,
Am leichtesten doch in Berlin,
Richtig kann ich nicht sagen.
Was heißt es auch bald ‹mir›, bald ‹mich›,

Ei, das geniert ja fürchterlich,
Das heißt, die Leute plagen.
Berlinern ist, so arm, wie reich,
Akkusativ und Dativ gleich.
Anschaulich will ichs machen:

Ein Jüngling, ganz von Lieb' entbrannt,
faßt der Geliebten weiche Hand
und seufzet Liebesklagen.

Spricht sie nun: ‹Ja, ich liebe dich,
Liebst du auch mir oder liebst du mich?›
So wird er also sagen:
‹Ich liebe dir, ich liebe dich,
Wie's richtig ist, das (!) weeß ich nich
und is mich ooch Pomade,
Wie wenn ich lieb, es heißen muß,
Zu suchen erst im Heinzius*,
Wär' um die Liebe schade.
Ich lieb' nich uffn 3. Fall,
Ich lieb' nich uffn 4. Fall,
Ich lieb' uf alle Fälle!›

Wenn sie darauf nun sinnend steht,
In süßen Träumen sich ergeht
Mit lautem Seufzen, Stöhnen,
Dann hört man aus des Vaters Mund,
Im Wahn, das Kind wird ungesund,
Bald solche Rede tönen:
‹Ick wundre mir heut über dir,
Du ißt und drinckst doch sonst vor vier
Und heute wills nich schmecken?
Bedenke dir, du ißt nichts nich,

* Heinzius war der Verfasser einer damals berühmten Grammatik.

Das ängstigt mir ganz fürchterlich
Kannst du mir so verschrecken?
Komm her zu mir, setz dir bei mir
Dir stehn zu sehn, dat (!) jammert mir,
Dir schwächt das lange Stehn.›

Auf diese Rede des Papa
Ergreift die Angst auch die Mama,
Sie läßt sich so vernehmen:
‹Was is mich das mit dich, mein Kind?
Du scheinst mich nich janz wohl zu sind,
Wirst mich doch nich erkranken?
Du ißt mich nich, du trinkst mich nich,
Du stippst mich in den Kaffe nich,
Sprichst nich mit Vatan, nich mit mich,
Und stehst mich in Jedanken?
Ich sage dich, sei auf der Hut,
Das Hungern tut dich gar nich gut,
Wird dich den Frohsinn rauben.
Drum nimm dich was und stipp dich in,
Dann wird dich ooch bald besser sin,
Das kannst du mich schon jlauben.›

Als Deklamationsstück war es sehr wirkungsvoll, überdies traf es ins Schwarze. Die Berlinerin des Mittelstandes suchte den Anschluß an die ‹besseren Kreise›, in denen Hochdeutsch gesprochen wurde, und so lag es für sie nahe, das ihr unvornehm erscheinende ‹mir› völlig auszurotten. Daß der Hofschauspieler, der das Vortragsstück zusammengebastelt hatte, weder vom Hochdeutschen noch vom Berlinischen sonderlich viel verstand, wurde nicht bemerkt. Sein Gedicht war ein Schlager, und daß es ein Schlager werden konnte, zeigt, daß sich die Berliner Stadtsprache damals wirklich in einer schweren Krise befand. Die Sprache wurde von den eigenen Landsleuten ausgelacht und das hätte tödlich werden können. Doch das Berlinische hat diese Krise überwunden, und einer, der ihr dabei half, war der Berliner Schusterjunge.

‹Schnoddrig› und ‹rotzig› haben die gleiche Bedeutung. Es bezeichnet die Dreinrede der Unbefugten, jener, denen noch der kindliche Rotz auf der Lippe sitzt. Pfeifend geht der Schusterjunge in der Biedermeierzeit die ‹Linden› herunter, als er den Stadtkommandanten, General Wrangel, sieht. Sofort hört er auf zu pfeifen. Wrangel, entzückt von dieser vermeintlichen Ehrerbietung, fragt den Jungen: «Na, warum feifste denn nich weita?» Der Junge bringt sich in sichere Entfernung und ruft zurück: «Wenn ick dir sehe, muß ick lachen, un wenn ick lache, kann ick nich feifen!»

Der Genius der Straße erhielt die Berliner Stadtsprache am Leben. Die Kinder sprachen sie weiter, als die Erwachsenen sich ihrer zu schämen begannen. Sie retteten die Sprache samt ihrem Witz. Was die Straße sprach, war schnoddrig, weil es kindlich und altklug war. Doch wirkte es kritisch, weil alles unbefangen gesehen war. So wurde der Schusterjunge die Symbolfigur für den kritischen Witz. In der kalauernden Sprache des Schusterjungen äußerte sich der Ärger der Berliner an den politischen Zuständen. Die politischen Schriftsteller nahmen den Schusterjungen an ihr Herz. Die Schusterjungen und die Eckensteher, die Dienstmänner, wurden zu den Lieblingsfiguren der politisierenden Humoristen. Im Jahre 1834, als der politische Unwille drohte, sich zum erstenmal revolutionär zu entladen, und Berlin ein paar Tage lang wie im Fieber lebte, löste ein Plakat, das plötzlich am Schlesischen Tor klebte, die Spannung in Gelächter auf: «Wegen plötzlichen Unwohlseins des Herrn Fritz Schulze, Schusterjungen, kann heute die große Berliner Revolution nicht stattfinden!»

Das einfache Volk von Berlin und vorneweg die Schusterjungen blieben der Sprache treu, weil sie sich selbst treu bleiben mußten. Sie hätten in dem geistlosen Gemengsel, das die Kleinbürger sprachen, gar nicht miteinander reden können. Der Geist übrigens kann immer nur vom Geistreichen verraten werden. Der Berliner Kleinbürger indes war wirklich so dumm, wie er in Glasbrenners Szenen, etwa als ‹Herr Buffey›, auftritt. Der einfache Berliner wollte ja nichts anderes als ein Berliner sein, nur der Kleinbürger strebte nach dem ‹Höheren›. Die Berliner Sprache war ihm ein Hindernis dabei. Der gebildete Berliner dagegen war allerdings der ganz bewußte Träger des Berliner Geistes, der Aufklärung und der Duldung.

Dieser Geist begann sich zu Ende des 18. Jahrhunderts zu formen. Der Kristallisationspunkt war Lessings ‹Nathan› von 1779. Er ist ohne die langen Berliner Jahre des Dichters ebensowenig zu denken wie ohne seine Freundschaft mit Nicolai und Mendelssohn. Was diese Komödie der Humanität in Berlin bewirkt hat, schildert Theodor Fontane 1889 in vorsichtig abwägender Art: «Daß dieses Buch in das märkisch-berlinische Volk, damals oder später, eingedrungen sei, wird sich nicht behaupten lassen; desto größer war seine Wirkung auf die gebildete berlinische Mittelklasse, ganz besonders auf bestimmte Kreise in ihr. Es war nun mit einem Male das da, was man den berlinisch-jüdischen Geist nennen kann; ja, der Geist war da, daraus das Buch hervorgegangen und den es andrerseits nun weiter pflegte.»

Über den Anfang des 19. Jahrhunderts sagt Fontane im gleichen Zusammenhang: «Auch das Konfessionelle, speziell das Jüdische (die Lessing-Mendelssohnsche Zeit hatte dafür vorgearbeitet) schuf keine Schwierigkeiten mehr. Es war die recht eigentliche Zeit der jüdisch-christlichen Eheschließungen, von denen man jetzt nur deshalb so wenig weiß, weil alles, was derart vorkam, nicht als etwas Besonderes in die Herzen oder Zeitungen geschrieben wurde... Nicht nur das Bürgertum, auch das eigentliche Volk nahm an dieser Verbrüderung, an dieser von Demut und Liebe getragenen Anerkennung des Menschlichen – im Gegensatz zu der nur Phrase gebliebenen Proklamierung der Menschenrechte – teil, und jene merkwürdige Epoche brach an, wo nicht bloß ‹Willem, der vons Jerüste jefallen›, sondern, literarisch angesehen, auch der ‹Eckensteher Nante› hoffähig wurde.»

Für Fontane vollendet sich diese Epoche der Formung des Berliner Geistes in den dreißiger und vierziger Jahren, und beinahe selbstverständlich fließt ihm bei seiner Schilderung Meyers Buchtitel ‹Der richtige Berliner› in die Feder: «Die Tage des Königstädtischen Theaters ... diese Tage des ‹Festes der Handwerker›, der ‹Wiener in Berlin›, der ‹Reise auf gemeinschaftliche Kosten› brachen jetzt an und schufen, indem sie die Verschmelzung vollendeten, jene weltbekannte Anschauungs- und Ausdrucksweise, die sich mit dem Begriff des richtigen Berliners deckt, des ‹richtigen Berliners›, der nun bei Hofe (man denke nur an den damaligen Kronprinzen) gerade so gut existierte wie draußen bei Liesens oder auf dem Wollankschen Weinberg.» Als Beispiel für die Verfeinerung ins Stille der Selbstironie, die der Berliner

Witz damals erfuhr, erzählt Fontane, daß der Berliner Bankier Abraham Mendelssohn, Sohn des Philosophen Moses und Vater des Komponisten Felix Mendelssohn, als alter Herr zu sagen pflegte: «Es ist mir eigen in meinem Leben ergangen; in meiner Jugend war ich nichts als der Sohn meines Vaters, und in meinem Alter bin ich nichts als der Vater meines Sohnes.»

In der zweiten Hälfte des 19. Jahrhunderts, als das industrielle Berlin eine immer stärkere Anziehungskraft gewann, und dann mit der 1871 proklamierten Erhebung Berlins zur deutschen Hauptstadt, trat das Berlinische in eine neue, fruchtbare Phase ein. Seine schöpferische Wortkraft zeigte sich, seine besondere Fähigkeit zur Lautmalerei offenbarte sich. Worte, die es vorher nicht gegeben hatte, flogen aus Berlin der deutschen Sprache zu, beispielsweise ‹Radau› und ‹Radaubruder›, ‹Klamauk›, ‹Fatzke›, ‹Tingeltangel›. Diese schöpferische Kraft zeigte sich auch in der sehr kritischen Art, mit der Entlehnungen aus anderen Sprachen vorgenommen wurden. Hierzu bringt das zweite Kapitel des Buches, ‹Zur Grammatik des Berlinischen›, eine Reihe charakteristischer Beispiele (vgl. S. 37 ff.). Dabei wäre zu erwarten, daß der Anteil polnischer Wörter am Berlinischen stark sein müßte. Doch nein, die Sprache borgte sich aus dem Polnischen nur wenige Wörter, und nur solche, die haargenau ins Berlinische paßten, wie etwa ‹dalli›, für ‹beeilt euch!› und ‹pomade›. Natürlich ist das französische ‹pomade› als Bezeichnung für die Frisierhilfe schon sehr lange bekannt. Doch erst seit hundert Jahren wird ‹pomade› als Ausdruck der Gleichgültigkeit gebraucht: «Det is mir pipe, schnuppe, wurscht, det is mir janz pomade!» ‹Pomadig› ist im Berlinischen ein affektiert-gleichgültiges Benehmen. Es kommt vom polnischen ‹pomalu›.

Die sprachschöpferische Kraft zeigt sich auch in unserem Jahrhundert ungebrochen: ‹Kientopp›, ‹Muckepicke› (Motorrad, Motorboot), ‹Schieber›, ‹Schiebung›, ‹Raffke›, ‹knorke› und ‹Schnulze› entziehen sich zunächst der Herkunftsdeutung. Die Inschrift «Knorkes Bouletten sind die besten», am Laden des sagenhaften Fleischermeisters Knorke, könnte stimmen. Doch hat es leider in Berlin niemals einen Fleischermeister Knorke gegeben. Ebenso vergeblich ist es, das Wort ‹Droschke› von einem angeblichen Fuhrunternehmer August Droschke abzuleiten. ‹Droschke› ist russischer Herkunft und wurde früher ‹Troschke› gesprochen. ‹Knorke› ist nichts als reine Lautmalerei und bedeutet ‹erstklassig›. Als das Wort in den zwanziger Jahren aufkam, leuchtete es sofort jedermann ein, und für die ‹Zurückgebliebenen› erläuterte es der Komiker Erich Carow: «Knorke is zweemal so schnaffte wie dufte!» Auch ‹Schnulze›, ein kürzerer Ausdruck für ‹Schmachtfetzen›, könnte reine Lautmalerei sein, eine mögliche Zusammenziehung von ‹schnuddlig› und ‹Schluchzer›. Dem Berliner Grammatiker erscheint es klar, daß ‹Schnulze› von ‹Schnulle› kommt, einer Ableitung von ‹schnuddlig›, also ‹hübsch›. Anders verhält es sich mit ‹Raffke›. Der Name des Neureichen aus dem ersten Weltkrieg entstand aus dem Imperativ ‹raff!› (von ‹raffen›) mit der berlinischen, also niederdeutschen Endung ‹ke›. ‹Muckepicke› ist wieder reine Lautmalerei für einen Zweitaktmotor, und ‹Kientopp› ist eine Zusammenziehung von ‹Kinematographie› mit dem englischen Ausdruck ‹Tip-top›, denn so heißen die Kneipen in Berlin, die das helle Bier ‹Tip-top› von der Brauerei Happold führten, und die ersten Berliner Filmtheater etablierten sich in Bierkneipen à la ‹Tip-top›. Später, als die Lichtspielhäuser ihre eigene architektonische Form gefunden hatten, genügte die elegantere Abkürzung ‹Kino›.

Wer diese Beispiele für die schöpferische Kraft des Berlinischen als zu rauhbeinig empfindet, kann sich damit trösten, daß ein so gemütliches Wort wie ‹Abendbrot› ebenfalls aus Berlin stammt. Doch hier wird ja das Ineinandergreifen von Sprache und Witz untersucht. Das Berlinische hat den Hang zur Lustigkeit. Die Sprache reimt sich leicht und verführt die Berliner, zu allem und jedem das passende Reimwort zu finden. «Jawollja, sagt Olja!» «Ach Hedwich, Hedwich, Hedwich, was du verlangst, det jeht nich!» «Ach Ernst, ach Ernst, was du mir alles lernst!» «Walter, wenn er fällt, denn knallt er.» Die Sprache dichtet den Kindern ihre Abzählverse.

Eene meene ming mang,
ping pang,
ose pose packe dich . . .
eia weia, weg!

Rummel di bummel di kicker di nell,
schlug die Bell, auf der See, kam das Reh,
Zibber di bibber di biff baff – ab!

Als Friedrich Wilhelm III., der sich bei einem Reitunfall die Beine gebrochen hatte, endlich wieder genesen war, sangen die Berliner Kinder:

Heil dir im Siegerkranz,
jetz sint deine Beene wieda janz!

Hier hört man die Sprache kichern. Sie will noch gar nicht witzig sein, sie überläßt sich nur der Freude an der Albernheit. Doch eine kleine Drehung genügt, und der Witz ist da: «Mang uns mang, is eena mang, der nich mang uns mang jehört!»

Zum täglichen Leben des Berliners gehört die Redensart. Sie kommt und geht, wie das Blatt am Baum. Meistens erkennt man sie erst als Redensart, wenn man sich dabei ertappt, daß man sie ja auch benutzt. Sie ist ansteckend, wie Schnupfen. Gestern war man noch frei davon, heute hört man einen Mann verständig über eine Sache urteilen und äußert seine Zustimmung: «Is doch meine Rede seit siebzich!» Der Mann wundert sich über diesen hemdsärmligen Satz, doch morgen spricht er ihn nach. Daß es sich bei der Redensart um eine richtige Sprachinfluenz handelt, beweist der Umstand, daß der gelehrte Mann ihr ebenso unterliegt wie das schlichte Gemüt. Es gibt viele Handlungen, beispielshalber das Kartenspielen, die ohne Redensarten gar nicht vollzogen werden können. So kennt und benutzt jeder deutsche Skatspieler die Berliner Redensart: «Jetzt mauerta wieda!» Der Satz ist fällig, wenn einer zurückhaltend und ängstlich spielt. Mit der Tätigkeit des Maurers hat das Wort übrigens nichts zu tun. Es kommt vom jüdischen ‹Mora› (jiddisch ‹Meure›), was ‹Angst› bedeutet. In Berlin hieß es vor hundert Jahren noch ‹Mohren›. Der junge Mendelssohn-Bartholdy schrieb seinen Eltern über einen Konzertabend: «Ich hatte alle Manschetten und Mohren!» (Das Wort ‹Manschetten› für Angst oder Beklemmung verschwindet langsam, doch hört man es noch ab und an.) Wie der Skatspieler das Wort ‹mauern› benutzt, ohne seinen Ursprung zu kennen oder auch nur kennen zu wollen, so ist jeder Berliner einer sieghaften Redensart sofort verfallen, gleichgültig, aus welcher Sphäre sie kommt. Als vor fünfzig Jahren die Abkürzungssucht in Berlin grassierte, sagte jeder «M. w.», wenn es heißen sollte: «Machen wir!» Die allen gemeinsame Redensart wärmt das Herz der Millionenstadt. Sie schafft das Gefühl der Gemeinsamkeit, die Familiarität. Ansteckende Krankheiten verschwinden, wie sie kommen. So war der Höhepunkt der Abkürzungssucht erreicht, als man «V. C.!» sagte und damit «Vazichte!» meinte.

Doch manche Redensarten bleiben, und wenn sie erst einmal fünfzig Jahre alt sind, haben sie das ewige Leben. Beispiele dafür sind: «Da kennse Bouchholtzen schlecht!» (Marginalie Friedrich des Großen), «Den Zahn laß dir man ziehen!» «Et jinge wohl, aba et jeht nich!» «Imma langsam mit die jungen Ferde!» «Allüren ham Sie, die würde ick mir mal rausnehmen lassen!» «Erst können vor Lachen!» «Au Backe!».

Genau besehen, ist ‹Au Backe!› ein Ausruf, keine Redensart; es bedeutet soviel wie ‹Ei wei!›. Wer «Au Backe!» sagt, ist betroffen oder verwundert, gleichgültig ob in gutem oder bösem Sinne. Aus zwei Gründen ist ‹Au Backe!› zu den Redensarten gestellt; erstens hat es, wie alle Berliner Redensarten, die Kraft, noch andere Worte hinter sich her zu ziehen, – beispielsweise – «Au Backe – mein Zahn!» – zweitens ist es ein altes Sprachdenkmal. Agathe Lasch hat nachgewiesen, daß das Wort ‹Backe› in diesem Ausruf nichts mit der Wange zu tun hat, sondern aus dem Niederdeutschen stammt, wo es das Tätigkeitswort ‹backen› gebildet hat. «Ick will di wat backen», bedeutete «Ich will dir was husten!» Paul Heyse erzählt, daß Geibel jeden Disput mit dem lübeckischen Satz: «Back die wat, Sela!» abgeschlossen habe. In Niederdeutschland ist das Wort ausgestorben. Das wäre wohl auch in Berlin sein Schicksal gewesen, wenn die Berliner ihr ‹Backe› nicht mit dem plastischen Anlaut ‹Au› versehen hätten. Dadurch bekam es seine neue Bedeutung als Ausruf des Erstaunens, der Bewunderung, des Amüsiertseins und auch des Schreckens.

Die eben angedeutete, meist kalauernde Weiterbildung beliebter Redensarten ist eine Eigentümlichkeit des Berlinischen, die ebenso erheiternd wie ärgerlich wirken kann. Einerseits scheint es so, als wollte die Sprache zu einem gelungenen Satz noch eine Zugabe stiften, andererseits bringt sie die Redensart in Gefahr, sich totzulaufen. «Da schlag eener lang hin – und steh kurz wieder uff!» «Der Junge hatn anschläjijen Kopp – besonders wenn er de Treppe runter fällt.» «Is ja hier nich wie bei arme Leute – sieben Kinder und zwee Betten und keen Aaas will an de Wand liejen!» Die Weiterbildung einer Redensart braucht nicht immer der Nachsatz zu sein, auch der Vorsatz kann sie enthalten: «Hier riecht det so nach Obst – hat vielleicht eener ne weiche Birne?»

Die ansteckende Anfälligkeit Berlins für den Scherz trägt nicht nur den Witz, sondern auch den gelungenen Schlager blitzschnell durch die Stadt.

Bei seinem ersten Berliner Aufenthalt beschreibt Heinrich Heine die erste Schlagerepidemie, die es gerade damals in Berlin gab. Die ganze Stadt sang den ‹Jungfernkranz› aus dem ‹Freischütz›. Die gefällige Melodie wurde getrommelt, gesummt und gepfiffen, auf der Harfe und dem Pianoforte gespielt und schließlich durch die Leierkästen gedreht. Berlin brauchte den Gassenhauer, und wenn ihn keiner schrieb, machten sich die Berliner ihn selber.

Friedrich der Große, wie gesagt, konnte wie sein Vater, Friedrich Wilhelm I., nur berlinisch, nicht hochdeutsch sprechen. Seine Verse schrieb er französisch. Er hielt das Hochdeutsche wohl für eine umständliche Abart des Berlinischen, jedenfalls meinte er, das Deutsche sei wegen der vielen Worte, die auf Konsonanten endeten, nur schlecht geeignet für die Lyrik; darum schlug er vor, allen deutschen Wörtern einen Vokal anzuhängen.

Wahrscheinlich war es die zu Anfang unseres Jahrhunderts immer mehr anschwellende Fridericusliteratur, die diesen Vorschlag wieder in breitere Erinnerung brachte. Die Frucht davon waren die sogenannten ‹Abreißgedichte›, die ebenfalls eine intellektuelle Epidemie auslösten. Die Abreißgedichte reimten sich fast nur auf Vokale. Dafür wurden entweder die Worte hinter einem Vokal abgerissen, oder es wurden die Konsonanten abgetrennt. Was übrigblieb, kam an den Anfang der nächsten Zeile. Zwei dieser Gedichte habe ich noch behalten, doch leider nicht mehr den oder die Verfassernamen.

Ach Anna,
Komm doch zu mir aufs Kanna-
Pee,
Denn ich liebe dich so se-
Hr.

Ach Else,
Wie felse-
Nfest baut' ich auf deine Treue,
Bis ich neue-
Rdings erfuh-
R,
Daß du falsch mir schwu-
Rst.

Ein schönes Zeugnis für die poetische Schmiegsamkeit des Berlinischen hat der alte Puppenspieler Linde von der Hasenheide gegeben. Er übersetzte alles, auch große Opern und klassische Schauspiele, ins Berlinische. Linde nahm sich und sein Theater ernst. Auf jedem Zettel stand:

Der Tugend dem Lohne, dem Laster die Strafe!

Er hatte auch Schillers ‹Jungfrau von Orleans› ins Berlinische gebracht. Johannas Abschied hieß:

So leb denn wohl, geliebte Hammelherde!
Ihr Lämmerkens, adschees, adschees,
Ob ick euch wiedasehen werde,
Wer weeß, wer weeß?

W. K.

ZWEITES KAPITEL

ZUR GRAMMATIK DES BERLINISCHEN

ALLGEMEINES

Die Berliner Mundart* gehört vorwiegend zum Niederdeutschen. Sie ist mit verschiedenartigen fremden Bestandteilen durchsetzt, so daß von einer Regelmäßigkeit in dem Verhältnis zu den deutschen Mundartgruppen kaum die Rede sein kann. Viele Wörter werden nur in hochdeutscher Form gebraucht; andere wie: Kule, kiesetig, steekern, stuken, talen sind ganz niederdeutsch.

Zuweilen gehen hochdeutsche und niederdeutsche Formen friedlich nebeneinander her: Nase und Nese, Fote und Pote. – Aus der Wiener Mundart hat nur weniges, meist durch Lokalpossen übertragen, in Berlin Wurzel gefaßt, so zum Beispiel: hat ihm schon, Techtelmechtel, Jux. Nicht unbedeutend ist die Zahl der Wörter, die dem Judendeutsch entstammen und zum Teil auf das Hebräische zurückgehen, wie: meschugge, Schaute, Pleite, mies. Aus dem Rotwelsch (der Gaunersprache), das zum Teil ebenfalls dem Hebräischen entstammt, sind einige Ausdrücke, namentlich durch die Zeitungsberichte über Kriminalprozesse, allgemein bekannt geworden, dazu gehören: ausbaldowern, Schmiere stehen, Kaschemme.

Von den Sprachen anderer Völker ist der Anteil des Polnischen, trotz der starken polnischen Einwanderung, auffallend gering: pomade, dalli, Jrad. Noch schwächer ursprünglich der des Englischen: anjepeest, Leddi (obwohl

* Sie zerfällt in Unter-Mundarten, von denen die wichtigsten das Vogtländische im N. und N.O. von Berlin, und das Kietzische im O. waren. Die landschaftliche Trennung bildete der Friedrichshain. *Das* heißt im Vogtländischen *dis*, im Kietz *det*. Man zog früher nicht gern von einem Viertel ins andere. Nach 1918 haben sich diese Unterschiede verwischt.

sein Einfluß ständig zugenommen hat), und auch der italienische Anteil am Berlinischen ist nicht groß: Piccolo, futschikato, perduto.

Bei weitem den größten Einfluß hat das Französische ausgeübt. Berlin hatte nach dem Dreißigjährigen Krieg nur 20000 Einwohner, als sich (seit 1685) die Refugiés als französische Kolonie in seinen Mauern niederließen; ihr Einfluß wurde durch die allgemeine Hochachtung vor dem Französischen verstärkt und durch die napoleonische Einquartierung zwischen 1806 und 1813 aufgefrischt; er zeigt sich nicht nur in vielen entlehnten Wörtern (Aweck, Kulör, nich in die la main), die zum größten Teil berlinisch umgestaltet worden sind (Kinkerlitzken, Plängschaß, etepetete, Karrunje), sondern auch in der – oft humoristischen – Neigung, französische Endungen an deutsche Worte zu hängen (Kleedage, Droschkon, Kneipjee, verstandez-vous?), neue Worte nach französischer Art zu bilden (Frisöse, Poussade), echten französischen Wörtern einen neuen Sinn unterzulegen (Baiser, Manschetten, doppelte Kurage) und französische Wörter mit deutschen zu verbinden (Pleesierverjniejen, Jardinjarten, maintenanu, der gute Bonton, ohne Sansfaçon, mit'n Avec). Aus den Schriften Glaßbrenners (in den dreißiger und vierziger Jahren des vorigen Jahrhunderts) geht hervor, daß damals das Französische in den unteren Ständen noch weit mehr verbreitet war als jetzt. Doch hat es nur den Berliner Wortschatz bereichert; auf die eigentliche Grammatik des Berliners hat es keinen Einfluß gewonnen.

ZUR SCHREIBUNG

Eine ganz gleichmäßige Schreibung konnte nicht eingehalten werden, weil die aufgenommenen Wörter und Redensarten aus Kreisen von verschiedener Bildung kommen und daher von der hochdeutschen Sprache mehr oder weniger abweichen. Es zeigt sich, wie der Grundsatz «Schreibe, wie du sprichst!» zu größerer Buntheit führt als eine auf historischer Grundlage beruhende autoritative Allgemein-Schreibung. Hier mußte einerseits manches gleichlautende Wort verschieden geschrieben, manches verschieden gesprochene in Schrift und Druck schließlich doch einheitlich wiedergegeben werden.

Wo den Lesern das Auffinden und das Verständnis der Wörter durch eine zu getreue ‹phonetische› Schreibung zu sehr erschwert worden wäre, beschränkte sich ‹Der richtige Berliner› im allgemeinen darauf, wo es die Aussprache vorschreibt, das hochdeutsche g durch j, t durch d, pf durch p und f zu ersetzen; ferner: ei, eu und au durch ee, ei und oo; a und ä durch e; in Fremdwörtern c und ch durch k, z und sch; außerdem in einzelnen Fällen Eigentümlichkeiten der Aussprache wiederzugeben und die üblichen Verkürzungen und Verschleifungen der Wörter beizubehalten. Daß ch und j bald einen Gaumen-, bald einen Kehllaut, der dem berlinischen r sehr nahesteht, bezeichnen, muß als Schwierigkeit hervorgehoben werden (vgl. sachte, sagte, ach).

ZUR LAUTLEHRE

Vokale

Es herrscht die Neigung zur Entrundung vor; jedoch gehen Entrundung und Rundung durcheinander (schlesisch-sächsischer Einfluß); ‹jebüld(e)t› ist geziert.

Vor dem gutturalen (kehllautigen) a-haltigen r klingt in einigen Wörtern das i dem ü ähnlich: Bürne, Kürche. Die Aussprache ‹er› für ir oder ür ist nur scherzhaft und nicht echt (sächsisch): Kerche, ferchterlich, Ferscht. Auch ur wird zuweilen ür gesprochen: Mürmel, Türm; diese Aussprache soll von der französischen Kolonie herstammen.

e wird ö gesprochen in ‹ölwe› (elf).

ä und ö werden zu e: zehlen, Lecher. Doch bleibt das ö meist in ‹zwölwe› und oft in niederdeutschen Wörtern wie: Jöre, klönen, klötrig (doch auch kletrig), dösig.

eu wird zu ei: nei, heite; ü wird zu i: hibsch, Fieße.

ei wird zu e, wenn im Ndd. ein e steht: Arbeet, kleen. Infolge einer Scheu, das ei vor l zu e werden zu lassen, heißt es aber: teilen, heil, Seil. Das ei bleibt auch, wenn im Ndd. ein i steht: mein, Schwein, reiten, fein. (Dagegen: «Ick heeße Schulze.»)

Da also das e nicht nur für ä und ö, sondern häufig auch für ei eintritt, herrscht es im Berlinischen vor; es ist zu hören in: Regen, Säge, König, Stein. Deshalb klingen zwei ganz verschiedene Wörter nicht selten gleich: Sehne und Söhne, Steene (Steine) und stöhne, wehre und wäre. Derselbe Gleichklang kommt vor bei Wörtern mit kurzem e: kennen und können, Mächte und möchte; mit i: liege und Lüge, Ziege und Züge; mit ei: Scheine und Scheune, Feier und Feuer.

Das au wird zu o, wenn im Ndd. ein o steht: Boom, loofen, alooben; aber «Erlaube, holde Taube!» (geziert). Doch bleibt das au, wenn im Ndd. ein u steht: Haus, Kraus, lauern. Ndd. u ist aber erhalten in: Kulbarsch, Schnute, stuken, knutschen (neben knautschen).

Wenn äu (als Umlaut von au) im Ndd. o ist (Bäume, Baum, ndd. Boom), so entspricht ihm ee: Beeme, dreemerig (träumerisch). Andernfalls hat das au den Umlaut ei (oder ai): Heiser, kreiseln. Einige Wörter machen diesen Umlaut nicht mit: Lause, Mause (neben Meise), du saufst.

Einzelnes

Ein Wechsel des Vokals tritt zuweilen infolge falschen Analogieschlusses auf. So hörte man früher: Tambauer statt Tambour, Staubwasser statt Stobwasser (Name einer Lampenfabrik); noch jetzt sagt der ‹gebildete› Berliner ‹eingal› (statt ‹eenjal›, d. h. egal). In der Lothringer Straße gab es ein Restaurant ‹Lohengrün›.

Die Endung -er wird in gewissen Wörtern langgezogen: Kellneer, Klempneer, Adleer; auch in Eigennamen: Erkneer, Richard Wagneer (Witweer ist geziert). Das Normale ist aber die Umwandlung von -er zu a (Vata, Mutta), desgleichen von -ren zu -an (Ohren - Oan).

In vielen Wörtern wird der Vokal kurz gesprochen: licht, lichst (von liejen); kricht, jekricht (von kriejen); siste (neben siehste); wievel (wieviel); enzeln (neben eenzeln); dreizen (dreizehn) usw. bis neinzen; Dinstag, Schnittloch (-lauch), uf und ruf (herauf und hinauf); schenk in (schenk ein); rin (herein, hinein).

Bei andern Wörtern erfolgt die Kürzung des Vokals durch Konsonanten-Verdopplung: ville (viel), widder (neben wieder), Letter (Leiter), Emmer (Eimer), Mille (Mühle), klenner, schenner (veraltet, jetzt meist: kleener, scheener). Auch die Kürze des erwähnten uf, ruf kann man durch Doppelkonsonanten hervorheben: uff, ruff.

Tonverstärkendes a ist angehängt in dem Ausruf: «Au weia!»

Das a wird zu o in och (statt ach).

Die Endung -isch verliert den Vokal: barbarsch, berlinsch, bayersch, neimodsch, ticksch (tückisch), steetsch (städtisch); das hat oft eine weitere Verkürzung zur Folge: de preuschen Farben; vor't schleesche Dor; im zoologschen Jarten; Vosche Zeitung.

Konsonanten

Zur Lautverschiebung (b p f, d t z, g k ch)

Für pf steht p oder pp (im Inlaut und im Auslaut): Appel, Knopp, Karpe, Proppen, Strump, Zippel – oder (nur im Anlaut) f: Ferd, Flaume, Fund (Lehnwörter). Für pp findet sich bb: Ribbe, strubbelig; doch auch sonst ist das ndd. bb häufig: bibbern, wabbelig, Zibbe u. v. a. Für b im Anlaut p: Puckel, Prezel; für p im Anlaut b nur in: baff, buffen, Baule (Paul). Für f (v) im Inlaut b: Haber, Deibel, Stiebel; für f im Auslaut, das durch Flexion des betr. Wortes Inlaut wird, tritt das weiche w ein: doof – 'ne doowe Nuß; steif – 'n steiwer Arm. (Vgl. auch später den Wechsel von hartem Konsonanten im Auslaut zu weichem im Inlaut.)

Für t steht im Anlaut d: Daler, Disch, dot, dragen, dun. Für tt steht im Inlaut dd: schliddern, Zoddel, lodderig; auch sonst ist das aus dem Ndd. stammende dd häufig: buddeln, Kuddelmuddel, verheddern, Padde u. v. a.

Von alten Leuten, namentlich aus der Gegend vor dem Schönhauser Tor, hörte man früher öfter: hadde, hädde (statt hatte, hätte). Für d steht zuweilen t: Anektote, Natel, Perjamite. Vereinzelt auch d für t: Madratze.

Für s steht t in: et (oft bleibt auch das s, namentlich wenn das e apostrophiert wird), det, wat, welchet, solchet, manchet, jedet, unsert, eiert, ihret; ferner bei den Adjektivformen, die sich auf ein Neutrum beziehen: 'n armet Kind, 'n kleenet Männecken. Neben ‹det› früher oft ‹des› (geziert), im Vogtländischen später ‹dis›; im Kietzischen (bis nach Rummelsburg) stets ‹det›. Übrigens ist ‹dat› im Bereich des Berliner Dialekts nie und nirgends zulässig!

Für g tritt so oft j ein, daß man unsere Mundart durch das Wort von der ‹juten jebratenen Jans› ausreichend gekennzeichnet zu haben meint. Doch steht dieses j nur im Anlaut und nach e, i, ei, l, r, so in: Jans, Jejend, Zijarre, Jeije, Jaljen, Jurjel. (Neben ‹Oogen› hört man öfter ‹Oojen›, doch ist diese Aussprache ursprünglich parodistisch gemeint, als Verspottung der urberlinischen Aussprache des g.) Wer aus Ziererei darauf bedacht ist, überhaupt jedes j, als vermeintliches Kennzeichen von Dialekt, zu vermeiden, der sagt wohl auch ‹Gerusalem› und ähnliches.

Für g tritt ein besonderer, dem r nahestehender Laut ein, wenn a, o, u, au vorhergeht: jaren (jagen), Boren (Bogen), Kurel (Kugel), sauren (saugen). Diese Aussprache gilt als korrekt. Also: jaren, aber Jejer; Boren, aber biejen; Kurel, aber Kejel; sauren, aber säugen, und siejen. Fremdwörter indes, die nach diesem Gesetz ein r haben sollten, werden mit j gesprochen: Majistrat, Papajei, Trajödie, Drajoner, Theolojie, Portujal, auch Namen wie Hujo, Aujust. Folgt jedoch bei derartigen Wörtern auf das g eine im Deutschen übliche Endung, so verwandelt sich das g wiederum in jene Art von r: Theolore, theolorisch, trarisch.

Im Auslaut wird g zu ch; dieses ch spricht man, ebenso wie das g, nach e, i, ei, l, r mit dem Gaumen, nach a, o, u, au in der Kehle. Also: Weech, Kriech, Zweich, Talch, Zwerch; aber Dach (Tag), flooch, jenuch. Die Verbform ‹du krist› (kriegst, bekommst) ist Analogiebildung zu ‹du wist› (wirst) mit r-Ausfall. (Vgl. ‹wist›, ‹sost› durch Ausfall von ll.)

Aus k wird ch in: Marcht, Kalch (seltener Kalk). Aus g wird k in: kukken, kluckern, Zicke; aus ch in der Endung -lich wird j vor dem Vokal e: fürchterlije.

Für h zwischen Vokalen spricht man zuweilen j mit leichtem e- oder i-Vorschlag: Zejen (Zehen), Fleje (Flöhe), hejer (höher), nejer (näher), krejen (krähen), doch gilt diese Aussprache als sehr ‹vogtländisch›.

In Einzelfällen ist der Gaumenlaut ch durch sch ersetzt: nischt (nichts), Kescher (Kecher, Köcher).

Liquiden und Nasale (l, r, m, n)

l und r sind im Berlinischen stark a-haltig. – Eine beachtenswerte Assimilation (Angleichung) zu ll findet sich in Rulle (Rudolf), Mulle, Mulleken

(Mutter; wohl nicht mit ‹mulier› in Verbindung zu bringen), Kulle (Kurt), schnulle (schnuddlig), Pulle (vgl. frz. bouteille) oder Buddel. Die Endung -le, die im Schlesischen und Schwäbischen den Diminutiv (Verkleinerungsform) ausdrückt, könnte bei der Entstehung solcher Wörter mitgewirkt haben.

Ein zweites l erscheint im übrigen durch Assimilierung an ein vorhergehendes l in: hallweje, olle, Molle (Mulde), Melle (Melde, ein Unkraut), balle (bald). Der Laut l fällt gänzlich aus in: du wist (willst), du sost (sollst), so 'ck? (soll ich?) und sehr oft in Zusammensetzungen mit ‹mal›: komma her, nimma det, simma (sieh mal), zeima (zeig mal), somma (soll mal).

Auch n für d tritt zuweilen durch Assimilierung auf: Kinners, anners.

Das r wird sehr schwach artikuliert und nähert sich in der Aussprache dem schon erwähnten Zwischenlaut, zu dem sich das g wandeln kann. Nicht unterscheidbar sind daher: Waren und Wagen, klare und Klage, Jahren und jagen etc. Nach kurzen Vokalen werden rt und rz wie cht und chz gesprochen, mit dem harten Kehllaut ch, der sonst nur nach a, o, u gesprochen wird (acht). Daher also: Jachten (Garten), Kachte (Karte), Wocht (Wort), Jüchtel (Gürtel). Diese Aussprache tritt nicht ein, wo man rrt statt rt schreibt (knarrt), auch nicht in unbetonten Silben.

Nach langen Vokalen, die mit r eine Silbe bilden, wird das r zu einem ganz kurzen a: Ooa (Ohr), fieast (führst), man darf diese Wörter nicht etwa zweisilbig sprechen. So wird auch aus: er, der, die, mir, wir, usw. nur bei Betonung: eea, deea, dia . . ., unbetont dagegen schrumpfen sie zusammen zu: a, da, ma, wa; hattat (hat er es). Spurlos verschwunden ist das r auch in: wist (wirst), wit (wird), watte (warte); aber es bleibt in Form des kurzen a bei : waast (warst), waat (waret, wart), waan (waren).

Nach langem a wird das r zu dem oben erwähnten harten ch, wenn t, z, st folgen: Baacht (Bart), Haachz (Harz), spaachzt (sparst); im Auslaut und in unbetonten Silben entfällt es. Jaa (Jahr), waa (wahr und war), Oska (Oskar), dankbaste, Kafreitag u. a.

Zu a werden in unbetonten Silben -er (or), -re, -ere, -eri-, -rer. Also: Baua (Bauer), Dokta (Doktor), falooan (verloren), Ooan (Ohren), längan (längeren), Schneidan (Schneiderin), Maua (Maurer, Mauer), Booa (Bohrer). Sogar die Anrede Herr wird zu Ha: ‹Ha Meya.›

Jedoch bleibt -re nach a und wenn es den Wortschluß bildet: Waren, fahre, saure, Diere (Türe); Ausnahmen: laua (laure), kletta (klettere, klettre).

In manchen Wörtern, meist solchen von fremder Herkunft, wird auch unbetontes -ar zu a: Chalotte, Kaline, Richad, paterr, Katoffel, Schateke; umgekehrt bildet man als vermeintliches Hochdeutsch a zu ar um: Karnickel, Karnalje, Kartun, Kartarrh, vermoost (famos; besondere Entstellung).

Zwischen m und n besteht lautlich kein scharfer Unterschied. Nicht selten ist das n von der französischen Aussprache beeinflußt: Balkong, Ballong, Droschkong.

Einzelnes

s nach r geht in sch über: erscht, Jerschte, Durscht, Wurscht, auch wirschte (wirst du), doch ist diese Aussprache selten (sächsischer Einfluß?). Ausdrücke wie: zwarschtens, mehrschtendeels, aberscht nanu, zu öberscht sind nicht klassisch. Zu einem weichen (franz.) g wird s nach r in: Hirge, Wirgekohl.

Für z tritt scharfes ß (ss) ein in: siebßen (siebzehn), siebßig, fumfßig, fumßehn (scherzhaft auch funzig), ein weiches s in: Kränse, Schwänse, ein sch in: Wansche. Doch sagt man: Zalm (für Psalm in der eigentlichen religiösen Bedeutung) und Salm (ebenfalls Abwandlung von Psalm, aber in der Bedeutung: lange, langweilige Rede), Zmirna (für Smyrna); auch Peterzillje (statt Petersilie) kommt nicht selten vor.

Ein weiches s haben die aus dem Französischen stammenden Wörter: Jlasee, Balangse.

Den alten ndd. Anlaut w vor r (Wrack, wringen) trifft man bei: wribbeln (in Analogie zum ndd. ribbeln, rubbeln, d. h. reiben, schaben), Wratze (Ratte, Ratze), Wraze (Warze); Wratze wohl ebenfalls Analogiebildung, bei Wraze möglicherweise bloße Lautumstellung.

Angesprungene Zahnlaute am Schluß von: anderst, lieberst, ebend, drübend, schon[s]t.

Angesprungener Nasallaut in: nejen, zejen. 'ne Narche (eine Arche), hier beim Hauptwort angesprungenes n vom unbestimmten Artikel.

Angesprungenes s in: sondersgleichen (vgl. hd. ‹samt und sonders›). Aus ‹wenn du› wird ‹wenn de, wennste›, aus ‹ob du› ‹obste›. (Vgl. S. 58) Auch:

Menschenskind, meinswejen. (Das vielumstrittene Kompositions-Erleichterungs -s?)

In Wörtern aus fremden Sprachen wird das weiche g wie sch gesprochen: Schent, schenieren u. a.

Wie schon anfangs erwähnt, stößt der Berliner mit der Zunge an.

Akzente und Verschleifungen

Schweizerkeese (ein Wort): Hauptton auf der ersten Silbe; Potsdamer Platz, Hackescher Marcht, Kurfürstendamm: Hauptton auf Platz, Marcht, -damm; dagegen bei Kaiserdamm (u. a. auf -damm endenden Namen) Hauptton auf der ersten Silbe. ‹Alle Jubeljahr›: Hauptton auf -jahr.

In manchen zusammengesetzten Hauptwörtern fällt zuweilen, wenn verwandte Konsonanten zusammentreffen, der erste aus: Kuckasten, Hauschlüssel, Mustulle, Mauschelle, Holstall, Bustabe, Hauschuh, Monschein. Andererseits wird bisweilen die Silbe -en eingeschoben, da das rhythmische Gefühl eine Vermittlungssilbe zwischen Haupt- und Nebenton entstehen läßt: Strumpenband, Schmalzenstulle.

Fremdwörter werden teils aus Unwissenheit, teils scherzhaft falsch betont: Continental, prozentualiter, Dollar, Spartacus, Terror, Thalja-Theater (statt Thalia-Theater), Rilljohn, Trikot.

Im ganzen neigt die schnelle Sprechweise des Berliners zur Unterdrükkung oder Abschwächung von Auslauten und Endsilben; dadurch werden in den Sätzen weitere Zusammenziehungen und Verschleifungen ermöglicht.

Unbetonte Vokale (meist e oder bereits zu e abgeschwächte Vokale) werden zwischen gleichen oder gleichartigen Konsonanten ausgequetscht: zusammn. Stoßen infolge eines solchen Vokal-Wegfalls zwei Zahnlaute aneinander, so wird nur einer gesprochen: er ret (redet), er rete, ihr ret, jeret; er reit, er pust, iepust; er kost, jekost, u. a.

Die Zusammensetzungen -en, -nen-, -ne werden durchgehend unbetont gesprochen, auch innerhalb des Wortes: Rejn (Regen), rejn (regnen), rejnte regnete).

Ähnlich -den, -ben; sie werden zu -dn, -bm, dann mitunter zu bloßem n, m: ham (haben), Aamt (Abend), jun Morjen (guten Morgen) eintlich, einklich (eigentlich), orntlich (ordentlich), Atn (Atem). In Wörtern wie: Ornung, Meechen kann nur das d ausfallen.

Im Auslaut fallen d und t nach einem Konsonanten meist fort: is (ist), sin (sind), nich (nicht), jetz oder getz, sons. «Nu jib's aba wat!» Auch un (und) verliert das d, namentlich von Zahnlauten; Hinüberziehung: um un dumm, über un drüber. Auch n im Auslaut kann verschwinden, manchmal allein, während ein vorangehendes unbetontes e sogar erhalten bleibt: Karpe, Lappe (beide fem. sing.; im Plural bleibt das n), nee (nein), nu (nun).

Die Fürwörter du, die, sie werden meist zu: de, se (vgl. aber S. 49 f.), vor n sogar zu bloßem d oder s. «Hatsn?» (hat sie ihn?).

Der unbestimmte Artikel ‹een› wird anlehnend ‹en› und kann zu einem 'n zusammenschrumpfen. Ebenso heißt ‹denn›, beiläufig, also untergeordnet in eine Frage eingeschoben: 'n. «Wat kost'n det?»

Da nun t und d bei schnellem Sprechen unterdrückt werden, wo es irgend bequem ist, so entstehen Verschleifungen wie «kosse ma!» (koste sie mal), «hasse» (hast du sie), «ick finse nich» (ich finde sie nicht), finst (findest), hest (hättest). Es gibt Sätze, in denen die Mehrzahl der (allerdings kurzen) Wörter aus nur andeutenden Lauten besteht. Das oben erwähnte «Hatsn?» kann auch bedeuten: «hat sie denn?» aber bei «Hastsn?» (hast du sie denn?) erkennt man ohne weiteres, daß hier eine Frage mit ‹du› gestellt ist.

Die Formen von ‹werden› heißen demnach, soweit sie im Präsens Endungen mit e haben: ick wer, wir wern, ihr wert, sie wern; Imperativ: wer, Infinitiv: wern, Partizip zuweilen: jeworn.

Andere Zusammenziehungen: sonn (so ein); nonnich (noch nicht), nonnischt (noch nichts); zei do ma (zeig doch mal); 'k (ick) «Det seh'k nich in!», haa oder ha (habe) «Det haa'k ihn versprochen.» «Haak's dir nich jleich jesacht?», «'ck ha's da doch jesacht!» (ich hab es dir doch gesagt).

Gegebenenfalls wird aus et, det: t; aus ihn, den, een, eenen: n; aus eene: ne; aus zu: ze oder za; aus heran: ran, aus herauf, hinauf: ruff (aber ‹her› und ‹hin›), ebenso: rin, rüber, runter, raußer.

Trotz dieser Neigung zum Verkürzen und Unterdrücken bevorzugt der Berliner aber in einzelnen Fällen kleine Erweiterungen, sei es um der Alliteration willen oder um der Deutlichkeit und somit doch Bequemlichkeit willen. Die Silbe ‹da› hat es ihm besonders angetan. Er sagt: dadran, dadrin, dadruff (und wahrscheinlich im Angleich hierzu: wodran wodrin, wodruff); ferner: da dabei («Wat is'n da dabei?»), da damit, da dadrum, da dadrüber, da davon. Als vorletztes Wort im Satz zieht das ‹da› in solchen Verbindungen viel stärker den Ton auf sich, als das letzte Wort, zu dem es gehört. «Wat kann ick'n da davor?» ist ungleich kräftiger als «Wat kann ick'n davor?» (ganz zu schweigen von hochdeutscher Fassung). Aber auch als alleinstehendes Adverb des Ortes wird ‹da› um der Betonung willen eigens zum vorletzten Wort im Satz gemacht: «Pöttke war wieder nich da nich!»

Bei Beschimpfungen wie: Ochse verfluchter, Junge verflixter, Bengel infamichter, so'n Bengel verflixter liegt die Wirkung ebenfalls darin, daß das Hauptwort nicht das letze Wort ist; das ihm folgende Eigenschaftswort liefert richtigerweise einen ergänzenden Nachtrag, sei es zum Zweck der Verstärkung oder der Milderung.

Natürlich gibt es auch andere Möglichkeiten, Betonung zu erzielen, aber sie greifen tiefer in den Satzbau ein und kommen später zur Sprache (S. 57).

ZUR FORMENLEHRE

Deklination

Der Genitiv fehlt dem Berlinischen so gut wie ganz. (Vgl. auch S. 25) Er wird in der Regel durch ‹von› mit dem Akkusativ ausgedrückt: der Vater von den Jungen; ferner mit Hilfe des Possessivpronomens: wem sein Hut? Jreten ihr Bruder; aber man kann sagen: Lehmanns Kutscher.

Dativ und Akkusativ werden nicht unterschieden, die für beide gemeinsame Form wird scherzhaft ‹Akkudativ› genannt. («Wir sind Jott sei Dank so jestellt, daß wir auf dem Jelde (mit Dativ-e) nich zu sehen brauchen», ist geziert; eine scherzhafte Parodie solcher Sprechweise ist: «Kein Verjnüjen ohne die Damens, aber mit die Damens loofts in dem Jelde.»)

Der Dativ ist nur bei Fürwörtern vorhanden. Der Artikel fehlt oft nach Präpositionen: uff Straße, nach Schule, nach Kirche.

Vater, Mutter und andere Verwandtschaftsnamen werden wie Eigennamen behandelt und so dekliniert:

Nom.	Vata	Mutta	mein Bruda	
Gen.	Vatan sein	Muttan ihr		det Kind
	(mein Vata[n] sein)	(meine Mutta[n] ihr)	mein Bruda sein	von det Kind
Dat. / Akk.	Vatan	Muttan	mein Bruda	det Kind

Der Plural wird auf sehr verschiedene Arten gebildet:

auf -er: Dinger, Drecker, Rester, Steener, Sticker, Viecher u. a. (Menscher zu ‹das Mensch› – Frauenzimmer).

auf -s: Bengels, Bummlers, Damens, Freileins, Jroschens, Kerls, Kinderkens, Meechens, Onkels, Rackers u. a. So auch bei Fremdwörtern (Soffas) und Wörtern, deren Plural dem Sprechenden nicht geläufig ist: Kochs (statt Köche). Von Einfluß sind hier wohl hauptsächlich englische Modewörter gewesen: Blocks, Films, Klubs, Parks, Schecks, Streiks, Frühstücks, Nährflocks; daher auch: wieviel Schnitts?

auf -n: Banken, Fenstern, Fingern, Knieen, Messern, Pantoffeln, Stiebeln, Zelten (am Tiergarten) u. a.

mit Umlaut: Ärme, Däume, Pünkte, Rehme (Rahmen).

ohne Umlaut: Lause.

Besonders abweichend sind: Eester (von Aas) und: Morjende, Jahrende, gewissermaßen hyperbolisch ein Plural zum Plural: «Det kannste nich in Jahren jutmachen, ja nich ma in Jahrenden!» (Ton auf der letzten Silbe, vgl. Steigerung).

Scherzhafte Pluralbildungen: Balkönger, Salönger, Jeschmäcker, Publikümmer, Kompötter, Saläter, Paletöter, Omnibiester. Dagegen werden: Bimse, Haue, Keile, Schimpfe u. ä. als Feminina im Singular aufgefaßt.

Manche Substantiva hängen als Auslaut ein e an: Bahne, Banke, Musike, Uhre u. a. Auch die kurzen männlichen Vornamen haben ein solches e: Aute, Ede, Fritze, Maxe, Miele, Otto, Paule, Karle (sprich: Kaale oder Kalle), Hanne. Beim Rufen auf größere Entfernung wird dieses e stark gedehnt, es klingt dann nach ä hin.

Viele Substantiva haben ein anderes Geschlecht als im Hochdeutschen.

Maskulina sind: Armband, Band (zum Binden), Barometer, Blech (in übertragener Bedeutung), Blei (Bleistift und Fisch, das Metall ist Neutrum). Weiterhin: Brosch (Brosche), Bund (Hosen-, Rock-), Datum, Examen, Halstuch, Jas, Jehalt (Sold), Jummi, Kaleika, Katheder, Liter, Meter, Mus, Öl, Petroljum, Pult, Real (das Regal), Seidel, Sieb, Soffa, Streichholz, Strick (übermütiges Kind), Telefon, Thermometer, Trikot, Wachs, Weihnachten (konkret = die Geschenke), Zeck (lautes Benehmen), Zanktimeter (Zentimeter) u. ä.

Feminina sind: Älte (das Alter, die Anciennität), Flicke, Hacke (Ferse), Hake (Analogie zu Öse), Karpe, Karre, Keile, Kinne, Kniee, Kolbe, Korne (keene Korne Salz), Lappe, Muffe, Rabe, Schlitze, Spade, Waschlappe, Zacke u. ä. Ferner die Buchstaben. «Die A is zu jroß.»

Neutra sind: Bleistift, Scheeselong, Docht, Draht, Ekel (konkret), Kee, Lohn, Monat, Müll, Ohrring, Sarch, Schnur, Siejellack, Strick, Wurm (mitleidig für ein hilfloses Wesen; in der eigentlichen Bedeutung Maskulinum), Zeck (Greifspiel).

Das persönliche Fürwort wird im Singular so dekliniert:

Nom.	ick	du	er	sie	et	wir	ihr	sie (Sie)
Gen.	von mir	von dir	von ihn	von sie, von ihr	von et	von uns	von euch	von ihn' von Ihn'
Dat. Akk.	mir	dir	ihn	ihr	et	uns	euch	ihn' (sie) Ihn' (Sie)

Wer da glaubt, daß der richtige Berliner mir und mich, dir und dich verwechsle oder nach Belieben anwende, ist im Irrtum. Von Natur kennt er nur mir (betont: mia, unbetont: ma) und dir. Bei Leuten, die ‹den Gebildeten rausbeißen› wollen, kommt der Mischmasch vor (vgl. S. 28); das ist aber barbarisch, nicht berlinisch.

‹Icke› (statt ick) ist unverbundenes Personalpronomen wie das französische ‹moi›, eine stark betonte, selbständige Form, die niemals ein Verb bei sich haben kann. «Wer is denn da? – Icke!» – «Als wie icke?» («Meinst du mich?») – ‹Du› in derselben Anwendung ist selten. Es hat als Vokativ das volltonige ‹do›, meist in der Drohung: «Do!»

‹Ihm› kommt nur in einigen Redensarten vor, wie: «Haut ihm!», «Hat ihm schon!» (eigentlich wienerisch, durch Possen eingeschleppt). Der Dativ der 3. Person Plur. heißt ‹sie›, bzw. ‹se›. «Hast se denn wat mitjebracht?»

‹Sie› ist Anrede, auch in der unverbundenen Form wie ‹icke›. In der Anlehnung und Unterordnung wird es ‹Se›, nach Präpositionen aber bleibt es oft ‹Sie›. «Ick bin mit Sie janich zufrieden.» Im übrigen heißt der Dativ-Akkusativ: ‹Ihnen›. «'t ha'k Ihn' ja jleich jesacht!» «Ihn' meen'k ja janich!»

‹Unser› hat im Femininum ‹unse›, im Dat.-Akk. ‹unsen›.

‹Wer› hat im Akkusativ ‹wem›, wie im Dativ; der Genitiv ist: wems, wemst, wem sein, wemsten sein; als Antwort hört man: meinen sein, deinem sein. «Wems Hut is'n det? – Mein(en) seiner.»

‹Welcher› wird nicht relativ gebraucht, nur ‹der›; für ‹dessen› sagt man: den sein(er) (e); für ‹deren›: den ihr(e); für ‹dieser› und ‹jener›: der hier, der da (ähnlich wie im Französischen, aber wohl nicht unter direktem französ. Einfluß); für ‹derjenige› auch ‹derjenichte›.

‹Das› heißt ‹det› (nie ‹dat›!), betontes ‹det› heißt ‹dette›. «Wat is'n dette?»

Adjektiva im Plural und ohne Substantiv und Artikel haben gewöhnlich die Endung -en, zwischen Artikel und Substantiv die Endung e. Also: «Det sind ja alten; die neie Katoffeln sind ma lieba; koofste nich bald neien? jibt et nich schon frische roten?» Bei ‹ander› fehlt in diesem Fall meist die Endung. «Die ander Sorten schmecken nich!» Bei dem Ausdruck für ein Glas Weißbier ‹die Weiße› ist ‹weiße› zum Hauptwort geworden, daher: zwee Weißen; doch liest man an Schildern oft: ‹Zur guten Weißen›. Von ‹sonn› (so ein) heißen Femin. und Plur. ‹sonne› – «Sonne Brieder!» – es vertritt auch das ‹so› bei Adjektiven. «Sonne demlichen Witze!»

Adjektive und Adverbien mit e im Auslaut: dicke, dinne, feste, heile, jewohne, kiele (kühl), kleene, reene, scheene, stille, jerne, ofte, sachte, sehre, vorne u. a. «Man nich so dichte ran!» ‹scheene raus›; ‹dicke durch›, ‹feste mang›.

Ferner wird ein e bei den Zahlen von ‹zwee› bis ‹zwölwe› (außer sieben) angehängt, wenn sie allein stehen, daher stets beim Zählen: eens (eene), zwee, dreie usw. (dann hört man auch ‹sibbene›). – «Mit viere lang» (kein n-Abfall, sondern angesprungenes e und indeklinable Form). Die Zahlwörter werden bei Angabe der Stunde dekliniert: ‹um (Uhre) fümwen› heißt: etwa um fünf Uhr; ‹um eensen› bis ‹um zwölwen› (aber: um neune, um zehne, da man an -ne kein n anfügen will).

Steigerung

Einige Adjektiva neigen in der Steigerung zum Umlaut: doll, döller, am döllsten; jlätter, räscher, der öberste u. a.; nah, hoch, schree (schräg) werden gesteigert: nejer, hejer, schrejer. ‹Die mehrsten› wird für ‹die meisten› gebraucht. Bemerkenswert ist (ähnlich ‹Jahrenden› beim Plural) das emphatische ‹der zehnteste›.

Reimneigung: «Je öller, je döller.» – Burschikos: «Du hast ja recht – sogar senkrecht!» – Scherzhaft: Mai, Meier, Meister. – Leer, Lehrer, Oberlehrer. – Schlecht, Schlächter, Schlächtermeister.

Zur Konjugation

Viele starke Verben werden abweichend vom Schriftdeutschen flektiert. Es heißt: du eßt, er eßt; du freßt, er freßt; du sehst, er seht; und so noch viele andere Verben, die im Stamm ein e haben (im Präsensstamm altes i, vgl. noch Goethe im ‹Götz›: «Wo stickst du?»). Auch der Imperativ heißt: Eß! Seh! Helf! Brech! Bei Verben wie: jeben, nehmen, werden u. ä. tritt im Präsens ein meist kurzes i auf; beim Imperativ zeigt sich dagegen Unsicherheit: Jebe! (neben Jib!) Nehme! Benehme dir! (neben Nimm! Benimm dir!) Andererseits hört man oft: ihr ißt, ihr sieht, ihr nimmt u. ä. Der Berliner neigt dazu, die 2. Person Plur. der 3. Person Sing. des Schriftdeutschen nachzubilden.

Unsicherheiten bei der Bildung des Umlauts: du dragst, er dragt; du loofst, er looft; du stoßt; er rennte (is jerannt); ebenso bei den Formen von: brennen, wenden, nennen, kennen u. a. Das Verb ‹fassen› bildet Formen mit Umlaut: du fäßt, er fäßt; sie finden sich wiederholt bei Karl Gutzkow (geb. in Berlin 1811), der übrigens, trotz seiner ‹Zichorienliese›, die Berliner Mundart nicht liebte. In seinem Buch ‹Aus der Knabenzeit› heißt es z. B.: «Das Kind umfäßt das Nächste wie die Welt.» Bei dem Verb ‹lassen› oft die Form: er laßt. In Formen wie: er fallt, er halt behindert das l mit seinem a-Gehalt den Umlaut; doch hört man bisweilen auch, nach der oben gegebenen Analogie: ihr fällt, ihr hält; ferner: ick jelte, du jeltst, er jelt(et); auch: et jilt (et).Nach r (mit a-Gehalt) ebenso: er fahrt; aber bisweilen: ihr fährt.

Verben, die sonst schwach flektieren, haben oft ein starkes Partizip, und das nicht nur in scherzhafter Anwendung: jebeten (beten), jeforben (färben), jehoften (heften), jejorben (gerben), jelitten (läuten), jemorken (merken), jeschonken (schenken), jeschumpfen (schimpfen), jespiesen (speisen), jewunken (winken), verjehren (verjähren), verjuften (vergiften).

Scherzhaft dagegen: blamoren (blamiert), jejogen (gegeigt), überzogen (überzeugt), umjebrungen (umgebracht), verrissen (verreist), verzohren (verzehrt).

Das Verb ‹stechen› hat auch die Bedeutung von ‹stecken›, daher wird eine Kerze ‹anjestochen›. ‹Anstecken› wird dagegen für ‹anstechen› nur in einem einzigen Fall gebraucht, und da verkehrt, nämlich in Beziehung auf den Bierausschank vom Faß: «Is ebend frisch anjesteckt!»

Für ‹mögen› oft ‹mechten›: «Det hätt ick mechten sehn!» Für ‹wir müssen› manchmal: ‹wir mussen›.

Die 3. Person Sing. von ‹brauchen›, heißt, wenn es sich um das Hilfsverb handelt (das übrigens im Berlinischen stets ohne ‹zu› auftritt), nur ‹brauch› ohne t, analog andern Hilfsverbformen wie: soll, muß, etc. «Darum brauch er donnich jleich haun!» Aber: «Er braucht Geld»; hier tritt ‹brauchen› selbständig auf, im Sinne von ‹benötigen›.

Statt ‹sein› im Imperativ und Infinitiv sagt man ‹sind›. «Laß det sind!» «Sind Se stille!» (Vgl. auch ‹sind› im Wörterbuch.) Statt ‹worden› meist ‹jeworden›. «Jestern sind se jetraut jeworden». (Andere Formen von ‹werden› und ‹sein› schon früher erwähnt.)

ZUR WORTBILDUNG

Abstrakte, von Adjektiven abgeleitete Feminina enden manchmal auf -de (alter deutscher Sprachgebrauch): Dickde, Heechde, Längde, Wärmde; auch Mengde (für Menge). Beachtenswert und sehr häufig sind: Älte, Benehme, Bleibe, Ziehe, Traute, Klüge, Bange.

Einige Wörter nehmen im Auslaut ein s an: Dings (Dinges, Dingrichs), statts (vgl. meinswegen); andere ein st: aberst, schonst, zwarst; ein n erscheint im Inlaut bei ‹allens› (alles).

Verkleinerungen werden nur mit -ke, -ken (-kin) gebildet, außer: Freilein (Frollein), Meechen, Wehwehchen. Manche Verkleinerungen haben ein euphonisches e: Bliemeken, Jungeken, oder ein s: Ecksken (auch Endeken und Endken), Häppsken, Sticksken. – Auch Adjektive und Adverbien können verkleinert werden: olleken, sachteken, scheeneken, sehreken, leiseken, jeschwindeken, stilleken.

Undeklinierbare Wörter werden als Adjektiva dekliniert, auch ohne Anfügung der Endung -ig: ne zue Droschke, anzwee Stiebeln, 'n durcher Keese, 'n außet Buch (meist: ein vollgeschriebenes Heft), rauße Oogen (heraustretende Augen), der ofte Wechsel, 'ne sehre Backpfeife, 'ne abbe Ecke (abgebrochene Ecke), 'ne rechte zurücke Tulpe (von Gärtnern zur Empfehlung gesagt). Daneben: zuig, anzweeig, kaputtig u. a. Ferner: die außerhalbschen Jurken, die driebenschen Leite (die drüben wohnenden Leute), de hälften Leite (die Hälfte der Leute). Aus einem Schaufenster: «Regen- und Sonnenschirme werden von heute ab zu den hälften Preis verkauft». – Auch: de janzen Leute (Ableitung von ‹das Ganze›, also: alle, sämtliche Leute), 'n janzer grober Kerl, 'ne janze verfluchte Geschichte (hier das Adverb ‹ganz› adjektivisch gebraucht). Vgl. oben: sehre, ofte.

Angehängte oder eingeschobene Endungen: -jen (sich verspätijen, sich jeduldijen); -jung (Benehmijung); -ig (jewehniglich, meinigte, mirigte, vorigte – sprich: voorchte; die drei letzen Wortbildungen sind nur Nebenformen von: meinige, vorige).

Ist von einer Frau nur unter ihrem Familiennamen mit Artikel die Rede, so wird die Endung n oder -en angehängt: de Müllern, de Schulzen.

Dem ‹Gastieren› des Schauspielers hat man nachgebildet: doktorieren, kellnerieren, schlosserieren; in den allgemeinen Sprachgebrauch sind längst übergegangen: hausieren, privatisieren, baronisieren.

Während bei einem Wort wie ‹jrapschen› (grapschen) wohl die Bestandteile ‹greifen› und ‹raffen› erkennbar sind, ist die Zusammensetzung des Verbs ‹verhohnepiepeln› wegen der beiden letzten Silben weniger deutlich, wenn der Sinn auch feststeht.

Analog zu ‹mir durschtert› ist gebildet: mir roochert. Eine Verstärkung bezwecken Ableitungen wie: jachtern (von jagen), drängeln (von drängen), quasseln (von quatschen).

Gern werden Adverbien auf -weise gebildet, dabei kommt es zu Formen wie ‹schließlicherweise›.

Substantive gestaltet der Berliner manchmal unbewußt zu Adjektiven um: dufte, klasse, puppe, sache. Aber auch der umgekehrte Fall kommt vor: die Bange (vgl. S. 53).

Ausdrücke wie: nichtsdestotrotz, trotz und alledem, kurz und lang (statt gut), nich unübel, sind beabsichtigte Zwitterbildungen; ebenso: lebensmittelmäßig, mittelmum (aus: maximum). Unbeabsichtigt zustande gekommen ist etwa: barfbeenig (aus barfuß und barbeinig).

Wirksame Streckformen sind: Kakauzke (von Kauz), Menkenke (von mengen), Schlampampe (von Schlampe).

Fremdwörter werden unabsichtlich und absichtlich oft verdreht, falsch angewendet und mißverstanden; Beispiele dafür sind ‹kandidatieren› für kandidieren und ‹Koalisation› für Koalition.

ÜBER SATZBAU UND REDEWENDUNGEN

Eine klare Grenze zwischen der Formenlehre und der Syntax, d. h. der «Verbindung der Wörter zu Sätzen» läßt sich nicht ziehen, das liegt in der Natur der Sache. Überschneidungen beider Gebiete sind deshalb unvermeidlich. Hinzu kommt, daß der Berliner Dialekt ja keine Fremdsprache ist, sondern in vieler Hinsicht den Regeln des hochdeutschen Satzbaus folgt. Doch einige Hinweise auf besondere Symptome beim

Satzbau und auf Schnörkel bei gewissen Satzbestandteilen sind immerhin angebracht.

Verben, die im Schriftdeutschen den Genitiv regieren, werden heute auch in der allgemeinen deutschen Umgangssprache teils gar nicht mehr verwendet, teils mit Präpositionen oder ergänzenden Nebensätzen verbunden. Der Berliner vollends, der den korrekten Genitiv schon an und für sich kaum kennt, ersetzt ihn in solchen Fällen, seinem Hang zur Kürze folgend, einfach durch den Dativ-Akkusativ. Statt: «Sie nimmt sich des Kindes nicht ordentlich an», sagt er: «Sie nimmt sich det Kind nich orntlich an», während man im Hochdeutschen hier doch noch den Genitiv gebraucht. Dagegen würde man auch im Hochdeutschen kaum noch sagen: «Schäm dich deiner Faulheit», sondern: «... wegen deiner Faulheit» oder: «... daß du so faul bist». Der Berliner drückt das plastischer aus: «Scheem dir mit deine Faulheit!» Im übrigen vermeidet er möglichst Verben, die den Genitiv regieren. Statt: «Ich kann mich seiner nicht erinnern» (was auch im Hochdeutschen des Alltags gespreizt klingt und ersetzt wird durch «... *an* ihn erinnern») sagt er lieber: «Ick kann mir nich uff ihn besinnen.» Statt «Er ist mir begegnet», heißt es in Berlin: «Ick habe ihn bejejent», eine gedankliche Verschmelzung mit ‹treffen› (vielleicht spielt dabei auch eine Rolle, daß ‹habe› aktiver und bestimmter wirkt als ‹bin›).

So wenig wie der Genitiv mit seinen Verben ist im Berlinischen der Konjunktiv beliebt. Im Präsens wird er (wie wohl in vielen Dialekten) durch den Indikativ ersetzt. In Vergangenheitsformen (ich hätte getan, gewußt, gesollt «das hättest du dir denken können», etc.) wird das ‹hätte› gern ersetzt durch ‹konnte haben›, ‹sollte haben› (vgl. das Englische). Also: «Det konntste dir jedacht ham'.» «Det sollte ick man jewußt ham.» Wird aber doch einmal ‹hätte› gesagt, dann verwendet man, wie zum Ausgleich, in der Konjunktiv-Konstruktion oft einen echt berlinischen Infinitiv. «Det hätt ick man sollten jewußt ham!» «Det hätt ick mechten sehn!» «Det hättste ja jleich konnten sagen.»

In lebhafter Erzählung tritt oft das Futurum an Stelle der Vergangenheitszeit: «Nu wer'k den Kerl nachloofen un wer'n eene runterhaun.»

Bei den Vergangenheitszeiten benützt der Berliner lieber das Plusquamperfekt als das Perfekt. «Ick war ebend erst dajewesen», (statt: «ich bin ...

dagewesen»). Dem Imperfekt ist er so abgeneigt wie dem Konjunktiv, er empfindet beide als zu ‹gedruckt›. Seine Unsicherheit in der indirekten Rede kann sowohl Ursache als Wirkung dieser Einstellung sein. Auch das Passiv liegt ihm nicht besonders; es mag ihm in manchen Fällen zu unbestimmt und ausweichend für seine aktive Art erscheinen. So fragt er nicht etwa: «Biste jesehn worn?» sondern: «Ham se dir jesehn?), wobei ‹se› (ähnlich wie im Englischen ‹they›) keine Bekannten zu sein brauchen, sondern irgendwelche Personen sein können, die zufällig für das ‹Sehen› in Betracht kommen; aber jedenfalls Personen, Leute, nicht nur ‹man› und nicht das Vakuum im Vordergrund, das beim Passiv entstehen würde.

Was die Hilfsverben betrifft, so wird statt ‹dürfen› oft ‹können› gesagt. «Kann ick ma rausjehn?» («Darf ich . . .?» klingt zahmer.) Daß ‹brauchen› als Hilfsverb kein ‹zu› nachzieht, wurde schon erwähnt. (Doch gibt es Ausnahmen von dieser Regel: in der Sprache Glaßbrenners und in der – wieder ironisch übertreibenden – Redensart: «Det brauch er sich nich zu jefallen zu jelassen.») ‹Haben› wird dagegen verkehrterweise mit ‹zu› verbunden in Wendungen wie: «Du hast da wat ze sitzen!» «Wat hast'n da ze stehn?» «Ick hab da keen Jeld zu liejen.»

Das Zertrennen gewisser zusammengesetzter Wörter ist in manchen Fällen korrekt und sogar notwendig (‹ankommen›, ‹ich kam an›). Bei den Verben ‹anfangen› und ‹aufhören› findet sich aber durchweg eine nähere Angabe des anfangenden oder aufhörenden Tuns (seltener Seins) in Gestalt eines Infinitivs mit ‹zu›. Dieser kann sich im Hauptsatz zwischen das konjugierte Verb und die nachgestellte präpositionale Silbe einschieben, wofern die Zertrennung überhaupt möglich geworden ist (d. h. im Präsens und Imperfekt, die ohne Hilfsverb gebildet werden). Er kann auch dem letzten Teil des Verbs folgen. (‹Es fing zu regnen an›, ‹es fing an zu regnen›.) Im Nebensatz erlaubt aber das Hochdeutsche ihm die Zerreißung des Verbs nicht (‹als es anfing zu regnen›, ‹als er zu lesen aufhörte›). Das Berlinische jedoch erlaubt sie ihm, und so hört man denn oft: «Sowie 't an zu drippeln fing . . .», «Wie er uff ze reden herte . . .» Auch Wörter, die im Hochdeutschen überhaupt nicht trennbar sind (‹darin›, ‹worin› u. a.) trennt der Berliner mit Selbstverständlichkeit, weil sein Dialekt sie trennbar gemacht hat: dadrin, wodrin, dadran etc. »Wo wa't denn drinn?» «Da wa't drinn.» «Da licht ma janischt dran!» «Da konnt ick nich vor.» «Da kommt nischt bei raus!» Allerdings hört man diese Redewendungen auch in anderen Gegenden; sie werden aber in dialektfreiem Hochdeutsch meist etwas abgewandelt, indem ein abgerissenes ‹da› zwar zu Anfang erhalten bleibt, aber später noch einmal aufgenommen wird («Da kommt nichts dabei 'raus», «Da kann ich nichts dafür»). – Auch bei der Wortfolge von: ‹Janz wat Feinet›, ‹Sehr wat Scheenet› handelt es sich um Trennung zweier eng zusammengehöriger Wörter (das ‹sehr Schöne›, das ‹ganz Feine›) durch das eigentlich an den Anfang gehörende ‹wat›; aber diese Umstellung ist recht wirkungsvoll, weil nun ‹sehr› eine viel stärkere Betonung auf sich zieht als in der normalen Reihenfolge der drei Wörter. Auch das berlinische ‹woanders› kann es mit dem hochdeutschen ‹anderswo› aufnehmen.

Zur Hervorhebung von Hauptwörtern dient oft ein Relativsatz mit ‹wat›. «Mein Bruder, wat der Schlosser is ...» «Wat nu der Schutzmann is ...»

Ein hervorzuhebendes Verb im Hauptsatz wird gern in Infinitivform an den Anfang gestellt und mit einem Hilfsverb verbunden, das die entsprechende Konjugationsform bildet. («Sehen kann ich ihn nicht», u. ä.) Der Berliner benützt bei dieser Umschreibung oft ‹tun› als Hilfsverb. «Jlooben du ick't ihn nich, aber liejen dut er doch ooch nich.» «Dun wolln se nischt, aber nischt dun, det wolln se dun.» Oder das Verb kann, um ihm Nachdruck zu verschaffen, am Anfang des Satzes zweimal genannt werden, zuerst im Infinitiv, dann flektiert wie ‹tun› und Hilfsverben. «Kriejen kricht er nischt.» «Haben hab ick keenen.»

Auch die Negation kann um des Nachdrucks willen verdoppelt werden. «Nie nich!» «Er hat keene Zeit nich.» «Hat keener keenen Schwamm nich?» (Hier sogar drei Negationsworte!) Ein alleinstehendes ‹nicht› heißt immer ‹niche›. Man hört oft von Kindern: «Niche!» (d. h. meistens: «Laß das!») Normales Nein heißt «Nee», starkes Nein heißt «Neien».

Ein nachdrücklicher Imperativ wird mit ‹daß du› gebildet, auch oft im Hochdeutschen. Der Berliner sagt ‹dette› (det de, vgl. S. 46). «Dette jehst!»

In Vergleichssätzen oder verkürzten Nebensätzen steht ‹so wie› statt ‹wie› und statt ‹als› nach dem Komparativ ‹wie› oder ‹als wie›. «Scheener als wie du.»

Das Berlinische ‹wo› bedeutet ‹was› in: «Ach wo!» oder in: «Wo wer'k denn so dumm sind!» (Die Redensart «Das Beste, wo man hat», ist importiert.) ‹Woso› oder ‹wodran denn› bedeutet ‹wieso›; ‹worum› bedeutet ‹warum›. In direkter Frage sagt man statt ‹wann› im Berlinischen ‹wenn› oder ‹wenn ehr›, in indirekter Frage ‹wenn ehr det›. Statt ‹wie?› fragt man ‹wat?›; doch kann ‹wat› auch bedeuten ‹warum?›, etwa in: «Wat bist'n überhaupt herjekomm'?» «Wat kiekst'n?» – Ferner heißt ‹wat› manchmal ‹nicht wahr?› «Det wa fein – wat?»

Doch kann ‹nicht wahr?› auch durch ‹nich› (zusammengeschrumpft aus ‹nich waa›) ersetzt werden, vor allem in einem Zusammenhang, wo ‹wat› fast nie gebraucht wird. Der Berliner liebt in längeren Schilderungen oder Erörterungen kurze Sätze einzuschieben wie: «hatta jesacht», «denkt er», u. a. Ebenso verwendet er das ‹nich›, oft viel zu reichlich und auch sinnlos, nur aus Angewohnheit. Es behält in solchen Fällen wenig vom fragenden Ton des ‹nicht wahr?›, weil es eher zur Bekräftigung dient. «Wat nu mein Bruder is – nich – den sehn – nich – un uff ihn los – nich –».

Nicht selten hört man indirekte Fragen mit ‹ob›. «Obste nich mitkommst»? (neben: «Kommste nich mit?») Kleinere Kinder bedienen sich der indirekten Frageform gern. Sprechen sie einen Fremden an: «Ob Se mir nich sagen können, was de Uhr is?» so klingt das, als habe jemand sie beauftragt, die Uhrzeit festzustellen; in Wirklichkeit fragen sie aus eignem Antrieb.

Von den Konjunktionen sind zu merken: ‹ehr› (ehe, bevor); ‹weil, derweile› sprich: ‹deeaweile› (während); ‹derweile›, sprich: ‹daweile› (doch, obschon): «Der ret imma, daweile wa er janich bei!»; ‹indem› (neben, da): «Ich warne hiermit jedermann, ... indem ich für nichts aufkomme!»; ‹knapp› (kaum): «Knapp is er de Diere raus ...»; ‹um det› oder feiner ‹um damit daß› (damit): «Det ha'k dir nich jejeben, um dette't anzweemachst!»; ‹wie› (als); ‹sowie› (sobald).

Präpositionen: ‹vor›, ‹for› (für); ‹lang› (entlang); ‹uff› (auf); ‹um› (wegen); «Um dir hab ick Keile jekricht!»; ‹von wejen› (in betreff, aber oft mit Unterton starker Ablehnung): «Den wer'k wat – von wejen mir anzeijen!»; ‹mang› (unter, darunter gemengt, vgl. S. 136; ‹Mang de Linden› ist unecht, nicht der Volkssprache gemäß; dem ‹mang› im Sinne von ‹mengen› entspricht das französische ‹parmi›, hier aber würde es ‹sous› heißen); ‹bei› (zu) in Fällen wie: «Ick jeh bei Schulzens», oder, sächsisch: «Komm bei Herrchen!» ‹mitsamt› (samt); ‹statts› (statt); ‹statts icke› (statt meiner); ‹imwähren› (während): «Imwähren det Fahren nich absteijen!»; ‹unter Mittag› (im Verlauf der Mittagszeit); ‹über Mittag› (die ganze Mittagszeit hindurch); ‹uff'n Mittag› (um zwölf Uhr) ‹an› (auf) in der Verbindung: an der Erde sitzen; ‹hallweje› (halbwegs): «Hallweje Pankow bejejne ick ihn, «auch adjektivisch: «Det sin ja hallweje Dampfers», d. h. ziemlich große Dampfer; ‹mit ohne› (ohne), zuweilen gebraucht (Anlehnung ans Englische): «'N Jlas Selters mit ohne!» d. h. ohne Himbeersaft; ‹mit› ersetzt manchmal auch ‹von› oder ‹gegen› in Redensarten mit negativer Bedeutung: «Ick bin mit ihn beese!» «Er hat sich mit ihr jetrennt», oder: «sich mit ihr separiert.»; ‹nach dir› (an dich) in der Verbindung: «Nimm ma det nach dir!»; ‹in› manchmal mit nachfolgendem geziertem Dativ: «Wie leicht konnte das im Auge jehn!»

Formen und Gebrauch von Adverbien: ‹Am Ende› – sprich amende (wohl gar, vielleicht): «Am Ende hat er sich verloofen!»; ‹lang› (Richtungsangabe): ‹hier lang›, ‹da so lang›, ‹de Neese lang›; ‹besser› (weiter): «Da missen Se hier besser runter jehn!» «Besser links!»; ‹all› (schon), in der Verbindung ‹all wieder›; ‹drum› (trotzdem): «Er hat es drum nich jetan!»; ‹man› (nur, unbetont); ‹bloß› (nur, betont); ‹man bloß› (nur, stark betont); ‹ebend›, ‹ebenst› (eben); ‹na ebend› (das sage ich doch!); «Det is et all ebend!» (daran liegt es); ‹dreiste› (Verstärkungsausdruck, Einschiebsel): «Wenn de ihn dreiste wat anbietst, det nimmt er nich!»; ‹ville weniger› (geschweige denn, gar nicht zu reden von . . .): «Kommen Se in meine Jahre, denn wackeln Se mit'n Kopp, ville wenijer mit de Beene!»; ‹überhaupt› (besonders): «Die Kinda sind furchba unjezogen, überhaupt der Jingste!»; ‹denn› (dann); ‹nu› (nun); ‹meistens immer›, ‹mehrstens immer› (meistens); ‹selber› (selbst, dies darf im Berlinischen nie verwendet werden); ‹natierlich› (steht oft im Vordersatz, während es im Nachsatz stehen sollte): «Wenn er natierlich sonn Dusel hat, is et keen Kunstück!»

Will man zum Ausdruck bringen, daß eine Anzahl von irgendwelchen konkreten oder abstrakten Einheiten sich nicht ganz genau beziffern läßt, so setzt man die Bezeichnung der Einheiten in einer Art von Genitivform vor die Angabe der ungefähr geschätzten Menge: 'n Sticker sechse (Äpfel, Eier, etc.); 'n Daler viere; 'n Wochener sieben; vor'n Jahrener zehne; Uhrer eenßen. Aber auch (s. o.): Uhre zehne (wie: Punkte achte).

Weitere Hinweise für die Wortwahl bietet im folgenden Teil das Wörterbuch, das vor allem Wert auf die Erwähnung der übertragenen, für Berlin besonders bezeichnenden Bedeutung der Wörter und Redensarten legt; auch die Verse des dritten Teils veranschaulichen oft die Eigenart von Syntax und Stilistik.

Zweiter Teil
Wörter & Redensarten

Die Kennzeichen mundartlicher Wörterbücher sind wissenschaftlicher Ernst und strenge Sachlichkeit. Das ABC der Berliner Umgangssprache indes muß ohne diese Tugenden auskommen. Gewiß, die Berliner Mundart ist niederdeutscher Herkunft, und so ließe sich denken, daß man ein genaues Wörterbuch des berlinischen Niederdeutschen verfassen könnte. Dabei würde sich jedoch zeigen, daß so ein wissenschaftlich genaues Verzeichnis kein Spiegelbild der Berliner Stadtsprache wäre.

Wohl folgt die Sprache des Berliners den niederdeutschen Regeln und der Berliner Wortschatz gruppiert sich um einen sehr starken plattdeutschen Kern, doch ist es nicht das Platt allein, wovon die Sprache des Berliners lebt. So haben sich auch das Französische und sogar das Jüdische im Berlinischen kräftig niedergeschlagen. Das kommt allerdings nicht so sehr in den Vokabeln zum Ausdruck, wie in der Art zu sprechen. Vom Französischen hat das Berlinische die Freude an Wortkaskaden übernommen, vom Jüdischen die Lust an der Selbstironie. Natürlich sind in der Stadtsprache noch andere Einflüsse zu erkennen, doch war das französische Element im Berlin des 17. und 18. Jahrhunderts so besonders wichtig, weil es das niederdeutsche Platt urbanisiert hat; ohne es hätte die Sprache des Berliners nicht ihren weltmännischen Zug bekommen.

Dies also ist das ‹Wörterbuch einer Weltstadt›. Es mußte sich naturgemäß mit der Stadt entwickeln; es mußte das Abgestorbene ausscheiden, mußte jedoch bewahren, was zum seelischen Haushalt des Berliners gehört, beispielshalber den ‹Onkel Pelle›, den Mittelpunkt aller Kinderfeste, und den ‹Walddeibel›, die Kinderknarre, ohne die es keine Berliner Adventszeit gibt.

Natürlich spielt für alle Leser das persönlich Überlieferte eine besondere Rolle. Darum soll jeder den breiten Schreibrand des Buches dazu benutzen, eigene Schicksalsworte, die es nicht verzeichnet, aufzuschreiben.

Bei allem spielerischem Charakter jedoch kann das Buch da nicht auf Genauigkeit verzichten, wo es um die Sprach- und um die Sprechregeln geht. Nur Nichtberliner meinen, daß jedes ‹g› zum ‹j› wird und jedes ‹er› zu ‹a›. Das stimmt nicht. Je nach Anlaß und Zusammenhang heißt es beispielsweise ‹aba› oder ‹aber›, ‹Aamt› oder ‹Abent› oder ‹Abend›.

W. K.

A

aalen, sich sich faul dehnen, sich rekeln. «In de Ferien wer ick mir orntlich ausaalen.» «Da ha' ick ma aba jeaalt!»

Aas, n. (Aussprache öfter Aast, plur. Eser und Eester) Schimpfwort: 'n ollet Aas, Aasbande, Aaskerl, Aasknochen, Aaskrete, Aassticke. Allgemein, fast wie ‹Mensch›, mit gelindem Vorwurf. Ein junges Mädchen sagt zu ihrer Freundin: «Da hat ma nu 'n Kerl, un denn kommt det Aas nich!» «So'n reichet Aas; der stinkt ja aus alle Knopplöcher nach Jeld!» Mit Pathos: «Aas, du hast mir nie jeliebt.» ‹Keen Aas›, niemand. «Jestern Aamt wa ick bei Fischers; keen Aas zu Hause.» «Keen Aas rührt sich!» sagt der Mann, der gefragt hat, ob ihm nicht einer fünf Mark pumpen könne, worauf alles schweigt. Der Straßenhändler auf dem Weihnachtsmarkt: «Det kleene Aas macht for'n Daler Spaß! Looft von Wien bis nach Berlin un läßt sich anne Strippe ziehn!» ‹Aas uff›, bedeutet kundig: «Er is'n Aas uff de Jeije!», auch: Schlaukopf. Der Schüler sagt z. B. von einem Lehrer, der sich nicht leicht hintergehen läßt, mit Respekt: «Bei den seh dir man vor; det is'n Aas.» Die verschiedenen Bedeutungen des Wortes spielen ineinander in der Redensart: «Dir Aas kenn ick!»

aasen vergeuden. «Aas' doch nich so mit's Jänseschmalz!»

aasich und **esich** Adjektiv zu Aas. «'t jibt esije Bimse.» ‹'ne esije Kälte›, nicht etwa eine eisige, sondern eine starke Kälte. Als Adverb: sehr.

ab erschöpft. «Mutta is janz ab.», abgearbeitet.

aba, aba aber, aber. Meist begütigend, abwehrend; als Bekräftigung wie ‹vielleicht› (s. d.): gebraucht: «Den ha'k aber de Meinung jesacht.»

abbeißen (eenen) einen Schnaps trinken.

abbrummen (eine Strafe) absitzen.

Abend, m. (sprich Aamt). ‹Uff'n Aamt›, abends. «Ju'n Aamt zusamm'!» «Ju'n Aamt zu saren!» «'t is noch lange nich aller Dare Aamt!» «Is 'n scheener Aamt, heite morjen.» «Lieber Jott, lass Aamt wern, Morjen wird's von janz alleene.» «Lieber Jott, laß Aamt wern, wenn't jeht noch vor't Friehstick!» «Je scheener der Aamt, desto später die Jäste.»

abfahren (mit eenem) ihn heftig anfahren, auch: hinauswerfen.

abfallen «Fällt for mir nich ooch 'n bisken wat ab?» Bekomme ich nichts? «Den ha'k abfallen lassen!», er ist abgeblitzt.

abhaun weggehen, abfahren. «Hau ab!»

abjachern, sich (sich abjachtern, abjächern, abjächtern), jagen, laufen bis zur Atemlosigkeit.

abjeben, sich sich befassen, umgehen mit. «Jib dir doch mit den nich ab!»

abjebrannt ohne Geld.

abjebrieht unempfindlich für Vorwürfe; kaltschnäuzig, gewissenlos.

abjebrochner Riese kleiner Mensch, der eigentlich groß sein sollte. Wird auch als Vergleich für einen Mann gebraucht, der zu Großem ausersehen war, es jedoch nicht geschafft hat.

abjehalftert ausgeschlossen, entlassen. «Den hamse abjehalftert!»

abjehn losgehn, sich ablösen. «Der Knopp is abjejangen.» Kinder wählen gern Redensarten, die nicht sie als die Schuldigen erscheinen lassen: «Der Blei is fortjekomm'.» «Die Scheibe is enzweijejangen.» «Meine Murmeln sind alle jeworden.» ‹abjejangen werden›, von der Schule entlassen werden.

abjemeldt nicht mehr vorhanden. «Der is bei mir abjemeldt.», er ist für mich erledigt.

Abjewöhnen, zum Ausdruck des Abscheus, z. B.: «Der Kerl is zum Abjewöhnen!» Zur Entschuldigung beim Trinken und Rauchen: «Na, noch eenen (eene) zum Abjewöhnen!»

abklappern absuchen. «Er hat die janze Jegend abjeklappert.»

abklaviern abzählen. «Det kannste dir an de fümf Finga abklaviern!», das kannst du dir selber sagen.

abkriejen oft bei drohendem Regen: «Wir wern woll noch wat abkriejen.» «Er hat sein Teil abjekricht.», z. B. Schelte, Schläge.

abloofen, sich (de Beene, de Hacken) sich müde laufen. «Der Jas looft sich de Beene ab.», der Gasmann kann das Geld nicht eintreiben (vgl. auch Been).

abmachen (auch abreißen) absitzen, von einer Gefängnisstrafe. Dienen (beim Militär): «Erst muß er sein Jahr abmachen!» «Det mach dir man ab!», das schlag dir aus dem Kopf.

abmurksen ermorden.

abnehmen «Ick muß mir abnehm' lassen.», mich fotografieren lassen.

abnibbeln sterben, auch: ‹abkratzen›.

abplastern abblättern, von Kalk, Lack u. ä.

abrackern, sich sich schinden.

Abreibung, f. Drohend: «Willst woll 'ne kleene Abreibung ham?»

abreißen «Det reißt aba ooch janich ab!», es hört nicht auf. «Det jing ohne Abreißen.», ohne Unterbrechung.

abrejen, sich Gegenteil von ‹sich aufregen›. «Rej' dir ab!»

abrubbeln abreiben, z. B. Kinder beim Baden.

abschieben abgehen. «Kannst abschieben!», mach, daß du wegkommst!

abschrammen wegfliegen, weggehen. «Der Maikeber schrammt ab.» Bildlich: plötzlich abgehen, fliehen, sterben.

abstinken lassen (derber) für ‹abfallen› lassen.

abwaschen «Da wäscht dir keen Rejen ab!», da hilft dir alles nichts.

acheln (jüd.) essen.

Achtjroschenjunge, m. Polizeispitzel.

achtkantich jemand ‹achtkantich› rausschmeißen.

Adjüs, Atschees, Atschö, Hatschees Adieu; die ursprüngliche Bedeutung von ‹Gott befohlen› ist dem französischen Wort in Berlin völlig abhanden gekommen (vgl. S. 36).

Äppelfrau, f. Obstfrau. «Det is hier nich wie bei de Äppelfrau!», Aussuchen ist nicht erlaubt.

ärjern, sich «Det fangt mir jetzt erst an ze ärjern'.», wenn einem nachträglich einfällt, daß er Anlaß gehabt hat, sich beleidigt zu fühlen.

Ärmel, m. ‹eener mit Ärmeln›, ein ganz gerissener Mensch.

Affe, m. «Ick denke, mir laust der Affe!», ich bin perplex, bin maßlos verwundert, bin außer mir. «Er hat sein' Affen Zucka jeje'm.», er hat seiner Eitelkeit die Zügel schießen lassen. ‹'n Lackaffe›, ein Geck. «Da fällt'n Affe aus't Nest!» wenn etwas mit großem Geräusch fällt. «Du bist woll von'n Affen jebissen?», du bist wohl verrückt? «Ick schwitze wie'n Affe.» «Hier is ja 'ne Affenhitze.» Junge beim Mittagessen: «Unsa Lehrer hat jesacht, wir stamm' von' Affen ab.» Vater: «Ach wat! Du villeicht, ick nich!» Rausch: «Er hat sich'n Affen jekooft.» Auch: Tornister.

Affenschande, f. Schande, Schmach (in höchstem Grade).

affig albern.

Ahnung, f. «Ham *Sie* 'ne Ahnung!» «Ach, du ahnstet nich!» Ausrufe der Verwunderung.

Akustik, f. «Schlechte Akustik!» (wenn es übel riecht), dem Gespräch nachgebildet: «Schlechte Akustik hier im Saal!» «Ick rieche nischt.»

Alex, m. Der Alexanderplatz in Berlin. ‹Alex› wurde früher auch der häßliche rote Ziegelbau des Berliner Polizeipräsidiums genannt. ‹Mit de Hand üban Alexanderplatz fahrn›, einem Mädchen die Kehrseite tätscheln. «Ick bin schon lange nich mit de Hand üban Alexanderplatz jefahrn.», bedeutet indes auch: ich habe den ‹Alex› lange nicht gesehen.

alle zu Ende. «Wo sind'n die janzen Äppel jebliem?» «Alle, alle!» (besonders zu Kindern). «Det Öl is alle.» «Nu is allens alle.» ‹alle machen›, vollends verbrauchen. «Watta jeerbt hat, hatta ooch wieda alle jemacht.» «Det Alte is noch nich alle.», auf die Frage: Was gibt's Neues?

alleene allein, selber. «Alleene jraul ick mir.» «Du bistet janz alleene jewesen, schiebet man nich uff'n andern!» «Det weeß ick alleene nich.» «Laß man, det jeht janz von alleene!»

allens alles. ‹Allens, watten bisken wat is›, die oberen Zehntausend, alles, was zählt! «Allens, wat Beene hat, wa draußen.» «Is allens schon dajewesen.», nichts ist unmöglich.

allerliebst gemütlich. «Det wa jestern allaliebst.» Aber auch ironisch: «Det is ja'n allaliebsta Kerl.», ein schlechter Kerl.

allet alles. «Du merkst aba ooch allet.», wenn jemand schwer begreift.

allet dran alles vorhanden. «Jestern habick 'ne Frau jesehn, da war allet dran!»

allet drin alles möglich. «Villeicht machen wa 'n Ausfluch – is allet drin!»

alljemein «Uff alljemeinen Wunsch von einer einzelnen Dame wird jetzt ein Walza jespielt.»

alltachs alltags. «Für alltachs jeht's.», es ist grade noch gut genug. «Det möcht ick sonntachs sind, wat der sich alltachs einbildt.»

Alsche, f. Alte, Frau, Mutter.

also «Also doch!», das hätte ich nicht erwartet. Oft als Satzeinleitung: «Also laß det!» «Also det muß ick dir azehln.»

als wie «Als wie icke?», meinen Sie mich?

Amerikaner, m. rundes Gebäck mit Zuckerguß.

amtlich «Det is noch nich amtlich.», das ist noch nicht gewiß.

anblaffen scheltend anfahren.

anblasen anfahren, zur Rede stellen.

andermal «'n andermal, wenn't *wieder* so kommt!» «Det wer'k dir'n andermal saren!», nämlich gar nicht.

anders «Mir wird janz anders!», nämlich übel. «Mir wird janz anders, aba nich besser!»

andudeln (sich eenen) sich betrinken. «Er hat sich eenen anjedudelt.»

anfangen «Der fangt imma mit mir an!», er sucht Händel. Wenn einer eine Melodie pfeift und ein anderer einfällt, so sagt der erste: «Wennse feifen wolln, denn fangen Se sich doch alleene wat an!» Wenn einer etwas sehr Dummes gesagt hat, sieht ihn der andre besorgt an und sagt: «So hats bei mein' Freund ooch anjefangen!»

anflaumen siehe ‹Flaume›.

Angst, f. «Wat hat det jekost?» «Fümf Minuten Angst.» – «Angst, aba keene Besserung!»

anhauchen grob anfahren.

Animus, m. Ahnung. «Ick hatte jleich 'n richtjen Animus.»

anjeben sich aufspielen. «Jib nich so an!» «Wer anjibt, hat mehr vom Leben.»

anjebrochen «Det is nu mal'n anjebrochna Nachmittach (Abend).», zur Entschuldigung, wenn man spät noch etwas unternimmt, z. B. eine neue Kneipe aufsucht.

anjebufft angestoßen. «Bist woll anjebufft?», du bist wohl leicht verrückt.

anjebunden «Wat is'n los?» «Wat nich anjebunden is.» – «Heute biste aba kurz anjebunden.», wortkarg, unfreundlich.

anjehn anfangen: «Wenn jeht'n die Schule wieda an?» «Det Stick is (hat) schon anjejangen.» verderben: «Det Fleisch is anjejangen.», es beginnt schlecht zu werden. «Wen jeht'n det nischt an!», niemanden geht das etwas an.

anjepeest (vom engl. pace) gelaufen. «Er kommt anjepeest.», nämlich sehr schnell gelaufen.

anjesäuselt angetrunken.

anjestoßen beschädigt. ‹anjestoßne Aprikose›, ein Mädchen mit nicht ganz einwandfreiem Ruf, überhaupt ein Mensch, der eigentlich gut ist, aber ‹anjestoßen›, also beschädigt wurde. Statt ‹anjestoßen› auch ‹anjestochen›.

anknabbern leicht anbeißen. «Det Meechen is zum Anknabbern.»

anknippern mit einem Knoten anbinden.

ankohlen anulken, scherzhaft anschwindeln.

ankratzen ‹sich 'n Bräutjam ankratzen›, sich einen Mann angeln.

anlachen ‹sich jemanden anlachen›, eine Bekanntschaft machen. «Lachste mir an oda aus?»

anlejen, sich (mit eenen) sich mit jemandem entzweien.

anmeiern, sich sich (bei Vorgesetzten) beliebt zu machen suchen.

anpusten grob anreden (vgl. anhauchen).

anquatschen (auch anquasseln) anreden.

Anreißer, m. Ausrufer vor Verkaufsbuden; auch Portier von billigen Vergnügungs-Lokalen.

anschlejich nicht dumm. «Der hat'n anschlejichen Kopp; wenn er de Treppe runterfällt, vapaßta keene Stufe!»

anschmieren, sich sich aufdrängen.

anständich (als Adverb) in ziemlich hohem Grade. «Ick war janz anständich besoffen.» «Jetzt rejent et anständich.»

anstechen anstecken. «Stech mal den Jas an!» Die Lampe wird ‹anjestochen›, das Faß wird ‹anjesteckt›.

anstreichen vergelten. «Na warte, det wer'k dir anstreichen!»

antanzen antreten, kommen.

antrudeln, anwackeln, anwalzen gemächlich daherkommen. «Er kommt anjetrudelt.»

anziehn «Det brauchste dir nich anziehn!», nicht auf dich zu beziehen; ebenso: «Ziehn Se sich doch die Jacke nich an, wenn se Ihnen nich paßt!»

Appelfatzke, m. Verstärkung von ‹Fatzke›.

Appelmus, m. «Ick bin jerührt wie Appelmus.»

Apteke, Apteker, f. m. Apotheke, Apotheker.

Arbeet, f. Arbeit. «Ick jeh uff Arbeet.» «Ick komm eben von Arbeet.» «Wer de Arbeet kennt un sich nich drickt, der is varickt.» «Der kann det jrößte Stick Arbeet liejenlassen.» «Der hat jakeene Angst vor de Arbeet, der lecht sich bei se hin.» «Der Kerl, der de Arbeet erfunden hat – wenn ick den vor mir hätte», oder: «der muß nischt zu tun jehabt ham.» «Arbeet is scheen, stundenlang kann man zusehn.» «Beschäftjung is janz scheen, aber se derf nich in Arbeet ausarten.» Einer, der um Arbeit vorspricht: «Nehm' Se mir doch, Sie jloben ja nich, mit wie wenich Arbeet ick zufrieden bin!» «Mensch, du suchst woll ooch fertje Arbeet, wat?»

arbeeten arbeiten. «Arbeeten woll'n se alle, fressen will keener!» (ironisch)

arm «Der kann'ne janze Familje arm fressen.» «Davon wer'k noch nich arm wern.», das kann ich schon noch bezahlen. «Det kann der ärmste Mensch essen (z. B. Kaviar).» «Is ja allens da, is ja nich wie bei arme Leute.», sagt der Gastgeber, wenn der Gast etwas vermißt.

Arm, m. (plur. Arme und Ärme) ‹Uff'n Arm nehmen›, aufziehen, necken. «Uff'n Arm nehm könnse mir ja, aba nich schaukeln!» «Ick hab'n mit'n paa

Mark unter de Arme jejriffen.», unterstützt. «Er hat die Ärme zu weit durchjestochen.», die Ärmel sind zu kurz.

Armkasse, f. Armenkasse. «Et jibt eklich wat aus de Armkasse!», nämlich Schläge.

Art, f. «Ach, uff die Art?», ach, so meinen Sie? «In *einer* Art hatta recht.», in einer Hinsicht (vgl. Masche, Tour).

Arzt, m. «Det hat mir der Arzt vaschrieben!», etwas, was einem gefällt, z. B. «Das ist der Schlips, den mir der Arzt verschrieben hat.»

Asche, f. (vom franz. acheter) Geld.

aschingern zu ‹Aschinger› (Bierquelle) gehen. (auch ‹gebildet›, franz. ‹Achangé› ausgesprochen.)

aschjrau «Det jeht in't Aschjraue!», es ist gar nicht abzusehen, wohin das führt, entstanden aus ‹bis in de aschjraue Pechhütte!›, sehr weit. (Eigentlich: bis tief in den Wald, da, wo die Pechhütte steht.)

Assmann, m. «Det kannste halten wie der Farrer Assmann!» «Wie hält et der denn?» «Mit de Hand.» (Auch: «Det kannste halten wie der Dachdecker» usw.) «Farrer Nolte hielt et imma, wie er wollte, aba Farrer Assmann hat et imma mit de Hand jehalten.»

Ast, m. «Det wa'n Ast!», wenn einer beim Schnarchen (Sägen) plötzlich abbricht. Auch: Buckel (Puckel, Rücken). «Ick lach mir 'n Ast.»

asten langsam unter schwerer Last gehen.

astrein einwandfrei. «Den sach man nischt davon, der is nich janz astrein.»

Atn, m. Atem. «Halt mal 'n Atn an!», sei endlich still! «Dir atn ick in!», Drohung.

Atze, m. od. f., Schwester oder Bruder, auch Abkürzung für: Arthur.

Au! Ausruf des ‹Schmerzes› über einen Kalauer.

Aua! Ausruf des Schmerzes, besonders bei Kindern, auch: «Au weia!»

Au Backe (Auch «Au wei, Backe!» «Ei wei, Backe!») Ausruf von mehrfacher Bedeutung, meist der Verwunderung und Betroffenheit. Hat mit Wange überhaupt nichts zu tun, deshalb sind beliebte Verlängerungen, wie «Au Backe, mein Zahn (mein Stiftzahn)» eigentlich hier nicht erlaubt. ‹Backe› gehört zum ndd. Verbum ‹backen›. «Ick back dir wat!», ich huste dir was!

auf (Die hier nicht verzeichneten Worte mit ‹auf› s. u. ‹uff›.)

aufbrechen Scherz (beim Aufbruch): «Auf, laßt uns brechen!»

auffallend «Stimmt auffallend!»

aus «Aus der Traum!» «Aus! Dein treuer Vater!», nach der Anekdote: Vater schreibt an seinen Sohn einen wütenden Brief, in dem er ihn enterbt. Schlußsatz: «Zwischen uns ist alles aus! Dein treuer Vater!»

ausbaldowern (Gaunersprache) auskundschaften.

auseinanderpolken (auch: auseinanderposamentieren) auseinandersetzen, erklären.

ausfejen auskehren. «Det find't sich bei't Ausfejen.», wenn ein Geldstück auf den Fußboden gefallen ist.

ausfragen «So fracht man Leute aus!», ich lasse mich nicht ausfragen.

ausfressen «Er hat wat ausjefressen.», etwas Strafbares begangen.

ausholen Ausdruck aus bekannter renommistischer Erzählung von einer Prügelei: «Un so wie der Kerl det sacht, da hol ick aus – und da haut er mir eene – ick nich faul – haut er mir wieder eene! (verschiedene Fortsetzungen, z. B. ‹Er reißt aus, ick imma voruf.› oder ‹Bald lag er oben, bald lag ick unten.›) Aber *den* hab ick jemacht!»

ausje- vor Substantiven bewirkt ihre Umbildung zu Partizipien, die die Aussage ‹ist zu Ende› oder ‹vorbei› scherzhaft ersetzen. «Kann ick noch Torte ham?» «Nee, det hat sich ausjetortet!» «Wat macht'n Arthur?» «Arthur? Det hat sich ausjearthurt bei mir!», die Freundschaft mit Arthur ist zu Ende.

Ausjehe, f. in vielen Verbindungen, z. B. «Er hat heute sein Ausjehtach.» «Det is mein Sonntachsnachmittachsausjehrock.»

ausjekocht pfiffig, verschlagen. ‹'n ausjekochter Junge›.

ausjenommen (beim Kartenspielen) ausgeplündert. «Den ha'm se ausjenommen.»

ausjeschlossen (mit starker Betonung der ersten und vorletzten Silbe) entschiedene Verneinung, z. B. «Denkste, ick krieje de Oogen unter Wasser uff? Ausjeschlossen!»

ausjlitschen ausgleiten.

ausklamüsern ausfindig machen, herausbekommen.

auskneifen ausrücken, fliehen.

ausknobeln etwas Schwieriges herausfinden (vgl. ausbaldowern).

auskratzen entfliehen.

ausmisten «Mir ha'm se ausjemist' bis uff de Knochen.», sie haben mir (im Spiel) alles abgenommen.

auspellen entkleiden.

auspusten ausblasen. «Det is'n ausjepusta Junge.», er hat nichts.

ausquatschen, sich sich aussprechen. «Quatsch dir man reene aus, dette wieda Kulör krichst.»

ausreißen «Reißen Se sich man keen Been aus!», machen Sie nicht so viele Umstände (vgl. Been).

aussehen «So siehste aus!», Zweifel an den Fähigkeiten des andern.

Außerhalbscher, m. Nichtberliner.

ausspucken «Er sieht aus wie ausjespuckt.», sehr blaß. «Der hat orntlich wat ausjespuckt.», viel Geld ausgegeben.

ausstehn «Ick kann'n nich ausstehn.», nicht leiden. «Ick habe ville mit'n auszustehn.», auszuhalten.

ausverscheemt unverschämt.

auswachsen «Det is ja zum Auswachsen!», Ausruf der Ungeduld.

auswendich «Det schad' nischt, det is auswendich!», nur äußerlich. «Det weeß ick auswendich!», das habe ich fest im Gedächtnis. «Den kenn ick so jut, det ick ihn auswendich fotojrafieren könnte!»

auswischen «Den hamse jut de Oogen ausjewischt.», ihn betrogen.

Aweck, m. (von franz. avec). ‹Mit'n (jewissen) Aweck›, mit Leichtigkeit, mit Eleganz.

Azteke, m. «Oller Azteke!», alter Schafskopf.

Backfeifenjesicht, n. ein Gesicht, dem man beim ersten Anblick eine Ohrfeige geben möchte.

Backobst, n. «Danke for Backobst.», ironische Ablehnung (vgl. staunen).

Backzehne, m. plur. Backenzähne. Drohung: «Sie, Sie ham woll schon lange keene Backzehne jespuckt?»

baden «Dir hamse woll als Kind zu heiß jebadet?», du bist wohl verrückt?

baden jehn untergehen, scheitern.

Bärme, f. Hefe. «Wat nachkommt, is Bärme!» Der Weißbierwirt läßt beim Einschenken den Rest in der Flasche; wenn der Gast den auch verlangt, sagt der Wirt: «Wat nachkommt, is Bärme!», daher allgemein: Was jetzt noch kommt, taugt nichts mehr.

baff (auch paff) verblüfft. «Ick wa janz baff!»

Bahnhof, m. «Ick vasteh imma Bahnhof.», ich verstehe (mit Absicht) nicht.

Balbier, m. Barbier. ‹übern Löffel balbiern,› (der Löffel wurde in den Mund gesteckt, um bei älteren Männern die Backe glatt zu ziehen), heißt jetzt: betrügen.

Balch, n. u. m. (plur. Bäljer, Bälje) Balg, Kind.

ballern schießen. «Se ham 'n janzen Tach jeballert.», überhaupt vom Geräusch dumpfer Schläge. «Wir ham ihn jejen det Scheunentor jeschmissen – det hat aba jeballert.»

Ballon, m. Kopf. In der Wendung ‹eenen eens an'n Ballon jeben›.

Bammel, m. Furcht.

Bammelecke, f. eine windarme Stelle auf der Regattastrecke bei Grünau, dort fangen die Segel an zu ‹bammeln› (baumeln).

bammelig schlecht sitzend (hängend), besonders von Kleidern.

bammeln baumeln. «Wat drum un dran bammelt.» «Wer bammelt denn da mit de Beene?»

Bange, f. Furcht. «Hab man keene Bange.» «Bange machen jilt nich.»

Bank, Banke, f. (plur. oft Banken statt Bänke) ‹durch de Bank›, alle miteinander.

barft (auch barftich) ‹mit barfte Beene›, mit bloßen Füßen.

barfuß (auch barfbeenich) «Ick war barfuß bis unter de Arme!», ich war fast nackt.

barmen jammern, bitten. «Er barmte so.»

Bart, m. «Nu is der Bart ab!», jetzt wird's mir aber zu viel, jetzt ist's aus!

Bau, m. «Du bist doch vom Bau!», du gehörst doch dazu (zur Truppe, zur Gewerkschaft). Der Ausspruch stammt aus Angelys ‚Fest der Handwerker'.

Bauch, m. «Mensch hab ick jelacht, der janze Bauch war eene Falte!» «Sie lassen sich woll'n Bauch stehn?»

bauen «Wie *wir* jebaut sind!» Leute wie wir!

Bauklötzer staunen sehr verwundert sein (vgl. staunen).

beboomölen «Beboomölen Se sich man nich!», seien Sie nicht so ängstlich. «Et is zum beboomölen!», es ist zum Verzweifeln.

bedient sein genug von etwas haben, einer Sache überdrüssig sein.

beduselt etwas betrunken.

Been, n. Bein (auch für ‹Fuß›, ein Wort, das der Berliner nicht gern gebraucht). «Er tritt mir uff de Beene.» «Ick steh mir ja hier de Beene in' Bauch.» «Ick muß mir de Beene abloofen.» «Der Hund hat sich de Beene abjeloofen.», von Dackeln. «Nimm man de Beene in de Hand!», beeile dich. «Mach Beene!», geh weg! «Ick wer'n mal uff de Beene treten!», ihn mahnen. «Er is mit beede Beene rinjesprungen (rinjekniet).», er hat sich mit Eifer darauf geworfen. «Dir wer'k Beene machen!», dich werde ich auf den Trab bringen. «Wie jehts?» «Imma uff zwee Beene!» «Er hat de Beene zu weit durchjestochen!», er hat zu kurze Hosen an. «Au, det war *mein* Been!» «'n andamal treten Se sich uff Ihre eijenen Beene!» «Der reißt sich keen Been aus!», er überarbeitet sich nicht. «Uff een Been kann man nich stehn.» (Aufforderung zum zweiten Schnaps.) «Mit de Beene janz alleene macht man sone Dinga nich.» «Uff eenmal kiekt'n Been raus.», da stimmt etwas nicht. «Ick kann ma doch schließlicherweise nich in de Beene beißen.» sagt einer, dem zu viel Arbeit zugemutet wird. «Issen feiner Kerl! Beene hatta, bis uff de Erde!»

Beenbruch, m. Beinbruch. «Det is ja noch lange keen Beenbruch!», es ist nicht schlimm.

Beeschaf, n. Bähschaf. Ein Kind wird zärtlich ‹'n kleenet Beeschaf› genannt, ein dummer Mensch ‹'n lieben Jott sein Beeschaf›.

befummeln zustande bringen; eigentlich: betasten, untersuchen.

behalten «Det kannste for dir alleene behalten!», das will ich nicht hören.

beherrschen «Ick kann ma ja maßlos beherrschen.», ich werde mich hüten.

bei (meist mit nachfolgendem Infinitiv) in Drohung oder Verbot: «Mutta, kann ick'n bißken spielen jehn?» «Ick wer dir bei spielen jehn!»

beibleiben fortfahren. «Bleib man so bei!» (meist ironisch), mach nur so weiter.

beibringen lehren. «Den wer icks beibringen!» «Den wer ick de Flötentöne beibringen!»

bejraben «Laß dir bejraben!» «Damit kannste dir bejraben lassen.» Kritik einer schlechten Leistung.

bejrapschen betasten.

bekleckern, sich sich beschmutzen. «Du hast dir nich mit Ruhm bekleckert.» «Bekleckern Se sich man nich!», machen Sie sich nicht so wichtig.

bekloppt schwer von Begriff, dumm.

bekochen (vgl. bewaschen)

bekoofen, sich etwas unüberlegt kaufen.

belatschern jemandem etwas betrügerisch vorgaukeln.

bemogeln betrügen; daher ‹Jroß Mogul›, großer Betrüger.

Benimm, m. Benehmen. «Der hat ja keen Benimm.»

berappen bezahlen. Vom Rappen-(Raben-)kopf einer älteren Münze.

Berappung, f. Bezahlung. «Jetzt kommt de Berappungsarje.», es muß bezahlt werden.

Berlin «Wat kost Berlin?», so fragt man zum Scherz, wenn man plötzlich eine, selbst noch so kleine, Geldsumme in die Hände bekommen hat.

Berliner, m. «Det is'n Berliner sein Fall!» (Refrain eines Couplets).

Berliner Edelweiß, n. Stullenpapier im Grunewald.

Berliner Zimmer, n. langgestrecktes Durchgangszimmer mit einem meist schrägen Fenster nach dem Hof.

berühmt «Det is nich berühmt.», nichts Besonderes.

Bescheid, m. (auch Bescheed). «Ick wer'n Bescheid stoßen.», ihn zurechtweisen.

beschickert (jüd.) leicht angetrunken.

beschmuddeln beschmutzen.

beschnuppern beriechen. «Erst müss'n wa uns mal beschnuppern», uns näher kennenlernen.

beschummeln (auch beschupsen) betrügen.

besehn bekommen. «Du wirst jleich wat besehn!», Schläge bekommen. Aber: «Ick kann den Kerl nich besehn.», nicht ausstehen.

Besen, m. «Ick fress'n Besen, wenn det nich so ist.», als Bestätigung.

besorjen (et eenen) in der Drohung: «Den wer ick's besorjen.»

besser besser als nichts. «Bessa wie in de hohle Hand jespuckt!» «Bessa wie mit'n schmutzjen Stock int Ooge.» «Sie ha'm ooch schon ma bessa jehustet!» (bei sehr starkem Husten). «Du bist der Beste, wenn die andern schlafen (nich zu Hause sind).»

bestellen «Der sieht aus wie bestellt un nich abjeholt.», er sieht wie verloren aus.

bestreiten «Ick bestreite allet und erwarte den Jejenbeweis!» (Bei den Rechtsanwälten auf dem früheren Stadtgericht üblich.)

betalpschen betatschen, betasten.

Betrieb, m. «Is ja jakeen Betrieb!», es ist nicht lebhaft und lustig genug.

Bettflunder, f. Wanze.

Bettzippel, m. «Mir zieht der Bettzippel!», ich bin müde!

bewaschen, bekochen, beflicken für jemand sorgen. «Se hat'n festen Herrn, den bewäscht un bekocht un beflickt se.»

bezahlen «Mit det Bezahlen vaplempat man det meiste Jeld!»

bibbern zittern. «Er bibbat vor Kälte.»

Biest, n. (plur. Biester) wird ähnlich wie Aas gebraucht.

bildscheen großartig. «Die Suppe schmeckt bildscheen.» «Det besorj ick Ihnen bildscheen!»

Bimbam, m. «Heilja Bimbam!» Ausruf der Entrüstung.

Bimmel, f. Glocke.

bimmeln klingeln. ‹Bimmelbolle›, Scherzname der populären Meierei Bolle, die ihre Milch ausklingeln ließ.

Bimse, f. Schläge. «Die Bimse hat jezoren.», auch: Haue, Keile, Kloppe, Simse, Walke, Wamse.

Binde, f. Halsbinde. ‹eenen hinta de Binde jießen› (besonders vom Schnaps). ‹eenen bei de Binde kriejen›, ihn vorne fassen, bei der Kehle.

Binsen, f. ‹in de Binsen jehn›, verlorengehn.

Birne, f. Kopf. ‹matschije Birne›, ‹weiche Birne›, für: Verrücktheit.

bißken (bisken) bißchen. «'n bißken sehr.» «Bring' Se noch'n bißken Bier, aba'n bißken ville.» «Se sind woll'n bißken doof?»

Blak, m. Ruß, rußiger Rauch; blaken, Ruß absetzen. «De Lampe blakt.» Aber auch (von franz. blague): Unsinn. «Rede doch nich so'n Blak!»

blamieren, sich (Partizip häufig blamoren). «'n jeder blamiert sich so jut er kann.» «Der blamiert die janze Innung!», alle seine Freunde und Kollegen.

Blase, f. ‹Die janze Blase›, die ganze Gesellschaft. «Et rejent Blasen.», es regnet so sehr, daß der Regen auf den überschwemmten Stellen Blasen zieht (warmer Regen). «Wenn't Blasen rejent, rejent's acht Dare.»

blau betrunken. «Der is blau wie 'ne Radehacke.» (Die blanken Stellen der neuen Rübenhacken waren immer blau gestrichen.)

Blech, m. u. n. Unsinn. «Is ja Blech!» «Rede doch keen Blech!»

blechen bezahlen.

Blei, m. Bleistift; auch Name eines Fisches, der im Plural ‹Bleihe› heißt.

bleiben «Man sieht, wo't bleibt!», wie gut das Essen anschlägt. «Der is jut, der kann so blei'm.» «Bleib man so bei!», mach weiter so.

blödsinnich sehr. ‹blödsinnich teuer›, sehr teuer.

bloß nur. Das Berlinische kennt überhaupt kein ‹nur›. Dafür wird immer ‹bloß› gesetzt. «Der soll ma bloß komm'.» «Er is bloß 'n kleena Mann.» «Wat haste bloß anjestellt?»

Blubberkopp, m., auch ‹Blubberfritze›, ein Mensch, der viel und aufgeregt spricht.

blubbern unartikuliert sprechen; eigentlich von dem Geräusch aufsteigender Wasserblasen hergeleitet.

blümerant (vom franz. ‹bleu mourant›, mattblau) unwohl, matt. «Mir is heute janz blümerant.»

Blumentopp, m. «Damit kannste bei mir keen Blumentopp jewinnen!», nichts erreichen.

Bockmist, m., Quatsch.

Bogen, m. ‹Den Bogen raus ham (spitz haben)›, etwas sehr gut können.

Bohne, f. «Nich de Bohne!», nicht das Geringste.

Bolle, f. Zwiebel. «Bolle Borree, for'n Dreier jibt's zwee.» (Porree ist Lauch, gehört zum ‹Suppenjrien›). ‹Kesse Bolle›, frecher Junge oder auch Mädchen. ‹Riedje Bolle› (vgl. riedich). ‹Bollen›, Löcher in den Strümpfen.

Bolle, m. «Er is vajniecht, wie Bolle uff'n Milchwaren.» «Wir ham uns ammesiert wie Bolle.» Mit Anlehnung an ein Lied mit dem Kehrreim: ‹Aber dennoch hat sich Bolle ganz köstlich amüsiert.› (vgl. S. 237).

bolzen Lärm machen, sich bolzen, sich balgen.

Bommel, f. (auch Ohrbommel) Ohrring. Kinder hängen sich Kirschen als Bommel über die Ohren.

Bongbong, m. u. n. Süßigkeit für Kinder. «Ihr wollt woll'n ollen Mann 'n Bongbong an't Hemde kle'm?»

Bonnje, f. Kopf.

Boofke, m., Schifferknecht (‹Danzjer Boofke›). «Der sieht aus wie'n Boofke!», wie ein unrasierter Schiffer.

Boom, m. (plur. Böme und Beeme) Baum. «Det is, um uff de Beeme zu klettern!» (vor Wut). «In Italjen jib's nur zwee Sorten Böme. Die eenen sehn aus wie zujeklappte un die andern wie uffjeklappte Rejenschirme!» (Ausspruch des ‹ollen Schadow›, des Schöpfers der Viktoria auf dem Brandenburger Tor.)

Botokude, m. Schimpfwort, wie Kaffer gebraucht.

botten laufen, traben. ‹losbotten›, loslaufen.

Botten, f. pl. (von franz. botte) Stiefel.

brabbeln undeutlich sprechen.

bramsig prahlerisch, aufgeblasen. «Er macht'n Bramsijen.»

braten «Na nu brat mir eener 'n Storch!» (Ausdruck des Staunens). Oft wird hinzugesetzt: «und de Beene recht knusprich!»

Braunbier, n. «Er sieht aus wie Braunbier mit Spucke.», blaß, krank.

Brechmittel, n. widerwärtiger Mensch. «Det reene Brechmittel!»

Bredullje, f. Schwierigkeit, Verlegenheit (franz. bredouille). «Wir müssen rasch machen, sonst kommen wir in de Bredullje.»

breitschlagen überreden.

Brejen, m. Gehirn; auch Hirnschale. «Ick schlach dir'n Brejen in!»

brejenklietrich verrückt.

Briehe, f. langes Gerede (oder Schriftstück). «Mach nich sone lange Briehe!»

Briesche, f. (auch Brüsche oder Brusche) Beule. «Der looft sich Brieschen.», er ist übereifrig.

Brieze, Briezkeule, f. Bruder.

Brille, f. «Vasteh ooch ohne Brille!»

bringen «Da bringse eenen jebracht!» «Bring mir noch 'n Stück.», begleite mich. Drohend: «Dir wer'k (uff'n Drab) bringen.»

Brot, n. «Det frißt ja keen Brot!», das kann man ruhig aufbewahren. Der Gast, dem bei Tisch Brot angeboten wird, sagt dankend: «Brot kann ick ooch ze Hause essen!» «Det kriej ick alle Dare uff't Brot jeschmiert!», diesen Vorwurf muß ich immer wieder hören.

Brücke, f. «Wenn *det* Wort 'ne Brücke is – jeh ick nich rieba!»

brüderlich ‹meine brüderliche Liebe›, mein Bruder.

brüllen «Brüll doch leise!»

Brüsche, f. siehe: Briesche.

Brust, f. «Wasch dir de Brust – du wirst erschossen!», mach' was ich dir sage. (Aufforderung, die keine Widerrede duldet.) «Bist woll schwach uff de Brust?», hast wohl kein Geld.

Buch, n. «'ne Ohrfeije, wie se in't Buch steht.», also eine vorbildliche.

Buchholz «Da kenn' Se Buchholzen schlecht!» mit Beziehung auf eine alte Anekdote: Ein Geistlicher tröstet einen Sterbenden, er werde droben seine Lieben wiedersehen. Der Sterbende ängstlich: «Herr Paster, Buchholzen ooch?» Der Pastor: «Gewiß, wenn Buchholz als Christ gestorben ist.» «Herrjott, denn jeht det Luderleben da ooch wieda los!» «Oh, mein Freund, dort nähren wir uns von himmlischer Speise, und auch Buchholz wird dort ein himmlisches Leben führen!» «Ach, Herr Paster, da kenn' Se Buchholzen schlecht!» Andere führen die Redensart auf Friedrich den Großen zurück, der bei Abweisung einer Forderung zu sagen pflegte: «Da kennt Er Buchholtz schlecht!» Buchholtz (1706–98), Schatzmeister des Königs. (s. a. Stindes ‹Familie Buchholz›.)

Bucht, f. Bett.

Bucker, m. große Murmel. ‹'n ruhigen Bucker schieben›, ruhig, langsam arbeiten.

buddeln graben. ‹'ne Kute buddeln›, ‹Katoffeln buddeln›. Als Buddelei werden namentlich die Arbeiten beim Straßenbau bezeichnet. «Die Buddelei nimmt keen Ende!» Auch wenn man viele Geldausgaben hat, sagt man: «Det Buddeln hört nich uff!»

Bude, f. Laden. «Er hat de Bude zujemacht!» Wohnung. «Ick wern uff de Bude ricken.» «Et wird ihn eklich in de Bude rejnen!», es wird ihm schlecht bekommen.

Budike, f. (franz. boutique) Laden, Schankgeschäft. Davon: Budiker, Budikerladen, Weißbierbudiker. ‹Aktienbudiker›, alter Ausdruck für jene Schankwirte, die das ‹bairische Bier› der Aktienbrauereien ausschenken.

Bürschtenbinder, m. Besenbinder. Sie liefen mit ihrer Ware eilig von Haus zu Haus, daher: «Er rennt wie'n Bürschtenbinder.»

buffen puffen. «Dir hamse janz scheen rumjebufft.», herumgestoßen, schlecht behandelt. Buff vgl. Puff.

Bulette, f. Boulette (franz.), durchgedrehtes Fleisch mit Weißbrot vermischt. Von der alten französischen Kolonie eingeführt, hat diese Berliner Spezialität als ‹Hamburgers› Weltruhm erworben. «Er jeht ran (wie Hektor) an de Buletten.» ,er packt die Sache an. «Laß det Kind doch die Buletten, et spielt ja bloß mit se.», laß dem Kind doch seinen Willen.

Bullerkopp, m. aufgeregter Mensch.

bullern poltern.

Bulljon, f. Bouillon, Fleischbrühe. Wenn sie mager ist, sagt man: «Die kiekt een ja mit keen Ooge an!» «Da kieken mehr Oogen rin wie raus.» Auch für Kraft gebräuchlich: «Er hat keene Bulljon in de Knochen.» ‹Bulljonkeller›, Verbrecherkneipe.

bummeln schlendern. ‹Bummler› hat in Berlin historische Bedeutung. Die Revolution 1848 wurde von ‹Bummlern› gemacht, von unzufriedenen Bürgern, die sich Unter den Linden zusammenrotteten. Die satirische Zeitschrift Kladderadatsch nannte sich im Untertitel: ‹Von Bummlern für Bummler›.

bummern mit den Fäusten trommeln. «Er bummert an de Diere wie'n Varrickta.»

Bums, m. obskure Lokalität, besonders Kneipe niederer Art; daher Bumskneipe, Bumskeller, Bumstheater. ‹Uff'n Bums jehn›, ein billiges Vergnügungslokal besuchen. Bumsmusik, billige Musik mit Pauke und Trompeten. Ein Bums ist auch ein plötzliches dumpfes Geräusch. «Bums, da fiel de Lampe um und alles schreit: Petrolium!»

Bumskeule, f. Frucht des Rohrkolbens, der an den Seen um Berlin häufig ist, ndd. Pumpkeule, wegen ihrer Ähnlichkeit mit einem Pumpenkolben (vgl. Schmackeduzken).

Bumskopp, m. Dickschädel.

bumßen mit dumpfem Ton aufprallen. «Na, jetzt hat's jebumst!», jetzt ist es aus.

Butter, f. «Er hat Butter uff'n Kopp.», er hat ein schlechtes Gewissen. (Die Redensart erinnert an den Burschen, der gestohlene Butter unter seinem Hut versteckt hatte. Er wagte es nicht, den Hut in der Wirtsstube abzusetzen, und die Butter schmolz.) «Allens in Butter!», alles in Ordnung.

Butterblume, f. Löwenzahn; in Berlin auch ‹Kuhblume› genannt (vgl. Pusteblume).

Butterbrot, n. ‹Wat for'n Buttabrot koofen (vakoofen)›, etwas unter Wert kaufen (verkaufen).

Buttermilch, f. «Er kommt wie de Flieje aus de Buttamilch.», er macht langsam.

Butterstullen schmeißen einen flachen Stein in kleinem Winkel aufs Wasser werfen, so daß er in Sprüngen darüber hinweghüpft. «Wie oft kannst du 'ne Buttastulle?» «Wie oft issen deine jejangen?»

Butze, f. dummes Mädchen.

Buxe, f. Hose.

Buxtehude «Der kommt aus Buxtehude, wo de Hunde mit 'n Schwanz bellen.», er kommt von ganz weit her. (An die Stadt Buxtehude südwestlich von Hamburg wird dabei gar nicht mehr gedacht.)

C

Wörter, die mit ‹C› anfangen, siehe auch unter ‹K›, ‹S› und ‹Z›.

Calau Stadt im Bez. Cottbus. Von hier sollen die ‹Calauer› kommen, die man jedoch allgemein mit ‹K› schreibt (vgl. Kalauer). Ernst Miller-Klinkmüller berichtet: In den fünfziger Jahren des 19. Jahrhunderts wohnte der Redakteur des damals sehr bekannten ‹Kladderadatsch›, Ernst Dohm, bei seinem Freund Meyer-Ball in Calau. Von dort schickte er an die Redaktion seine Witze, deren manche mit der Formel begannen: «Aus Calau wird gemeldet». Daraus entstanden in der Redaktion gewisse Redensarten, wie: «Ist nichts aus Calau da?» oder «Gott sei Dank, die Calauer sind eingetroffen.»

chacun (franz.) jeder. «Jeder nach seinem chacun!», soviel wie «Chacun à son goût!» Auch: «Jeder Chacun hat seine Chacune.»

Champagnerweiße, f. Weißbier. Siehe ‹Weiße›.

Chor, m. Der Berliner denkt Chor statt Corps. Erst im Plural tritt die Verwechslung zutage: zwei Armeechöre. Der Artikel wird immer richtig gegeben: «Sie is bei's Chor.» (Tänzerin) «Sie is bei'n Chor.» (Sängerin) Chor (Corps): Gesellschaft mit schlechtem Ruf. «Seid ihr 'n Chor!»

Cislaweng, m. (von franz. ‹ainsi cela vint›) ‹mit einem Cislaweng›, mit Schwung; mit einem Griff.

Columbus Frage (wenn das Ei des Columbus erwähnt wird): «Herrjott, leecht denn der olle Mann imma noch?»

Corps, n. siehe Chor.

Cottbus «Der fremde Herr aus Cottbus!» (Antwort auf die Frage: «Wer war'n det?») Die früher sehr bekannte Redensart stammt aus einem Buche des Fürsten Pückler-Muskau. Jetzt sagt man: «Sie, junger Mann aus Cottbus!» als joviale oder scherzhafte Anrede.

D

dabehalten bei sich behalten. «Se ham det Kind de Nacht dabehalten.»

dabei «Wat is'n dabei (da dabei)?», was schadet das? «Finden Se wat dabei?» «Da sind wa doch ooch noch dabei!» Antwort auf eine Drohung.

Dach, n. «Ick wer'n mal uff't Dach steijen.», ihn zur Rede stellen, bestrafen. «Krichst jleich eens uff't Dach».

Dachrinne, f. «Der is so lang, der kann aus de Dachrinne saufen.»

Dacht, m. Docht. «Dachte sin keene Lichte!» Antwort auf eine Entschuldigung, die mit «ich dachte» anfängt.

dämlich siehe demlich.

Daffke (jüd.) Dreistigkeit, Trotz. «Ick jeh aba doch hin – aus Daffke!», nun grade. ‹Daffkenismus›, gutartige Frechheit.

dafor «Du kannst woll nich (nischt) dafor?», du bist wohl verrückt? – Auf die Entschuldigung «Ick kann ja nich dafor» wird erwidert: «Det weeß ick schon lange, dette nich dafor kannst!» «Ick kann nich dafor, det de Padden keene Haare ham!» «Wat ick mir dafor koofe!» Ausdruck der Geringschätzung.

Dag, m. Tag (sprich: ‹Dach› oder ‹Tach›; die niederdeutsche Sprechweise ›Dach› verschwindet immer mehr). «Dag ooch!», Guten Tag. «Je länga der Tach, desto scheena de Leute!» Zum Scherz auch umgekehrt: »Je scheena der Tach, desto länga de Leute!», wenn sich einer noch spät in einer Gesellschaft einfindet. «Is heute Dienstach?» «'n janzen Tach (wenn't nich abbestellt wird)!» – «Mach dir'n vajniechten Tach!», wenn man einem ein Geldstück schenkt. «Det mach ick noch alle Dare!», jederzeit mit Leichtigkeit.

da lang «Quatsch da lang, hier lang is jeflastat!», sei ruhig.

Daler, m. «Kost ja ooch 'n Daler!» (ironisch von teuren Sachen). «Nich for'n Daler.», unter keinen Umständen.

Dalldorf (jetzt Wittenau genannt) Irrenanstalt. «Der is woll aus Dalldorf entsprungen?», er ist wohl verrückt? Von der bekannten Irrenanstalt erzählt man sich: ein Mann, der selbst fühlte, daß er geistig nicht normal war, beschloß, sich zu seiner Heilung in die Anstalt zu begeben. Bei der Anmeldung fragt ihn der Wärter: «Ham Se'n ärztlichet Attest?» «Nee.» «Wat, Sie ham keen Attest? Un denn woll'n Se hier rin? Se sind woll varrickt?» Sehr berlinisch ist auch die Geschichte von den beiden ‹Dalldorfern›, die nach einem Gewitter auf dem Fensterbrett sitzen. Draußen entsteht gerade ein wunderbarer Regenbogen. Darauf sagt der eine: «Dafor hamse Jeld, aba unsereen studiern lassen, det is nich!»

Dalles, m. (jüd.) Geldmangel.

dalli (von poln. dalej) vorwärts, flink. «Imma dalli!»

Damm, m. ‹Uff'n Damm›, gesund, obenauf. «Na, sind Se wieda uff'n Damm?» «Imma uff'n Damm!», immer bereit sein, immer mit der Zeit gehen.

dammlich albern, verrückt. «Bist woll dammlich?» «Ick hab mir dammlich jeschrien.»

Dampf, m. «Ick wer mal'n bißken Dampf hinta machen.», ich werde es beschleunigen. «Nu ma Dampf, Dampf!»

danach «Et wird ooch danach sin!», es wird wohl nichts taugen. «Danach jehts nich!» (Zusatz: «wenn't Herz man schwarz is!» nach der alten Anekdote: Ein Küster kommt mit einem grünen Rock auf eine ‹Leiche›; der Geistliche rügt dies, aber der Küster sagt: «Ach, Herr Paster, wenn't Herz man schwarz is!») Andere fahren fort: « wenn man't Herz jut is, un der Stiebel nich drickt, un de Seele keene Falten hat!»

danke «Sonst jehts danke (dankescheen)?» «Danke, et jeht!» (vgl. Backobst).

dastehn «Wie steh ick nu da?», habe ich nicht recht gehabt?

dauern «Wie lange dauert'n det? Daweile wird ja 'ne olle Kuh wieda jung.»

Deckel, m. Hut. «Krist eens uff'n Deckel!»

Deez, m. (von franz. tête) Kopf.

Deibel, m. Teufel. «'n Deibel ooch!», durchaus nicht. Ebenso: «Ick wer'n Deibel tun!» «Da frarick 'n Deibel nach!» (In diesen Redensarten ist Deibel Negation geworden.) «Weeß der Deibel, die Billjardspiela sind eenen imma in Weje, wenn man zusehn will!» «Det is *een* Deibel.», das ist dasselbe. «Da sitzt der Deibel hinter!», das ist schwierig. «Fui Deibel, noch eenen!» (nach dem ersten Schnaps). «Du kommst in Deibels Kiche!» «Dir soll der Deibel frikassiern!» «Nu schlach doch Jott'n Deibel dot!» «For Jeld kann man 'n Deibel danzen sehn!» «Ick habe heute wieda jeschufft uff Deibel komm raus!» «Da is der Deibel los!», da ist großer Krach.

deichseln geschickt durchführen. «Paß uff, ick wer die Sache schon deichseln!» «Det ham wa wieda fein jedeichselt.»

Demelsack, m. «Der Kerl is mit'n Demelsack jeschlaren.», er ist sehr dumm.

Demlack, Demelack, m. Dummkopf.

demlich dumm. «Der Mensch kann noch so demlich sein, er muß sich bloß zu helfen wissen.» «So demlich wie *Sie* bin ick schon lange!» ‹schafsdemlich›.

Demlichkeiten, f. plur. scherzhaft für Damen.

denken «Denk nich dran!» «Janich dran zu denken!» starke Verneinungen, oft in sonderbarer Anwendung; z. B. «Sind Se nich 1912 jeborn?» «Ick denk nich dran!» «Wat Sie (sich) denken, is nich!» «Denk dir mal!» beginnt meist die Mitteilung einer Neuigkeit. «Nu denken Se sich bloß an ...!» «Helf ma dran denken!», erinnere mich daran. «Det Denken iberlaß man den Ferden, die ham jrößre Köppe.» «Denkste!» Starke Verneinung, auch: «'n tipischa Fall von Denkste!»

desig dösig, benommen. «Er dest so rum.» Auch ‹rammdesig›.

Destille, f. (von Destillation) Kneipe. Die Destille, ‹jleich um de Ecke›, ist der Treffpunkt der Berliner Straßenphilosophen. Nantes Monologe haben die Destille als Hintergrund. Heinrich Zille zeichnete die Destillen immer wieder. Einmal läßt er einen Straßenphilosophen zu den bierholenden Kindern sagen: «Kinda, lernt nischt! Wenn ihr wat lernt, müßta bloß arbeeten!»

det (auch des) das. Ein Berliner Zentralwort: «Det issen Ding!» «Det is 'ne Wolke!» «Det isset ja, wat den kleenen Mann so vabittat (und den Bürger uff de Barrikaden treibt).»

dicht(e) «Dicht daneben is ooch vorbei.» «Der kann nich dichte halten!», nichts für sich behalten.

dick(e) «Det ha'ick dick.», das habe ich satt. «Det wirste bald dicke kriejen.» «Da biste in'n dicken Irrtum.» ‹Dicke Freundschaft›, enge Freundschaft. «So dicke sind wa noch nich.» ‹Dicke Luft›, Gefahr im Anzug (aus der Gaunersprache). «So dicke hab ick et ooch nich (zu sitzen)!», so reich bin ich nicht. «Damit langste dicke!», reichlich. «Nu sitzta da mit'n dicken Kopp.» «Er tut sich dicke.», er spielt ich auf.

Dicker! (Dickus) Anrede unter Schülern, die mit Dicksein nichts zu tun hat.

Dickkopp, m. eigensinniger Mensch.

Dienst, m. «Dienst is Dienst, un Schnaps is Schnaps.»

Diere, f. Türe. «Mach mal de Diere von draußen zu!», verschwinde.

dieselich schwindlig.

dieses «Dieses wenijer.» (höfliche Verneinung).

Ding, n. (plur. Dinger, auch Dingrichs). «Krist'n Ding!», eine Ohrfeige (Zusatz: «det'n Fund wiecht.») Auch Dings (vgl. Zeichs für Zeug), Dingsda, Dingsbums für irgendeinen Namen; Dingskirchen, für einen Ortsnamen. «Wat for'n Ding?» (wenn man nicht verstanden hat). «Sie, machen Se keene Dinger!», keinen Unsinn. Bewundernd: «Det war'n Ding!»

dinne dünn. «Is det dinne!», das ist schwach. ‹sich dinne machen›, ‹dinne werden›, sich unbemerkt entfernen.

direkt als Adverb: geradezu, wirklich. Es ist ‹direkt schade›, ‹direkt unmöglich› u. ä.

direktemang, manchmal für direkt gebraucht.

dirf (auch dürf) statt darf. «Er dirf noch nich oben jehn.»

doch als Zustimmung; z. B. «Haste den Rejenschirm?» «Doch, den hab ick.»

Dod, m. Tod. «Du kannst dir'n Dod holen.» «Det kann ick for'n Dod nich leiden.» «Wenn Se nich sterben wolln, missen Se *den* nach'n Dod schicken!» sagt man besonders von einem Langsamen.

Döskopp, m. Dummkopf; ‹dösig›, dumm, verschlafen, auch schwindlig.

doktern «Er doktert imma an sich rum!», er will sich selbst kurieren.

doll toll. Steigerung: döller (dölder, dölderer), am döllsten. ‹Wie doll›, zur Verstärkung: «Er schnarcht wie doll.» «Er is janz doll danach». «Det wär ja woll noch doller!» «Doll jenuch!» «Et passiern de dollsten Jeschichten!» «Je oller, je doller.»

dollen sich austollen, austoben.

doof (jetzt **dof**) (fem. und plur. doowe; von ndd. taub) dumm. Besonders geläufig unter Schülern: «Doofkopp.» «Doowe Neune.» «Bist woll doof?» «Doof is bessa als pucklich, det sieht man nich so.» Die Kinder schreiben an die Häuserwände: «. . . (Name) is dof!» und «Wer das liest, is dof!» «Der hat seine doowen fümf Minuten.», heißt es, wenn einer gedankenlos in die Luft starrt.

doppelt «Doppelt jemoppelt.» Wenn noch ein Glas getrunken wird: «Uff *een* Been kann man nich stehn, doppelt hält bessa.» «'ne doppelte Schnur reißt nich!» usw. Überhaupt hat es der Berliner mit dem ‹Doppelten›. Ein Kornschnaps ist erst gut, wenn er ein ‹Doppelkorn› ist. Auch der gute Kümmel muß ein ‹Doppelkümmel› sein. Die ‹doppelte Kraftbrühe› stammt aus Berlin, und hier wurde auch der ‹Mocca double› als die feinste und stärkste Ausgabe von ‹Kaffe› kultiviert.

Doppelverdiener, m. «Der vadient rechts un links eene hinta de Ohren.»

dot tot. «Ick lach ma dot!» (vor Vergnügen). Ebenso: «Ick schrei mir dot.« «Ick war mehr dot wie lebendich.» «*Wer* is dot?», wenn ein Name genannt worden ist, den man nicht verstanden hat. «Zum Dotlachen issit ja nich!», übermäßig gut ist es nicht. «Ick bin dotsterbenskrank.», bei einer leichten Unpäßlicheit.

drängeln drängen. «Drängeln Se nich so!» «Man nich jedrängelt!»

Draht, m. ‹uff Draht sein›, wendig, tüchtig.

dran «Ick bin am dransten.», überflüssige Superlativbildung.

Drank, m. Speisereste, Abfall, als Futter für die Schweine. «Dicka Drank macht fette Schweine!», wenn man z. B. den Rest einer ‹Weißen› trinkt. «Olle Dranktonne!», Vielfraß.

draußen «Det is draußen wie vor de Diere.», eins ist wie's andre.

Dreck, m. Schmutz. Oft steht ‹Dreck› für: sehr wenig oder gar nichts. «Da hättste ooch'n rechten Dreck.» «Da frarick 'n Dreck nach!» «Du vastehst'n Dreck davon!» «Da hamse sich'n Dreck drum zu kimmern.» «Sie läßt ihre Jören in Dreck un Speck vakomm.» «Nu stehste da, wie't Kind bei'n Dreck!», jetzt weißt du nicht, was du anfangen sollst. «Ick brauch dein Dreck janich!», wenn man etwas, was man erbeten hatte, nicht mehr nötig hat. «Du hast woll Dreck in de Oogen?», du kannst wohl nicht sehen?

dreckich schmutzig. «Ick will ma man bloß nich an dir dreckich machen!» Schlecht, übel: «Et jeht ihn dreckich!» «Mir is dreckich zumute!» Beleidigend: «Wat, Sie wolln mir dreckich komm'? *Sie* nich, vastehn Se, *Sie* nich!» «Lach doch nich so dreckich!» ‹'ne dreckije Lache›.

Dreckschleuder, f. Baggermaschine. «Den sein Maul jeht ooch wie 'ne Dreckschleuda!», er hat ein freches Maul.

drehen «Det Ding wer'k schon drehn!», die Sache will ich schon machen.

dreist wirklich, noch so sehr. «Un wenn se ooch dreist seine Tochta is, deswejen jrieß ick ihr doch nich!» «Wenn de ooch dreist aus'n Fensta kiekst, sehn duste nischt!»

dreiste zuversichtlich. «Det kannste ma dreiste jlooben.» «Dreist und jottesfirchtich.»

Dresche, f. Schläge; dreschen, durchprügeln.

drin «Det liecht nich drinn!», das ist damit noch gar nicht gesagt. «Davon steht (noch) nischt drinne.», daraus wird nichts. «Det is drin wie draußen.», das ist einerlei. «Is denn sowat drin?», ist denn so etwas möglich?

drippeln schwach regnen. Theodor Fontane hielt seine lyrische Begabung für schwach und sagte: «Et drippelt nur so!»

drippen tropfen (aus Kanne, Wasserhahn usw.).

Droom, m. Traum. Droomsuse, Droomtute (dummer Mensch).

Droppen, m. plur. Tropfen, meist Schnaps; ironisch, als ob es Medizin wäre (Hoffmannsdroppen usw.). «Ick muß meine Droppen nehm.» «Ick warte, bis der letzte Droppen fällt!», sagt jemand, der bei Regen gefragt wird, worauf er wartet.

drucksen mühsam herausbringen, nicht fertig werden.

drübend drüben (besonders bei Kindern). ‹Die drübendsche Seite›, wird wie andere Berliner Lieblingsbegriffe gebraucht: ‹die durche Jurke›, ‹die zuije Tür› (vgl. S. 24, 53).

druffjehn sterben. «Er wird woll druffjehn.» Aber auch im Sinne von freigiebig sein: «Er hat viel druffjehn lassen!»

drum rumkommen davonkommen. «Er is drum rumjekomm'.»

druselig schläfrig.

drusseln nicht fest schlafen, ‹indrusseln›.

dufte anerkennend, etwa wie: großartig. ‹'n dufta Junge›, ‹'ne dufte Numma›; auch: «Jestern Aamt wa't dufte!» (vgl. ‹knorke› und ‹schnaffte›).

dumm «Det is dumm.», unangenehm. «Laß dir nich dumm machen!», dich nicht beschwatzen. «Sie sind woll 'n bißken dumm?» «De Dummen wer'n nich alle.» (Daher wird ‹dumm› auch umschrieben: «Eena von die, die nich alle wern.») «Da bin ick mal wieda der Dumme jewesen!» «Det muß doch'n dummen Menschen *jesacht* wern!» «Se denken woll, ick bin so dumm, wie *Sie* aussehn?» «Sie sind janich so dumm, wie Se aussehn; Se sind noch ville dümma!» «Dumm biste ja nich, aba demlich.» «Sie denken woll, Sie könn' ma dumm komm' (for dumm koofen, auch: vakoofen)?» «Wer den for dumm kooft, schmeißt sein Jeld weg.» «Komm' Se mir nich dumm, sonst komm ick Ihnen noch dümma!» «So dumm (doof) möcht ick ooch mal sein – aba bloß for fümf Minuten.» «Dumm jeborn und nischt dazujelernt!»

Dummerjahn, m. Dummkopf.

Dummheit, f. «Dummheit is ooch 'ne Jabe Jottes, aba ma muß se nich mißbrauchen.» «Wenn Dummheit weh tut, kommste aus't Schrein nich raus!»

Dummsdorf «Denkste denn, ich bin aus Dummsdorf?», hältst du mich für dumm?

dun betrunken. «Er is dick un dun!», er ist völlig betrunken.

dunnemals damals. ‹Anno dunnemals›.

Dunst, m. Ahnung. «Ick hab keen (blassen) Dunst!»

durch «Det jeht een durch un durch.» oder auch: «durch Mark un Fennje.» ‹Een durcher Keese›, am besten ein ‹Harzer›.

durchwachsen mittelmäßig. Auf die Frage «Wie jeht's denn?» hört man: «Na, so durchwachsen.», nicht gut und nicht schlecht.

durchwutschen jemandem auskommen, entwischen.

durschtern Durst haben, nur unpersönlich gebraucht: «Mir durschtert so.»

Dusel, m. verworrener Geisteszustand. «Er hat et so in seinen Dusel jetan.» Dusel bedeutet aber auch Glück: «Hast *du* aba'n Dusel!»

duselich benommen, bei getrübtem Bewußtsein.

Dussel, m. dummer Mensch. «Olla Dussel!», Dusselkopp, Dusseltier. «Er macht'n Dusslijen.» «Er dusselt so rum.», er tut nichts, weil ihm nichts einfällt.

dusselich dumm, einfältig.

duster dunkel.

Dutt, m. Haarknoten der Frauen; wird auch für ‹Kopf› gebraucht: «Haut ihn doch eens uff'n Dutt!»

E

ebend (sprich ehmt) eben. «Na ehmt!», ganz meine Ansicht.

Ecke, f. Stück (zur Angabe der Entfernung); z. B. «Von hier bis an't Schloß is 'ne scheene Ecke.» ‹Ecksken›, Stückchen. ‹Eenen um de Ecke bringen›, einen umbringen.

Ede Abkürzung von Eduard.

Eecks! Ausruf des Ekels oder Abscheus.

eenmal «Fritze, du bist mir'n Daler schuldich!» «Mit eenmal!?» (oder «Uff eenmal!?»).

eens ‹in eens wech›, immerfort.

eenzich einzig. «Det is eenzich!» großartig (ironisch). «Det is det eenzje, wat er *nich* dut.», das tut er ganz gewiß nicht. «Der eenzje Sonntach, wo ick frei habe.» Superlativ ‹der Eenzichste›. «Mein eenzichsta Enkel.»

eetschen (Kindersprache) auseetschen, verspotten (durch Schaben mit den Fingern, wobei man ‹eetsch› sagt). «Eetsch, siehste woll!»

ehr ehe. «Ehr det de wegjehst.»

ehrlich viel. «Er lücht wat Ehrlichet zusamm.»

ehrpusselich von ehrbarem Wesen. «Er hat heute seinen Ehrpusselijen.»

Ei, n. «Wie aus'n Ei jepellt.» «Mit den muß man umjehn, wie mit'n rohet Ei.» «Er jeht wie uff Eia.» «Na, *det* is'n Ei», das ist eine nette Bescherung.

ei wei! Ausruf der Freude, der Verwunderung, der Besorgnis, der Drohung u. a. «Hujo, kommste ruff, *die* Keile, ei wei!»

eien (Kinderwort) streicheln.

Eier, plur. Geld, Mark. «Zehn Eia ha' ick noch.»

Eierpampe, f. Sand mit Wasser vermischt (wie ihn Kinder zum Spielen gebrauchen).

Eimer, m. «Allens im Eima!», alles aus, alles zerstört.

Einbildung, f.« Einbildung is ooch 'ne Bildung.»

Eindruck, m. Auf die Frage: «Was macht der (er, sie)?» wird geantwortet: «'n juten Eindruck.»

einfach zur Verstärkung in: «Einfach jroßartich!» «Einfach unmöglich.» Dagegen wörtlich in: «Einfach, aba jeschmacklos!» Zuweilen auch für natürlich: «Ick kann doch nich vor zwölwe zu Hause sind; det is doch einfach!»

Einfall, m. «Er hat Einfälle wie'n ollet Haus.»

einfuchsen ähnlich wie einpauken, aber mehr im Sinne der beigebrachten Fertigkeit, nicht bloß des Auswendiglernens. «Dadruff issa einjefuckst!»

einklich eigentlich.

einnehmen «Er hat'n einnehmendet Wesen!», er nimmt gern viel Geld ein.

eins ‹allet eins›, alles einerlei. Im Sinne von gleichzeitig: «Ick aus de Diere un ihm eene jeknallt, det war allet eins.»

Eisbein, n. das Berliner Nationalgericht. Dickbein vom Schwein, oberhalb der Knöchel, in Süddeutschland ‹Haxn› genannt (Eisbein: Surhaxe). Das Eisbein wird gepökelt, dann gekocht. Die klassischen Beilagen sind Erbsbrei und Sauerkraut. Schweinsfüße heißen in Berlin Spitzbeine. «Ick habe reene Eisbeene!», kalte Füße. Drohung: «Dem knick ick die Eisbeene!»

Eisenbahn, höchste «Et is de höchste Eisenbahn.», von Glaßbrenner geprägtes Scherzwort für ‹höchste Zeit›. (Ein zerstreuter Beamter, der Post von der Bahn holen muß, bringt ‹höchste Zeit› und ‹Eisenbahn› durcheinander und sagt: «Et is höchste Eisenbahn zur Zeit zu jehn!»)

ejal egal. «Mir is ejal, wovon ma schlecht wird.», sagt z. B. einer, dem eine schwere Zigarre angeboten wird. Auf die Bemerkung: «Det is doch ejal», wird erwidert: «Ach wat, ejal! Ejal sin'n Paar Strümpe.» ‹Ejal (weg)›, hintereinander, immerfort. «Der Kerl is ejal besoffen.»

Ekel, m. u. n. Widerwille, Schimpfwort. «Ollet Ekel.»

ekeln, sich sich sträuben, oft ironisch gebraucht. «Na, er wird sich ekeln!» (z. B. eine Erbschaft anzunehmen). «Man ekelt et sich so runta.», auf die Frage: wie schmeckts? (bei besonders gutem und teurem Essen).

eklich unangenehm. «Sowat is eklich!» «Ick kann sehr eklich wern!» «Da kanna eklich rinfallen.» Im Sinne von empfindlich: «Der is mächtich eklich bei't Essen.»

Eltern, plur. «Det is nich von schlechten Eltern!», es ist sehr gut. «Jrießen Se Ihre Herren Eltern!»

Emmer, m. Eimer.

Emton, m. Bezeichnung einer im Gespräch bereits genannten Person, gewöhnlich mit ‹mein› verbunden. «Wie sich Fritze nu zu mausich jemacht hat, hamse 'n rausjeschmissen. Nach 'ne Weile jeh ick ooch, und da steht mein Emton vor de Diere un wart uff mir.» Auch: «Na, den Emton kenn ick doch!»

Ende, n. (Diminutiv: Endsken) Stück. ‹'n Ende Wurscht›. «Komm doch noch'n Ende mit!» «Da is't Ende von weg!», das ist stark. «Allet hat 'n Ende, bloß de Wurscht hat zwee Enden.» «Det Ende hat eener abjeschnitten!», auf die Frage: «Wo is det Ende von die Strippe?»

ent oder weder für: entweder – oder.

Ente, f. «Er schwimmt wie 'ne bleierne Ente uff'n Jrund.»

entfernt «Det macht sich von weiten sehr entfernt.» (ironisches Lob eines Bildes u. ä.).

Entree, n. sprich Angtree. «Entree frei; Kinda de Hälfte.»

entrenanu (statt: entre nous) unter uns, im engsten Kreise.

entschuldjen entschuldigen (ironisch): «Entschuldjen Se man, det ick jeborn bin!» (mit der Ergänzung: «ick will't ooch jewiß nich wieda dun!» oder: «soll ooch nich wieda vorkomm'!»). «Entschuldjen Se, det Se mir jetreten ham'!»

Erbbejräbnis, n. «Det reene Erbbejräbnis.», ein Ladengeschäft, Restaurant u. ä., in dem schon mehr als einer bankrott gegangen ist. Auch kleine Stube (Portiersloge): «Er sitzt 'n janzen Dach in sein Erbbejräbnis.»

erben gewinnen. «Da is woll for mir ooch noch wat zu erben!» «Wat willste'n erben?» drohend, vor einer Prügelei.

Erde, f. ‹an de Erde›, auf dem Fußboden.

erleben «Da kannste wat erleben.» «Hat eener schon sowat erlebt!» «Wenn man wat erleben will, braucht man bloß uff de Welt zu kommen.»

Erlkönig, m. ‹Marke Erlkönig›, scherzhaft für eine schlechte Zigarre. («Erreicht den Hof mit Mühe und Not!»)

Ernst, m. «Is det Ernst oda Spaß?» «Ernst!» «Na, denn is jut; so'n Spaß laß ick mir nich jefallen!»

erschossen sein erschöpft sein.

erste «Det erste, wat ick höre!», davon wußte ich ja noch nichts.

erstensmal zweetensmal usw. beim Anführen von Gründen.

Erwachsener, m. «Da muß erst'n Erwachsener kommen.», wenn mehrere Leute sich vergeblich um etwas bemühen und jemand Abhilfe schafft.

erzählen beauftragen. «Vata hat mir erzählt, ick soll nach de Bank jehn.» Auch im Sinne von einreden: «Mir könn Se doch nischt erzähln!»

Essich, m. «Damit is't Essich!», mit dieser Hoffnung ist es aus.

ewich «Ewich un drei Dare!», sehr lange.

Exempel, n. «Dafor hat man Exempel von Beispiele.»

Extrawurscht, f. «Der will immer 'ne Extrawurscht.», immer etwas Besonderes.

F

Wörter, die mit ‹F› anfangen, siehe auch unter ‹Ph›.

fackeln zögern, Umstände machen. «Nich lange jefackelt!»

Fahne, f. leichtes, helles Waschkleid. Auch Alkoholgeruch aus dem Mund.

Fall, m. «Det is nich mein Fall!», das paßt mir nicht. «Im Falle eines Falles.» (vgl. ‹Berliner›).

Falle, f. Bett. Aber: «*Die* Falle!», das glaube ich nicht, das ist geschwindelt.

fallen «Falln Se langsam, da ham Se mehr Jenuß von.» «Et fällt aba ooch allens nach unten!» «Sei'n Se froh, det et nich nach oben fällt, sonst mißten Se ejalweg mit de Leita rumloofen.» «Falle nich, sonst fällste!»

falsch auf falschem Wege. «Ick bin hier woll falsch?» Im Sinne von böse: «Ick wa hellisch falsch!» «Mach mir nich falsch!» «Ick bin so falsch uff den Kerl!» ‹'n falscher Betriejer›, ‹'n falscher Fuffzijer›.

Fannkuchen mit Beene, m. kleiner, dicker Mensch.

Fatzke, m. eitler, arroganter Mensch. «So'n Fatzke!» ‹Hannefatzke›, ‹Patentfatzke›.

faul schlecht, unzuverlässig. «Fauler Kopp!» «So'n fauler Junge!» «Faul bis uff de Knochen.», keines Vertrauens wert (geschäftlich). Für unangenehm, kniff lig, schwierig: «Det is ne faule Jeschichte.» Aber auch im Sinne von billig: «Faule Witze!», Kalauer (vgl. dort).

Faulheit, f. «Faulheit, laß nach!», wenn man sich rekelt.

Faxen, plur. Gesten, Umstände, Streiche, Ausflüchte. «Man nich erst lange Faxen machen!»

Federball, m. ‹uff'n Federball jehn›, zu Bett gehn.

Feez, m. (franz. fête) Spaß, Vergnügen, Unsinn. «Na, so'n Feez!» «Mach keen Feez!» «Bei Wej'ners is heute 'n jroßa Feez los.» (Tanzerei, Abendessen usw.).

feffern werfen.

fehlen «Wat fehlt'n denn?» «De Jesundheit!» «Na, det fehlte noch!» (energische Ablehnung).

Fehler, m. «Dazu sind ja die Fehla da, det se jemacht wern.»

Feieraamt, m. Feierabend. «Davon nach Feieraamt!», später (niemals). «Nu is Feieraamt.», jetzt reicht's.

feierlich «Det is ja recht feialich!», es ist gar nicht schön.

Feife, f. Pfeife. «Ihm is de Feife ausjejangen!», er hat kein Geld (keine Kraft) mehr.

feifen «Ick knall dir eene, dette de Engel in'n Himmel feifen hörst!», daß dir Hören und Sehen vergeht. «Da feif ick druff.», daraus mache ich mir gar nichts! ‹eenen feifen›, etwas trinken. ‹ eenen vafeifen›, jemanden verraten (Gaunersprache).

Feifenkopp, m. Hohlkopf, leere Tabakspfeife. Populäres Berliner Schimpfwort. Früher, als es noch die bemalten Porzellanpfeifen gab, sagte man von einem unbeliebten Menschen: «Den möcht ick mal uff'n Feifenkopp ham.»

Feindschaft, f. «Darum keene Feindschaft nich!» (aus ‹Das Fest der Handwerker› von Angely).

feixen verstohlen und albern lachen.

fejen schnell gehen. «Da fechta um de Ecke!» «Da kommta anjefecht!»

Fell, n. Haut. «Dem ham wa 't Fell locka jemacht!», ihn durchgeprügelt. ‹det Fell vasaufen›, nach einer Beerdigung kneipen.

Ferd, n. Pferd (bei den Kutschern stets masculin: «Er will nich mehr.»). «Det merkt 'n Ferd.», das ist leicht zu merken. ‹Ferdenatur›, außerordentlich widerstandsfähig. «Det hält ja keen Ferd aus!» «Det kommt ja jleich hinter't Ferdestehln.», das ist höchst widerwärtig. «Nu mach man keene Ferde scheu!», bei allzu tollem Aufschneiden. «Denkt ja keen Ferd dran!»

fertich «Det kricht (bringt) *der* fertich!», er ist imstande, es zu tun. «Mit *den* wer'k noch fertich!», ich bin stärker als er. «Ick bin fertich!», ich bin erledigt, schlapp, müde.

feste kräftig, ordentlich. «Imma feste druff!» «Machste mit?» «Aber feste!»

Festessen, n. (Höflichkeitsformel). «Es war mir ein Festessen!»

Fett, n. «Da haste dein Fett!», deinen Lohn. «Der hat sein Fett wech.»

Fettlebe, f. «Er macht Fettlebe!», er lebt ‹bon›.

Fetzen, m. (auch Fatzen) Stück. «Dir hau ick in Fetzen!» ‹een jemeina Fetzen›, ein schlechter Mensch.

ff. sehr gut (von fortissimo oder feinfein). «Det kanna aus'n FF.» FF. bedeutet auch: Viel Vergnügen!

Fiesematenten, plur. unnötige, unnütze Umstände. «Mach keene Fiesematenten.»

Fiff, m. (Pfiff) Kunstgriff. «Det issen Ding mit'n Fiff.»

Fijur, f. Person, Type. «Stehn da drei sone Fijuren anne Ecke . . .!»

Film, m. «Det is nich mein Film!», das sagt mir nicht zu.

Fimmel, m. «Er hat'n Fimmel!», bei ihm ist etwas nicht richtig; auch: er leidet an Größenwahn.

finden «Wie ich das finde (Florinde)!», das ist nicht nett von dir. «For det Jeld isset jefunden!», also billig. «Det Jeld is doch jefunden!», leicht verdient.

Finger, m. «Det is nich weit, da kann man mit'n Finga hinzeijen!» «Er beißt sich lieba 'n kleenen Finga ab!» (ehe er das tut). «Wer hat dir det jesacht?» «Mein kleena Finga!», ich habe es erraten.

fingern «Wir wern det Ding schon fingern.», zum erwünschten Ziele führen.

Finkennapp, m. kleines Glas oder kleine Tasse. «De reenen Finkennäppe.»

fipsich klein, nicht ausreichend (besonders von Kleidern).

Flabbe, f. (auch Flebbe) mürrischer Mund. «Zieh keene Flabbe!»

flach «Det fällt flach!», kommt nicht in Frage.

Flanze, f. Pflanze. «'ne nette Flanze!», ein lustiges Mädchen mit nicht ganz tadellosem Ruf. «Denkste denn, denkste denn, du Berliner Pflanze, denkste denn ick liebe dir, weil ick mit dir tanze?» (Dem ‹Petersburger Marsch› unterlegter Text.).

Flaps, m. ungeschliffener Mensch. «Olla Flaps!», ‹flapsich›.

Flasche, f. dummer, ungeschickter Mensch.

Flasterstein, m. eine Art Pfefferkuchen, in großen Platten gebacken. ‹Hamburger Flastersteine› heißt eine Art kleiner, runder Pfefferkuchen.

Flaume, f. Pflaume, unbedeutender Mensch, der sich nichts zu sagen getraut. ‹Flaumenaugust›. ‹anflaumen›, höhnisch oder ironisch mit jemandem reden. ‹flaumen›, etwas Dummes für wahr verkaufen.

Flaumfingsten «Flaumfingsten, wenn de Äppel reif sind», sagt man, wenn man keine genaue Zeitangabe machen will oder sie nicht machen kann.

Flax, m. Spaß, Unsinn. «Du bist woll ooch her, wo der Flax (Flachs) blieht?»

Fleck, m. «Machense sich man keen Fleck in't Hemde!», zieren Sie sich nicht so. «Der Fleck is weg, det Loch is da!» (ursprünglich von einem fliegenden Händler gesagt, der die Wirkung seines Fleckenwassers beweisen will und so tut, als ob das entstandene Loch mit zu der von ihm beabsichtigten Wirkung gehört).

Fleckfieber, n. «Det reene Fleckfieba!», sagt man von einem, der immer gleich wiederkommt und dadurch lästig wird.

Flez, m. ungeschliffener Mensch. ‹Flezigkeit›, Rücksichtslosigkeit, schlechte Manieren.

flezen sich lümmeln.

Flieje, f. «Bei *die* Hitze und die ville Fliejen!». ‹'ne Flieje ansaren›, flüchten.

fliejen eilen. «Ick flieje ja schon!» zittern: «Ick flieje vor Angst an janzen Leibe.»

Flinte, f. «Der pumpt ooch jeden an, der ihn vor de Flinte kommt.»

flöten jehn verlorengehn.

Flötentöne, m. plur. «Den wer'k de Flötentöne schon beibringen!» (Drohung).

Flosse, f. (Vorderflosse) Hand. «Reich mir die Flosse, Jenosse!»

flüstern sagen. «Komisch, seitdem det Flüstern ufjekomm is, vasteht man keen Wort mehr.» «Det kann ick dir flüstern!»

Flunder, f. «Da wern sich de Flundern wundern!» Ein Berliner erzählt, er habe in einer Sommerfrische an der Ostsee in einer sehr niedrigen Bauernstube gewohnt. «Wat soll'ck Ihnen saren? Die Stube war so niedrich, daß man bloß Flundern essen konnte, un sprechen konnte man bloß plattdeutsch.»

Flunsch, m. vorgeschobene Unterlippe, bei Kindern als Zeichen der Unzufriedenheit. «Wat, du willst noch'n Flunsch ziehn?»

forsch stark.

Forsche, f. (franz. force) Stärke. «Det is seine Forsche.» «Er kricht de Forsche nich raus.», er kann's nicht machen.

Fote, f. Pfote, Pote, Hand, auch Fuß. «Den habick uff de Foten jetreten.»

fragen «Nu frarick eenen Menschen!» oder «Nu *frarick* eenen!» (Ausrufe der Verwunderung). «Mußt mal fraren!» (Abweisung einer lästigen Frage). «Imma der, der fracht!» (auf die Frage: «Wer bezahlt die nächste Runde?»).

Franje, f. Franse.

Franz leichtsinniger Junge. «Imma nobel, Franz, wenn dir ooch friert! Nur recht ufjeblasen, sowat imponiert!»

frech «Frech wie Oskar!» «Ick bin so frech!» statt «Ich bin so frei!»

Freier, m. «Da bin ick schon lange Freia druff!», darauf bin ich schon lange versessen.

Freilein, n. (jetzt **Frollein**). «Nee, Freilein; wat *Sie* denken, is nich!» «Saren Se det nich, Freilein!»

Fresse, f. Mund. «Fresse, Franz!», halt's Maul! Gemütlich: «Mensch, dir könnt ick stundenlang in de Fresse haun.» «Meine Fresse!», wie «Meine Güte!»

Fressen, n. «Det issen jefundnet Fressen!», das kommt mir gerade recht.

Freßkober, m. Speisekorb, besonders bei Picknicks.

friedlich «Sind Se friedlich!», machen Sie keinen Streit.

Friedrich Wilhelm Unterschrift. «Setz ma deinen Friedrich Wilhelm drunta!», mach' es wie der Landesvater.

frisch eben fertig geworden, neu. «For *den* frischet Bier.» «Die hat alle Monat 'n frischet Dienstmeechen.» ‹Frische Wurscht›, warme Blut- und Leberwurst.

frisierte Schnauze, f. gewollt vornehme Sprechweise: ‹mit de frisierte Schnauze sprechen›.

Fritze In Zusammensetzungen heißt ‹Fritze› Verkäufer: Zijarrenfritze, Kuchenfritze, Heringsfritze; aber auch ‹Filmfritze› für den Mann aus der Filmbranche.

froh «Die sind froh, det se alleene nischt ham!» (Erwiderung auf die Frage: «Hamse dir denn wat vorjesetzt?»).

früher «Da missen Se frieha ufstehn!», nämlich, wenn Sie mich beschwindeln wollen.

Fuffzehn rufen die Steinsetzer, wenn sie Pause machen. Sie brauchen in der Stunde nur 45 Minuten zu arbeiten. Darum ist ‹Fuffzehn› ein kleines Helles und eine Zigarettenlänge.

Fummel, m. billiges Kleid.

fummeln putzen; rumfummeln, mit etwas nicht zu Rande kommen.

Fussel, m. Federchen, Härchen, Fädchen. «Det Kleid is ausjefusselt.», es löst sich am Rande in Fäden auf. «Er red' sich'n Mund fusselich.», er redet viel ohne Erfolg. «Se sind woll fusselich?», verrückt. ‹Fusselich› ist ein gefährliches Wort, weil der Berliner dabei leicht ins Lispeln kommt.

futsch (ital. fuggito) verloren. «Det Jeld is futsch.» «Futsch is futsch, un weg is weg.» ‹Futschikato perdutto› oder ‹perdü›.

Futterage, f. (wahrscheinlich von franz. fourrage) Eßwaren.

Alle Wörter, die mit ‹G› anfangen, siehe unter ‹J›.

H

Haar, n. «Der frißt mir de Haare von Kopp.» «Der hat Haare uff de Zehne!», er ist schlau und nicht auf den Mund gefallen. «Die Kniescheibe wächst ihn durch de Haare!», er kriegt eine Glatze. «Der wartet, bis de Krankenkasse det Haarschneiden bezahlt.»

haben «Hat sich wat!» soviel wie ‹is nich›. «Hat sich wat mit friehsticken!» (wenn nichts da ist). «Hat ihm schon.», die Sache ist gemacht. «Wat man hat, hat man.» «Wer nich will, der hat schon!» «Ick weeß nich, wat de imma hast!» «Warum soll'n wa denn nich? Wir könn't ja, wir ham's ja dazu!»

haben, sich sich zieren, ängstlich tun, sich aufregen. «Jott, hab da man nich so!», reg' dich nur nicht auf.

hach affektierter, parodierender Ausruf: «Hach, du böser Feind!»

Hacke, f. Hacken, Ferse.

Hacken, m. Stiefelabsatz und Fersenteil der Strümpfe. «Er looft sich de Hacken ab.», er ist umsonst unterwegs.

hacken festsitzen, kleben. «De Briefmarke will nich hacken!» «Bleib ma nich hacken!» Scherzhaft (z. B. auf die Frage: «Wo is denn Schulze jebliem?»): «Hier hackta.»

Hackepeter, m. gehacktes Schweinefleisch mit Zwiebeln, siehe ‹Helles›.

Hängsel, m. Schlaufe am Rock (zum Aufhängen).

Häseken, n. Kosename für kleine Mädchen; weltbekannt geworden als Begrüßungsruf für die berühmte Eiskunstläuferin Sonja Henie, entstanden im Berliner Sportpalast.

Häufken, n. Häufchen. «Er sitzt da wie'n Häufken Elend.»

halb «*Halb* sind wa einich; ick will!» «Det dauat ja 'ne halbe Ewichkeit, bis der wiedakommt!» «Nischt Halbet un nischt Janzet.» «Halb und halb!» oder «Mampe.» Antwort auf die Frage: «Wie jeht's?» (‹Halb und halb› ist ein Schnaps von Mampe.)

halblang «Na, nu mach ma halblang.», übertreibe nicht so.

Hallelujameechen, n. Angehörige der Heilsarmee.

Hals, m. «Er hatse am Hals.», er kommt nicht mehr von ihr los. «Ick ärjere mir noch de Schwindsucht an' Hals.» «Die Jeschichte wächst mir zum Halse raus.» «Det kann doch nich'n Hals kosten!»

Halsweite, f. «Det is meine Halsweite!», etwas, was mir gefällt. In der gleichen Bedeutung gebraucht man auch: «Det hat mir der Arzt vaschrieben.» (vgl. Arzt).

Hammelbeene, n. plur. Drohung: «Dir wer'k de Hammelbeene langziehn!»

Hanake, m. Schimpfwort, wie Schafskopp. Die Hanaken sind ein tschechischer Volksstamm in Mähren, der zu diesem Mißbrauch seines Namens durchaus keinen Anlaß gibt.

Hand, f. «Nich in de Hand.» «Nich in de la main (sprich: meng).» «So'n Wort nehm ick nich in de Hand, viel wenjer in' Mund!» (wenn einer einen anstößigen Ausdruck gebraucht hat).

Handjelenk, n. ‹aus'n Handjelenk›, mühelos.

handlich (ironisch) sehr groß. «'n handlicha Junge.»

Handtuch, n. hohes, schmales Haus; langes, schmales Zimmer.

hanebüchen (auch hambüchen, hambuchen) derb, grob, unerhört.

Hanne, f. Schwächling. Ähnlich Hannefatzke, Hannepampe (Hahnepampel), Hannepiepe, Hanneken. «Er is man so'n Hanneken.», ein Mensch ohne Kraft und Energie. Auch Abkürzung von Hans und Johanna.

happig stark, viel, gierig. «Er hat det janze Jeld valoren. Det is happich!»

Harke, f. «Ick wer dir zeijen, wat 'ne Harke is!» (Drohung).

hart «Verzeihen Sie das harte Wort!» (Geflügeltes Wort aus den Briefen ‹Wippchens› von Julius Stettenheim in den ‹Berliner Wespen›; dennoch ist es älter.) «Hart, aba jerecht!»

hartleibich hartherzig. «Er is hartleibich.», er will nichts ‹rausrücken›.

Hasenbrot, n. Daß der Hase Brot bringt, ist ein in Norddeutschland weitverbreiteter Glaube. In Berlin heißt Hasenbrot das sogenannte Korbbrot, das in einem Korb gebacken ist, so daß man das gerippte Muster des Korbes auf der Rinde erkennt. Auch die Frühstücksstullen (Reisebrote), die von den Vätern wieder nachhause gebracht werden und die sie dann den Kindern schenken, heißen ‹Hasenbrot›.

Hasenjacht, f. «Det is de reine Hasenjacht!», das geht zu schnell.

Haue, plur. Schläge.

Hauptsache, f. «Hauptsache, det det Kind Luft hat!»

heben (eenen) Schnaps trinken.

Hecht, m. Tabaksqualm im Zimmer. «Hier is'n Hecht, nich zum Durchhau'n.»

Hechtsuppe, f. «Et zieht wie Hechtsuppe.» (vom Luftzug; Wortspiel: Fischsuppe muß lange ziehen).

Heemeken, n. Heimchen. Kleiner, dünner, unauffälliger Mensch.

heeßen heißen. Ein Vater verbessert das Berlinisch seines Sohnes: «Heeßen heißt et nich; *heißen* heeßt et.» «Wat heeßt hier Weihnachtsboom, wenn keene Lichta brennen!» (Ablehnung).

heftig unverschämt, überteuert. «Det is'n bisken heftig!»

Heiden ... verstärkender Zusatz: Heidenlärm, Heidenjeld, Heidenulk u. ä

heidi schnell weg. «Nu aba heidi!»

heimlich durchtrieben. «Det is so'n Heimlicha!»

Heini, m. verächtliche Bezeichnung. «Ooch so'n Heini!»

heiter «Det is ja heita!» (ironisch).

Held, m. «Du bist mir'n scheena Held!» (ironisch).

helfen «Warte, *dir* wer'k helfen!» (drohend). «Helf er sich (kleiner Maus)!», helfe er sich, ich kann nichts dafür; wohl der polnisch-deutschen Sprechweise nachgebildet.

helle klug, hell. «'n hella Junge!» «Wir sind helle!» (Pluralis majestatis).

Helles, kleines kleines helles Bier. Das ‹kleine Helle› ist die ‹Brotzeit› des Berliners. Es besteht meist aus einem kleinen Bier, nebst Schnaps und einem Imbiß: Hackepeter, Boulette, Solei, Rollmops oder Brathering (englisch ‹Bräßering› ausgesprochen). Der Schauspieler Albert Steinrück klagte dem Finanzamt Berlin-West: «Das kleine Helle allein kostet mich tausend Mark im Monat.»

hellicht hell. ‹Am hellichten Dare› (auch: am hellerlichten Dare).

Heringsbändjer, m. junger Verkäufer im Kolonialwarenladen.

Herr, m. «Herr, sieh dein Volk an – lauta Zijeuna!» Grußformeln: «Morjen, die Herrn!» «Mahlzeit, die Herrn!» «Deine Herrn Eltern.» «Ach, Herr Je, Herr Je! – Ach, Herr Jemine!» ‹'n festen Herrn haben›, ein Verhältnis haben. «Wenn ein Mädel einen Herrn hat, den sie liebt und den sie gern hat!» (Operettenlied von Kollo).

Heu, n. «Er hat Jeld wie Heu.»

Heuboden, m. der 3. Rang im ‹Sportpalast›.

hier «Se sind woll nich von hier?», wohl nicht gescheit?

hierher «Det ha'k bis *hierher*!» (wobei die rechte Hand bis an den Hals erhoben wird.), mir ist übel davon.

hinbringen «Ick weeß im Oogenblick ooch nich, wo ick 'n hinbringen soll.», ich kann mich nicht erinnern, woher ich ihn kenne.

hinschlagen «Da schlach eena lang hin.» (Ausdruck des Erstaunens). Beliebte Verlängerung: «und steh kurz wieda uff!»

hochnehmen drankriegen, auch ausnehmen, betrügen: «Den hamse hochjenomm'.»

holzen, sich sich schlagen.

Hoppelpoppel, n. Gemisch aus Fleisch, Eiern und Kartoffeln, ähnlich dem sogenannten ‹Bauernfrühstück›.

hops weg. «Et is allens hops.», er hat nichts mehr; ‹hopsjehn›, bankrott werden, sterben.

horchen für hören. «Horch ma zu, ick will dir wat saren.»

Horn, n. «Stoß man nich so ins Horn!», spiel dich nicht so auf.

huch Ausruf (ironisch): «Huch, Schatz, die Leute!» «Huch, Agathe, die Puppe kotzt!»

Hucke, f. Tragekorb (oder Gestell) für den Rücken; nur in den Redensarten ‹sich de Hucke voll lachen› und ‹eenen die Hucke voll lüjen›.

hübsch für sehr, recht: ‹hübsch jroß›, ‹hübsch artich›, ‹hübsch orntlich›. «Bleim Se hübsch jesund!» für gut: «Schmeckt hübsch.» «'n hübschen Menschen kleedt' allet.»

Hujo Hugo. «Hujo, wie tief bist du jesunken!» (aus der Posse ‹Guten Morgen, Herr Fischer›).

Hund, m. Schimpfwort. ‹Unter allen Hund!›, unter jeder Kritik. «Der wird bald uff'n Hund komm'!», herunterkommen. «Det jönn ick keen Hund!» sagt man von einer schwierigen Arbeit. «Det is ja ooch keen Hund!», es ist nicht schlecht. «Ick friere hier wie'n junga Hund.» «Et is um junge Hunde zu krijen.» «Det kann ja'n Hund jamman!», das ist ja miserabel. «Er is vor de Hunde jejangen.», verkommen. «Er is bekannt wie'n bunta Hund.» «Varrickta Hund!» ‹Hundekälte›, starke Kälte.

Hundeschnauze, f. «Kalt wie 'ne Hundeschnauze.»

Hunger, m. Scherz: «Ick habe so'n Hunga, det ick vor Durscht nich weeß, wo ick de Nacht schlafen soll, so friat mir.» «Der Hunger treibt's rein.», wenn etwas recht gut schmeckt und teuer ist (vgl. sich ekeln).

Husche, f. Platzregen.

husten «Ick wer dir wat husten.», ich denke gar nicht daran.

Hut, m. ‹'n alta Hut›, allbekannte Tatsache. «Den kanna sich an'n Hut stecken!», (ironisch) auf den kann er stolz sein. «Det mußte eenen erzehlen, der keene Krempe an Hut hat.» – Wenn einer etwas Langweiliges erzählt, das kein Ende nehmen will, unterbricht ihn der Berliner und sagt: «Und so war es denn auch, der alte Mann hatte seinen Hut wieder und der Schutzmann zerstreute die erregte Menge.»

Hutsche, f. Fußbank.

Hutschnur, f. «Det jeht mir über de Hutschnur!», das geht mir zu weit.

I

I leitet Ausruf der Verwunderung oder Abwehr ein: «I wat!» «I wo!», keineswegs. «I wo wer'k denn!»

iberziehen (eenen) einen Schlag geben.

ick ich. Wenn es allein steht: *icke*. z. B. «Wer is'n da?» «Icke!» «Als wie icke?», bin ich gemeint? «Ick nich; wer noch?» «Erst komm ick, un denn komm ick nochmal, un denn kommt ne janze Weile janischt, un denn kommen de andern (un denn kommst *du* noch lange nich).» (Vgl. das berühmte Berliner Gedicht: ‹Ick sitze da und esse Klops›, S. 210).

Idee, f. «Keene Idee!», durchaus nicht. Idee wird häufig für ‹ein bißchen› gebraucht, z. B.: «Drinken Se noch een bisken Kaffe; bloß noch 'ne Idee!» «Nehm Se det Jewehr 'ne Idee weita nach rechts!» «'ne Idee von Schiller!», ein sehr guter Gedanke.

Ijel, m. Igel, Egel. «Der sauft wie'n Ijel!», wie ein Blutegel.

immer «Det war schon imma!» Zurückweisung der Verdächtigung, etwas beschädigt zu haben, z. B. Geschirr im Haushalt.

in ‹in eens weg›, ohne Unterbrechung. «Det hat's in sich.», es ist schwierig.

infallen «Det fällt mir nich in!» Drohend: «Laß dir bloß nischt infallen!»

injeladen Der Berliner unterscheidet scharf zwischen ‹injeladen› und ‹ufjefordert›. Für den ‹Injeladenen› wird gezahlt, der ‹Ufjeforderte› zahlt selber.

injenommen «Sie ham woll wat zum Reden injenommen?» Auch vom Trinken: «Erst wird noch eener injenommen.»

inkriejen jemanden einholen.

Innung, f. «Du blamierst ja die janze Innung!», wenn jemand sich falsch benimmt.

inpacken «Packen Se in!», gehen Sie fort! (Ursprünglich zum Hausierer, den man auffordert, seine ausgekramte Ware zusammenzupacken.) «Der kann inpacken.», mit dem ist es aus.

inseefen wird nur in der Vergangenheitsform gebraucht: «Den hamse injeseeft!», betrogen oder auf Verabredung betrunken gemacht.

intus «Ick hab schon sechs Mollen intus.»

inwickeln betrügen.

irjendwo «Ihnen muß ick doch schon irjendwo jesehn ham?» «Det kann schon sind, da komm ick manchmal hin!»

irretieren beirren.

is nich Form der Abweisung. «Kann man hier durch?» «Is nich, jehn Se hinten rum!» «Wenn't nich is, denn isset nich!», dann ist es nicht schlimm.

J

Hier auch Wörter, die im Hochdeutschen mit ‹G› anfangen.

Ja ‹Ja doch!› und ‹Nee doch!›; unwilliges Ja und Nein. «Ick sage *ja*!» als Betonung. «Is et denn richtich kalt heute?» «Ick sage *ja*.»

jachern (jachtern) wild spielen (von Kindern); sich abjachern, sich abhetzen.

Jacke, f. «Det is Jacke wie Hose.», das ist eins wie's andere. «Dir hau ick noch mal de Jacke voll!»

Jänsewein, m. Wasser.

jagen «Damit könnse mir jagen!», das mag ich nicht (z. B. Lungenhaché).

Jang, m. Gang. «Et is nich in Jange.», nicht in Betrieb. «Dir wer ick uff'n Jang bringen!», dich werde ich Ordnung lehren. «Man merkt's an Jang, da is wat mang.»

janischt «Ick sage janischt!», ich übernehme keine Verantwortung. ‹Keen janischt›, bei Aufzählungen, z. B. «Aba ooch nischt is da, keen Salz, keen Feffa, keen janischt!» «Macht fast janischt!», höfliche Ablehnung einer Entschuldigung.

Jans, f. (bei scherzhafter Häufung des J für G) «Eene jut jebratne Jans is eene jute Jabe Jottes.»

janz heil, ganz. ‹Janze Stiebeln›, heile Stiefel. «Er hat keen janzet Hemde mehr.» «Janz wat Feinet!» «Ick jeh uff't Janze!» «Sone janz kleene Frau.»

japsen atmen, schnappen. «Ick kann nich mehr japsen.»

Jardinjarten, m. (franz. jardin) Garten.

je (das franz. je). «Wer spielt aus?» «Je.» «Moi je!» oder «Moi je icke!»

jebacken «So, wie wir jebacken sind.», gebaut, beschaffen sind.

jeben, jibt «Det sich *det* man jibt!», das wird sich schon geben. «Jibt's ja janich!», bei unmöglichen Dingen.

jeblaßmeiert (auch: jelackmeiert) angeschmiert.

jebumfidelt «Fühle mir sehr jebumfidelt.», sehr geehrt.

jeda jeder. «Det kann jeda saren!» «Da könnte jeda komm'.»

jefällich «Da is wat jefällich.», da ist der Teufel los. «Laß det jefällichst sind!»

jefallen «Det laß ick mir jefallen!», das ist schön (recht). «Det brauch ick mir nich jefalln zu jelassen!»

Jefallen, m. «Na, nu tu mir eena 'n Jefallen!», nun erkläre mir das doch jemand.

jeforben gefärbt.

jefressen «Den ha'k jefressen!», den kann ich nicht ausstehen.

jehn «Ach, jehnse (doch)!», das glaube ich nicht. «Det is ja rasch jejangen.» «Et jinge wohl, aba et jeht nich!» «Da jehta hin un singt nich mehr!» «Jeht'n der Rock noch auszebessern?» «Jehste von se?!» (wird Liebespärchen nachgerufen). «Det jeht ja janich!» «Wat nich jeht, muß jetraren wern.» Wenn ein Gast früher aufbrechen will: «Wollnse denn Jottseidank schon jehn?»

jehören «Det jehört sich nich.», das schickt sich nicht. «Det wird sich ooch (woll) so jehörn!» «Det jehörte ihn.», das geschah ihm recht.

jehörich (janz jehörich) stark, sehr.

Jeist, m. «Wat is'n det for'n Jeist?» (von einem neueintretenden unbekannten Menschen).

Jejend, f. «Ooch 'ne scheene Jejend!» gewöhnlich zurückgeführt auf eine Stelle bei Glasbrenner (1832): Zwei Frauen unterhalten sich darüber, wo ihre Söhne in den Freiheitskriegen gefallen sind. Auf die Antwort der einen: «Bei Leipzich» erwidert die andere tröstend: «Ooch 'ne scheene Jejend!» Doch ist die Redensart bei Glaßbrenner so häufig, daß sie schon damals allgemein bekannt gewesen sein muß. Von der flachen Umgebung seiner Vaterstadt sagt der Berliner ironisch: «Jejend, lauter Jejend, nischt wie Jejend!»

Jejenliebe, f. «Da wirste keene Jejenliebe finden.», du wirst abgewiesen werden.

Jejenseitichkeit, f. «Det beruht uff Jejenseitichkeit.»

Jejenteil, n. ‹in' Jejenteil› wird oft unpassend gebraucht; z. B. «Ham Se nich heute Jeburtstach?» «In' Jejenteil!» «Janz ins Jejenteil!» Oder einer tritt dem anderen auf den Fuß und fragt: «Hab ick Ihnen weh jetan?» «O nee, in' Jejenteil!»

jejönnt «Det war dir nich jejönnt!», zu einem, der beim Essen einen Bissen fallen läßt.

jelacht lachhaft. «Det wäre ja jelacht!» Als Kritik: «Na, ick hab schon mal *mehr* jelacht!»

jeladen «Er hat schwer jeladen.», er ist betrunken. «Der is heute jeladen.», er ist wütend.

Jeld, n. ‹For Jeld un jute Worte›. «Jeld is bei mir imma det wenichste!» (bewußt doppeldeutig). «Ick hab heute noch nischt jejessen, un keen Jeld hab ick ooch.» «Allens for unsa Jeld!» sagt man, wenn von Staatsausgaben die Rede ist.

jelejen «Det soll Jold sind? Hat mal bei Jold jelejen!»

jelernt «Jelernt is jelernt.»

jelitten geläutet. «Et hat jelitten.»

Jeloofe, n. dauerndes Laufen.

jelungen originell, merkwürdig. ‹'n jelungener Kerl›, origineller Mensch. Ebenso wird eine Geschichte, ein Witz, ein Einfall ‹jelungen› genannt.

jemacht «Is jemacht!», wird erledigt.

jemein «Ick kann mir doch nich mit all un jeden jemein machen!», nicht mit jedem vertraulich sein. Jemein heißt auch ungefällig, egoistisch. «Jib mir'n Ende ab, sei nich so jemein!» Auch: ‹jrundjemein›, ‹hundsjemein›.

Jemiete, n. Gemüt. ‹sich eenen zu Jemiete führen›, einen trinken; ‹sich (etwas) zu Jemiete ziehn›, schwermütig werden.

Jemietsmensch, m. (ironisch) krasser Egoist; noch stärker: ‹Jemietsathlet›.

jemischt ordinär, anstößig. «Meine Mutta hat jesacht, wenn't jemischt wird, soll ick zu Hause jehn.» («oder mir am Nebentisch setzen, da hört man jenau so jut.»)

jenau «Det is nischt Jenaues.», nicht so wie es sein soll. «Nischt Jenaues weeß man nich.», halbe Bejahung. «So jenau wolln wa det jarnich wissen.»

jenieren «Det jeniert'n jroßen Jeist nich, un 'n kleenen jehts nischt an!»

jenner (jüd.) jener. Derjenige, von dem gesprochen wird.

jenügen «Det jenüjt!», sagt der Staatsanwalt, «zwee Jahre Zuchthaus oder det linke Been ab!»

jenung genug.

jerammelt (auch jerappelt). «Die U-Bahn war jerammelt voll.»

jerieben schlau.

jeringst «In jeringsten janich.», nicht im geringsten.

jerissen schlau. ‹'n jeriss'ner Junge›.

jeritzt «Is jeritzt.», wird erledigt.

jerne «Nich mehr wie jerne!», sehr gern. Wenn einem auf den Fuß getreten wird und der Schuldige sagt: «Enschuldjen Se!», so wird erwidert: «Bitte sehr, war jerne jeschehn.»

Jesabber, n. Geschwätz.

Jesangbuch, n. Spielkarten.

jescheit ordentlich, brauchbar. «Ick hab keen jescheiten Kraren mehr.»

jeschenkt «Der da? nich jeschenkt!», den nehme ich nicht.

Jeschichte, f. «Mach man keene Jeschichten!», (besorgt) werde nur nicht krank; auch für Umstände: «Mach man keene Jeschichten un komm mit!» Mit ‹Jeschichte› wird auch etwas Kompliziertes bezeichnet: «Zuletzt kam noch sonne Keesejeschichte.» «Wat fehlt ihn denn?» «Sone Blinddarmjeschichte.» «Er hat faule Jeschichten jemacht!», etwas Unredliches getan.

jeschlaren geschlagen. «Ick hab 'ne jeschlarene halbe Stunde jewart'.» (Es ist das Schlagen der Uhr gemeint.)

Jeschmadder, n. schlechte, unsaubere Schrift.

jeschmiert «Det jeht wie jeschmiert.», sehr gut. «Ick hab ihn eene (Ohrfeige) jeschmiert.»

Jeschrei, n. «Viel Jeschrei un wenich Wolle!» (‹Jeschrei› ist hier aus ‹Geschere› entstanden.) «Hast woll lange nich dein eijnet Jeschrei jehört?»

Jeschwindichkeit, f. «Mit 'ne Jeschwindichkeit von Nullkommanischt.»

jeschwollen «Er macht'n Jeschwollnen.», er spielt den feinen (reichen) Mann. «Er red' so jeschwolln.», er spricht mit viel Pathos.

Jeseier, n. (auch plur. ‹Jeseires›, jüd.) Herumgerede, Klagen. «Macht *der*'n Jeseier!», wie der sich aufregt! ‹Das Jeseires einer Aftermieterin!› Gedicht von Ringelnatz.

Jesichte, n. «Machense doch nich son Jesichte!» «Wenn ick Jesichta machen könnte, hätt ick Ihn' längst 'n anderet jemacht!» «Stech dir doch 'ne Zijarre ins Jesichte, det man sieht, wat bei dir vorne is!»

jespannt «Ick bin jespannt wie'n Rejenschirm (Flitzbogen).»

Jestell, n. «Wat issn det for'n Jestell?», was für ein Mensch ist denn das?

jestohlen «Der kann mir jestohlen wern!», er ist mir gleichgültig.

jestrich «Du suchst woll'n jestrijen Tach?», was suchst du denn da?

jesund schlau, regsam, praktisch. «'n jesunda Junge!» Doch auch ironisch: «Det soll sehr jesund sind!» «Wat meen Se, wie jesund det is?» «Se sind woll nich janz jesund?»

jewaschen «Du krichst 'ne Ohrfeije, die sich jewaschen hat!», die sich sehen lassen kann.

jewieft (auch jewiejt) schlau. «'n jewiefter Junge.»

jewiß «Na jewiß doch!», freilich! «Nichts Jewisses weiß man nich!», Verneinung.

jewöhniglich gewöhnlich.

Jieper, m. Appetit. «Ick hab 'n furchtbarn Jiepa uff Bratkatoffel.»

Jift, . «Da nehm ick Jift druff.», ich bin ganz sicher. «Da kannste ruhich Jift druff nehm.» «Det Messa schnei't wie Jift.»

jiften, sich sich ärgern, auch: «Det hat mir jejift.»

Jips Gips. Kinderscherz: «Jips jibts in de Jipsstraße.» (Die Gipsstraße gibt es wirklich hinter dem Hackeschen Markt.)

Jlaser, m. «Is dein Vata Jlaser?» fragt man, wenn einem jemand im Licht steht.

jlatt «Det jeht eenen jlatt runta!», z. B. eine schmeichelhafte Bemerkung.

jleich «Et muß ja nich jleich sind!» «Wo hab ick Ihnen doch jleich jesehn?»

jlibberich glatt, z. B. von Pudding, Quallen.

jlitschen gleiten. ‹jlitschich› glatt, bei Eis und Schnee.

Jloobe, m. Glaube. «Mein Jloobe is: sieben Fund Rindfleesch jeben 'ne jute Briehe.» «Bei den Jlooben bleim Se man!» (ironisch).

jlooben glauben. «Wer't jloobt, wird seelich!» «Ick jloobe jar!», ich will nicht hoffen. «Wenn de mir det nich jloobst, red ick dir nie wieda wat vor.» «Er muß dran jlooben.», es geht mit ihm zu Ende.

jlotzen große Augen machen. ‹Jlotzpaule›, ‹Jlotzooge›.

Jlotze, f. Fernsehapparat.

Jlück, n. «Da wirste keen Jlück mit ham.», das wird dir nicht gelingen. «Na, det is dein Jlück!», du bist noch gerade davongekommen.

jlupsch grob, ungeschlacht. «Der is imma jleich so jlupsch.» ‹'n Jlupscher› ist ein großer Schnaps.

jlupschen stieren, böse blicken.

jnaden «Denn jnade dir Jott!»

jnatzen weinen, wimmern. ‹jnatzich›, ‹Jnatzkopp›.

jneddern verdrießlich sein. ‹jnedderich›, ‹vajneddat›.

Jnietsche, f. mißvergnügter Mensch. «Olle Jnietsche!» Ebenso ‹Jnietschhammel›, ‹Jnietschkatze›, ‹Jnietschkraren›, ‹Jnietschpeter›; ‹jnietschich›.

jnurpsen (auch: jnurpschen) von einem harten, knirschenden Ton: «Et jnurpste orntlich, wie se ihn det Been injerenkt ham.»

Jöre, f. (auch: Göhre, Jeere) ursprünglich ndd. Wort für Fohlenstute; Ausdruck für Mädchen und für Kinder allgemein: «Dumme Jöre!»

Jokus, m. wie Jux. «Wir ham unsern Jokus mit ihn jehabt.»

Jold, n. «Da is det *Jold* jejen.», das ist viel besser. «Sicher wie Jold!» (Motto der Internationalen Artistenloge).

Jott Gott. «Jotte doch!» «Ach Jotteken doch!» «Jott, steh mir bei!» (verwundert, z. B. «Jott steh mir bei, is det 'n schwera Koffa.» «Mach dir mit'n lieben Jott bekannt!», dein Ende ist nah. «Se sind woll janz von Jott valassen?», Sie sind wohl nicht bei Trost. «Man muß'n lieben Jott für allet danken.» ‹Det reene Wort Jottes (Jotteswort)›, beispielsweise guter Schnaps.

«Jott sei's jetrommelt un jefiffen!» «Jott erhalte Sie, aba meechlichst bald!» «Jehnse mit Jott, aba jehnse!» «Jott stärke deine Scheenheit!» (wird beim Niesen gesagt).

jottsjämmerlich sehr schlecht. «Mir is jottsjämmerlich zumute.»

jottvoll reizend. «Die Jeschichte is jottvoll.» «'n jottvoller Kerl!» (ironisch).

jrade «Nu jrade!» «Nu jrade nich!» (wenn man etwas aus Opposition nicht tun will). «Dafor muß ick nachher jradestehn.», dafür muß ich die Verantwortung tragen.

jrapschen greifen.

Jraul, m. Grauen. «Et jeht mir schon 'n Jraul an, wenn ick bloß dran denke.»

jraulen, sich sich fürchten, besonders im Dunkeln, vor Gespenstern.

jraulich furchtsam. ‹eenen jraulich machen›. Doch auch: ‹'ne jraulije Jejend›, in der man sich fürchtet. «Die Frau is so häßlich, da kann man kleene Kinda mit jraulich machen.»

Jrieben, plur. die bräunlichen Teile des Schweine- oder Gänsefetts, die nach dem Ausbraten des Schmalzes zurückbleiben. Bei Ausschlag am Munde (durch das Fett der Jrieben hervorgerufen): «Der hat Jrieben jenascht!»

jrien grün. «Det is detselbe in Jrien.» «Nehmse Jrien, det hebt Ihn', und Lila macht 'n kleenen Fuß!» als Rat in einer Kleiderfrage. ‹In't Jriene jehn›. ‹Bei Mutta Jrien (schlafen)›, unter freiem Himmel. ‹De jriene Minna›, Polizeiwagen zum Transport von Häftlingen. ‹De jriene Neune›, das frühere Thalia – später Residenztheater, weil es einen Garten hatte; nur noch erhalten in dem Ausruf: «I, du jriene Neune!» Dumm, unerfahren: «So'n jriena Junge!» ‹Jrienfutter›, Salat. ‹Jrienkramladen›, Gemüsegeschäft.

jrienen grinsen, stereotyp lächeln. «Er jrient wie'n Primeltopp.»

Jrips, m. Fassungskraft, Verstand.

jrölen heulen, weinen, auch für singen.

jrohnapeln (von franz. gros-grain de Naples) aus Ripsseide gefertigt. In Angelys ‹Fest der Handwerker› singt Lenchen: «. . . und zum Tanzen jrohnapelne Schuh'!»

Jroschen, m. Groschen, allgemeine Bezeichnung des Zehnpfennigstücks. «Bist woll nich recht bei Jroschen?», bei Sinnen. «Er is sehr uff de Jroschens.», knauserig. «Wieda acht Jroschen, wo de Frau nischt von weeß.» «Der Jroschen is jefallen.», wie beim Automaten. ‹Achtjroschenjunge›, Polizeispitzel. Der Plural ‹Jroschens› kommt immer mehr ab.

jroß groß, viel. «Wat wird'n jroß dabei rauskommen?» «Wat wird er denn jroß vadienen?» «Jroß un breit.» «Du suchst de Nähnadel? Da liecht se doch jroß un breit!» ‹'n Jroßer›, ein Erwachsener (von Kindern gebraucht). «Mein jroßa Bruda.» ‹janz jroß›, sehr gut, sehr schön.

Jroßkoz, m. (von jüd. Kozen, reicher Mann) Angeber. «Jroßkoz von Kleen-Pankow!» Adj.: ‹jroßkozich›.

Jroßmutter, f. «Erzähl doch det deine Jroßmutta!», die glaubt das vielleicht, ich nicht. «Na, also jut: Jroßmutta is de Älteste!» (bei Beendigung eines Disputs).

Jroßschnauze, f. prahlerischer Mensch. ‹Jroßschnauz›, m. Adjekt.: jroßschnauzich.

Jrüneberger, m. ganz allgemein von saurem Wein (ursprünglich der Wein aus Grünberg, der Stadt im früheren Reg.-Bez. Liegnitz). «Den muß man in de Strümpe jießen, der zieht de Löcha zu.»

Jrütze, f. (vgl. Jrips) Verstand. «Er hat Jrütze in' Kopp!» Dagegen bedeutet ‹Jrützkopp› soviel wie ‹Schafskopp›.

Jrus, m. (auch Jruz) Abfallprodukt von Kohlen, Koks, Torf. ‹Kaffejrus› ist Kaffeesatz.

Jubeljahr, n. ‹Alle Jubeljahr mal›, sehr selten.

Jum «Er is in Jum.», er ist angetrunken.

Jumfer, f. Jungfer. «Wir sind ja unter uns Jumfern.»

jung «So jung komm' wa nich wieda zusamm!» (nötigend, wenn die Gäste gehen wollen). «Wie ick noch jung und scheen war.», also früher.

Junge, m. (plur. Jungs, Diminutiv: Jungeken oder Jüngeken, auch Jüngelken). «Junge, Junge!» (Ausruf des Erstaunens).

Jungfrau, f. «Wie die Jungfrau zum Kind.», ohne eigenes Zutun.

Jurke, f. Gurke. «Saure Jurken sind ooch Kompott!» (Wort eines Gastwirts, dem seine Mittagsgäste gesagt hatten, daß saure Gurken kein Nachtisch seien.) ‹Jurke› bedeutet auch Nase.

jut gut. ‹der jute Rock›, ‹de jute Stube› (auch Putzstube genannt). «Komm' Se rin in de jute Stube!» «... is jut!» als Ausdruck der Kritik an ausgefallenen Namen und Bezeichnungen. Vorgestellt wird z. B. «Herr Egon Schultze!» Berliner: «Sehr anjenehm!» (für sich: «Ejon? Ejon is jut!» In der Oper schmettert der Sänger seine Arie: «Ich liebe dich!» Darauf der Berliner: «*Dich* is jut!» «Na, sein Se man wieda jut.», seien Sie nicht mehr böse. «Na hörn Se mal, *sein* Se so jut!» (wenn man aus Versehen gestoßen wird). «*Sein* Se so jut!» ist auch Zurückweisung einer übertreibenden Behauptung. «Wer weeß, wofor't jut is!» (bei einem Unglück). «Der is jut, der kann so bleim!» «Jut *is* er, bloß doogen duta nischt!» «Laß man jut sin!», gib nur nach. «Is jut, det wird jemacht.» «Du hast's jut, du bist blöd!» «Da bin ick dir jut dafor!», dafür stehe ich dir ein. «Det sieht jut aus un kost nischt.» «Et muß solange jut jehn, bis et bessa wird!» (auf die Frage: wie geht's?). «Also is jut» wird oft bei einer längeren Erzählung dem Satz vorangeschickt. «Wie steht ihr'n zusamm?» «Na, bloß so, juten Tach un juten Wech!» »Machen Se't jut!», leben Sie wohl! Bei dem Lob: «Det is jut!» bekräftigt man: «Det is morjen ooch noch jut!» Scherzhaftes Kompliment beim Abschied nach einem Essen: «Es war alles jut und reichlich, un nich so fett wie sonst in den besseren jüdischen Häusern.» «Sie is jut un jerne fuffzich.», mindestens fünfzig Jahre alt. «Det is ja janich mehr jut zu machen!» so große Ausgaben sind auf die Dauer unerschwinglich.

K

Kabache, f. (poln.) niedriges, schlechtes Haus.

kabbeln, sich sich zanken, streiten. Kabbelei, Wortwechsel.

Kabolzschießen, n. (von Kobold) Purzelbaum schlagen. «Det is zum Kabolzschießen!»

Kabruge, Kabrusche, f. (jüd.) Gesellschaft. ‹Kabrusche machen›, gemeinschaftlich ein Geschäft machen; auch: jemand liebkosen.

Kabuse, f. meist fensterloser, nicht heizbarer Raum.

Kaff, n. kleiner, ärmlicher Ort, von ‹Kaffern› bewohnt.

Kaffe, m. Kaffee. «Wenn ick Dampfa fahre, will ick ooch Aal essen, un wenn ick keen Aal krieje, will ick wenichstens Kaffe trinken!» (Giesecke im ‹Weißen Rößl›.) ‹Kaffe› auf der Dampfer- oder Landpartie muß guter Bohnenkaffee sein, darum brüht ihn ‹Mutta› am liebsten selber auf. Parodie auf ‹Hier könn' Familien Kaffee kochen›: «Hier könn' Kaffern Familien kochen» oder «Hier könn' Familien zum Kaffee gekocht werden». ‹Kaffe›, bei dem nicht wenigstens etwas Kaffee durchschmeckt, ist ‹Lorke› oder ‹Schusterpunsch›; kalt geworden ungenießbar. Alles, was er gering schätzt oder für eine unmögliche Zumutung hält, ist für den Berliner ‹kalter Kaffe›. Wenn ihm vor etwas übel wird oder vor etwas graust: «Da kann einem ja der Kaffe hochkomm.» Für ‹Espresso› hört man manchmal ‹Einarmiger›.

Kaffeklappe, f. sehr volkstümliche Kaffeeschänke, in der das Geschäft hauptsächlich nachts betrieben wird.

Kaffer, m. (von jüd. Kefar) Mann, Bauer, dummer, ungebildeter Tölpel. Adj.: kaffrich.

Kahn, m. Militär-Arrest, Gefängnis, Bett.

kajolen (karriolen) jagen, eilen.

Kakau, m. ‹durch den Kakau ziehen›, über jemanden klatschen.

Kalauer, m. Das Wort stammt wahrscheinlich vom franz. calembour und nicht vom Namen der Stadt Calau. Dennoch hält sich in Berlin die folgende Erklärung: Die Calauer Schuhmacher erschienen auf den Jahrmärkten von Berlin mit guten Stiefeln, die viel wohlfeiler waren als die in Berlin gefertigten. War ein Stiefel aus Calau ein Stiefel, der billig zu haben war, so war ein Kalauer ein wohlfeiler Wortwitz. Onkel zu seinem Neffen: «Wenn du nicht aufhörst, Kalauer zu machen, enterbe ich dich!» «Na jut, denn mach ick keene mehr, kannste lauern bis de kahl wirst.» Vgl. Calau.

Kaldaunen, f. plur. Gedärme (auch die eßbaren). «Er hat sich die Kaldaunen volljeschlaren.», er hat ungemein viel gegessen.

Kaleika, m. u. n. Spaß, Unsinn.

Kalitte, f. (aus Kolwite) Kohlweißling (weißer Schmetterling). «Kalitte, Kalitte, setze dir!» riefen die Jungen, wenn sie den Schmetterlingen nachliefen. (Vgl. S. 198).

Kalle, f. (jüd.) Braut.

Kalmus, m. Aronstabgewächs. «Auf (an) *den* Kalmus piepen wir nich!», darauf fallen wir nicht herein.

kalt ‹Kalt wie 'ne Hundeschnauze›, kaltherzig. «Kalt Blut un warm anjezoren!»

Kameruner, m. Schmalzgebäck in Form einer Acht.

Kamm, m. «Hier herrscht Ornung – hier liecht der Kamm uff de Butta!» «Kinder, kooft Kämme, et komm' lausije Zeiten!»

Kanake, m. wie Hanake (Kanaken sind Eingeborene von Hawaii).

Kanal, m. «Ick hab den Kanal voll!», ich habe jetzt genug davon.

kandideln von ndd. ‹kanditel›, lustig; davon: sich eenen ankandideln, sich bezechen; etwas ruffkandideln, werfen, z. B. einen Gegenstand ‹uff t Spinde›; überkandidelt, übertrieben, verrückt.

Kanone, f. ‹unta alla Kanone›, unter aller Kritik.

Kante, f. «Er lecht det Jeld uff de hohe Kante.», er spart. (Geldstücke liegen auf der ‹hohen Kante›, wenn sie eingerollt sind.)

kanten ursprünglich: eine Kiste durch Kippen von der Stelle bewegen; dann aber auch einem Menschen ziemlich grob die Tür weisen; meist rauskanten.

Kanten, m. Ende des Brotlaibes, auch ‹Knust›.

Kanthaken, m. ‹eenen bei'n Kanthaken nehm›, von hinten beim Rockkragen fassen. (Kanthaken ist ein ndd. Schifferwort und bedeutet Haken zum Umkanten der Ballen). vgl. Binde, Krips, Schlafittchen.

Kantonist, m. ‹unsichrer Kantonist›, unzuverlässiger Mensch. Das Wort stammt aus der Zeit Friedrich Wilhelms I., der jedem Regiment einen Bezirk (Kanton) zur Rekrutierung zuwies. Die ‹Kantonpflichtigen› suchten sich der Aushebung auf alle möglichen Arten zu entziehen. Die Berliner waren immer ‹unsichere Kantonisten›.

kapores (jüd.) entzwei, ruiniert.

kaputt (wahrscheinlich vom franz. ‹faire capot› kentern) entzwei, überanstrengt; auch bankrott. ‹'n kaputtet (kaputtijet) Fenster›.

kariert quatschen dumm reden.

Karnalje, f. (von franz. canaille) Schurke, Gesindel. (Schimpfwort). ‹Karnaljenvogel› statt Kanarienvogel.

Karnickel, n. «Nu soll *ick* wieda det Karnickel sind!», der Schuldige, der Sündenbock.

Karotte, f. ‹jungsche Karotte›, junger Mensch.

Kaschube, m. bäurischer Mensch, nach dem slawischen Stamm der Kassuben (sprich: Kaschuben) in Pommern und Westpreußen.

Kassel «Ab nach Kassel!» Angebliche Äußerung Bismarcks, als er Napoleon III. von Sedan aus nach Wilhelmshöhe bei Kassel bringen ließ. Wahrscheinlicher stammt die Redensart aus der Zeit, in der der Kurfürst von Hessen-Kassel Soldaten ‹anwarb› und an fremde Staaten verkaufte. Heute noch gebraucht in der Bedeutung: Zieh los, mach daß du fortkommst.

Kasten, m. Gefängnis (vgl. Kahn). Aber auch: «Der hat wat uff'n Kasten.», der kann (oder weiß) etwas.

Kastrolle, f. Kasserolle (Schmorpfanne).

Katoffel, f. Kartoffel, dicke Taschenuhr. «Rin in de Katoffeln! Raus aus de Katoffeln!» Manöverjargon; allgemein bei schwankenden Maßnahmen.

katzbaljen, sich sich balgen (zum Vergnügen). Katzbaljerei.

Katzenkopp, m. Schlag mit der flachen Hand an den Hinterkopf. «Du krichst jleich 'n Katzenkopp von mir, dumme Jöre!»

Keber, m. Käfer.

keen nischt und keen janischt gar nichts (sehr bestimmt).

Keese, m. Käse. «Det is Keese!», es ist schlecht, falsch, unerheblich.

Keeseblatt, n. billige, schlechte Zeitung, nur gut, um Käse einzuwickeln.

Keesekopp, m. Dummkopf.

Keilerei, f. «Wat, Keilerei ohne *mir?*» (wenn einer von weitem eine Prügelei sieht). ‹Keile›, Schläge.

Keks, m. Kopf. ‹Poröser Keks›.

kellnerieren im Gasthaus aushilfsweise bedienen.

kennen «Da kennste mir schlecht!» «Den kennse nich? Det is doch der, der wie 'ne olle Frau aussieht, die wie'n oller Mann aussieht!» (Berliner Auskunft über den Dichter Stefan George).

Kerl, m. «Det is ieberhaupt keen Kerl!» (sprich: Kerrel), kein Mann.

kess (in der Gaunersprache: eingeweiht in alle Diebessachen) schneidig, smart; auch dreist, frech (drückt eine gewisse Anerkennung aus). Man sagt: ‹een kessa Rabe›, auch: ‹ne kesse Riebe› von einem Jungen, ‹'ne kesse Bolle› von einem Mädchen. «Je kessa, je bessa!»

kiebig (auch kiewig) dreist, tüchtig, ‹ein kiebijer Junge›. «Alt und jrau kannste bei mir wern, aber nich kiebich.»

kieken gucken. «Kiek ma an!» «Nu kiek ma bloß an!» (gelinde Verwunderung). «Der hat jekiekt!» (Beschwerde der Kinder beim Versteckspiel). «Er kiekt sich de Oogen aus'n Kopp.» «Kiekste aus *die* Luke?», also darauf willst du hinaus? «Wen meenste denn?» «Na den, der imma so kiekt.» «Kiek ma aus't Fensta, wenn de keen Kopp hast!» ‹Kieken jehn› (als Zuschauer zu einer Trauung gehen). «Ick kieke eenmal, ick kieke zweemal und denk: nanu? da hat doch eena dran jedreht?»

Kieker, m. ‹uff'n Kieka ham›, beobachten. «Den ha'ick uff'n Kieka!», der soll sich in acht nehmen.

Kien, m. ‹uff 'n Kien sein›, vorsichtig sein.

Kienappel, m. Kiefernzapfen.

Kies, m. Geld (eigentlich Silber).

kiesetich (auch ‹kiesetsch›) kiesetig, wählerisch, unlustig (eigentlich im Essen).

Kietz, m. allgemeiner wendischer Name für Viertel in Berlin: Lichtenberjer Kietz, Gegend vor dem Frankfurter Tor. Station Kietz-Rummelsburg. Scherzhaft wird jeder kleine Ort so genannt: «Wat weeß denn *der* davon uff seinen Kietz!»

kille, kille sagt man, wenn man ein Kind kitzelt. «Kille, kille, Pankow!»

Kind, n. «Nu is't andre Kind ooch dot!», es ist alles verloren. «'n Kind ohne Kopp is 'n Krippel zeitlebens.» «Wir wern det Kind schon schaukeln.» «Wenn Kinda spieln, sind se jesund.» Kinderkens (Kinnerkens, Kinders), gemütliche Anrede, auch für Erwachsene.

Kinkerlitzken, plur. (von franz. quincaillerie) wertlose Kleinigkeiten, Nippsachen; alles Unnütze, Verzierungen, Schnörkeleien usw.

Kippe, f. Zigarettenstummel. ‹uff de Kippe stehn› (von einem Gegenstand, der leicht fallen kann; auch übertragen von einer zweifelhaften Entscheidung).

Kirste, f. (auch Kürste, Kürschte, Kerschte) Brotkruste.

Kiste, f. Sache, Angelegenheit. ‹'ne faule Kiste›. «Fertich is de Kiste!», die Sache ist gemacht. Ebenso: «Fertich is de Laube!»

Kitt, m. ‹der janze Kitt›, alles.

Kittchen, n. Gefängnis. «Rin in't Kittchen!»

Kladderadatsch. Das Wort erregt die Vorstellung, daß eine volle Terrine oder ein Stoß Teller herunterstürzt. 1848 gab sich das Berliner Witzblatt diesen Namen, der den Zusammensturz des Alten bedeuten sollte.

Klafte, f. (zu Kluft gehörig) eine nörgelnde, unangenehme Frau.

klaften jehn einkaufen gehn, meist ohne sich zum Kauf zu entschließen.

Klamauk, m. früher: Klamauke. Sinnlose, lautstarke Aufregung, auch lärmende Festlichkeit.

klamm feucht, starr vor Kälte (in den Fingern). «Er is klamm.», er ist schlecht bei Kasse, er kann die Bewegung des Geldzählens nicht mehr machen.

Klamotte, f. zerbrochener Mauerstein. plur. auch ärmliches Mobiliar. Der Hauswirt sagt z. B.: «Nehm' Se man Ihre janzen Klamotten mit!» Auch alte Kleider sind ‹Klamotten›. ‹Klamottenburg›, nach dem Kriege für das zerstörte Charlottenburg gebraucht.

Klappe, f. Mund, Bett.

Klappmatismus, m. Mechanismus.

Klapsmühle, f. Nervenheilanstalt.

klar «Kommste mit?» «Na, klar!»

klasse ‹'ne klasse Sache›, eine besondere Sache. ‹Klassefrau›, rassige, elegante Frau. «Klasse is det!», hervorragend.

Klaue, f. Hand. «Er schreibt 'ne scheene Klaue.»

klauen stehlen.

Klau(en)weiße, f. fußloses Weißbierglas.

kleben ‹eenen eene (Ohrfeige) kleben›.

Kleedage, f. Kleider.

kleen klein. «Sowie er de Knallschote weghatte, war er uff eenmal janz kleen.», zahm. «Den wirste woll nich kleene kriejen.», nicht (mund)tot machen. «Kleen, aba oho!», klein, aber schneidig. «Det is nischt for kleene Kinder.»

Klemme, f. Verlegenheit. «Er sitzt in de Klemme.», er hat kein Geld.

klemmen stehlen; Partizip auch: jeklommen.

klieren schlecht schreiben.

Klietsch, m. nicht aufgegangener Kuchen, ‹klietschich›.

Klimbim, m. Festlichkeit. «Da is heute jroßa Klimbim (Mordsklimbim)!» Auch für Unsinn: «Mach keenen Klimbim!»

klimpern schlecht Klavier spielen. «Ick laß mir doch nich anne Wimpern klimpern!», ich lasse mir nichts gefallen.

Klitsche, f. kleines Besitztum auf dem Lande.

klönen andauernd über denselben Gegenstand reden. «Er hat ma de Ohren volljeklönt.» «Ick kann det Jeklöne nich hören.»

Kloon, m. Clown.

Kloppe, plur. Schläge.

Kloßbriehe, f. «Det is klar wie Kloßbriehe (wie dicke Tinte)!»

Klotz, m. (plur. Klötzer) Bauklötzer, Spielzeug. ‹Bauklötza staunen›. Aber plur. Klotzen: Holzpantoffeln.

klotzich plump. Als Adverb: sehr; besonders: klotzich teuer, klotzich reich.

kluckern vom Geräusch beim Ausgießen aus einer Flasche. Kluckerflaschen heißen in den Destillationen die barocken Schenkflaschen, dic nach der Mitte zu eingedrückt sind.

Kluft, f. (aus der Ganovensprache) Anzug.

Klump, m. Klotz. ‹in Klump fahren›, kurz und klein fahren. ‹in Klump gehen›, unbrauchbar werden. «Det is rejelrecht in Klump jejangen.»

Klumpatsch, m. lärmvoller, unsinniger Aufwand. ‹der janze Klumpatsch›, der ganze Quatsch.

Knaatsch, m. Unsinn, Ärger. «Mach keen Knaatsch!»

knacken «Det man allens so knackt.», parademäßig, mit Glanz.

Knall, m. «Hast woll'n Knall?», du bist wohl verrückt?

knallig in die Augen fallend. ‹'n knallijet Muster›.

Knallschote, f. Ohrfeige.

knapp «Aba nich zu knapp!», in hohem Grade.

knapsen sparen.

Knarre, f. Uhr, Gewehr.

Knast, m. (auch Knust, Knist) Buckel. ‹'n oller Knast›, ein alter Mann. Gefängnis.

Kneipjee, m. Gastwirt.

kneißen (auch kneisten) blinzeln, scharf hinsehen.

Knicker, m. Geizhals, auch ‹Knickstiebel›.

Knief, m. (von franz. canif) Taschenmesser.

knifflich (auch knüfflich, von knuffen) schwierig.

knille (auch knülle) stark betrunken.

knippern (auch knüppern) binden, knoten.

knipsen scharf abschneiden, lochen. Mit Papierkugeln knipsen (schießen). Aber auch: «Ick lasse mir knipsen.», fotografieren.

knobeln würfeln; auch ‹ausknobeln›.

Knobländer, plur. Knoblauchwürste.

Knobloch, m. Knoblauch.

Knochen, m. «Det liecht mir schon lange in de Knochen.», z. B. eine Krankheit. «Nu nummerier' dir man de Knochen!», beim Beginn einer Schlägerei. Auch: «Denn kannste deine Knochen in't Schnuppduch zu Hause draren!»

knochendrocken sehr trocken.

Knochenmühle, f. hieß früher die Turnlehrerbildungsanstalt in der Friedrichstraße; jetzt jede anstrengende Arbeit.

Knopp, m. für: Mensch; besonders ‹'n komischer Knopp›, ‹'n oller jemietlicher Knopp›.

knorke Ausdruck höchster Anerkennung; entstanden ca. 1925. Dieses Wort ist auch außerhalb Berlins als typisch berlinischer Ausdruck bekannt. «Knorke is dreimal so dufte wie schnaffte.»

Knote, m. ungehobelter Mensch. Adj.: knotig.

Knoten, m. «Mach dir'n Knoten in de Beene!» sagt man, wenn jemand seine langen Beine nicht unterzubringen weiß.

Knubben, m. Astknoten.

Knuddel, m. Knäuel; auch verdickte Stelle in oder unter der Haut; knuddeln (auch knudeln) zusammenballen.

Knüppel, m. länglich schmales Weißbrötchen; siehe Schrippe.

knüppeldick «Er hat et knüppeldick», er ist reich. Aber auch: «Er hat et knüppeldick hinter de Ohren!», er ist nicht so harmlos, wie er aussieht.

Knust, m. Stück Brot, Kanten.

koddern (auch koddeln) kleine Wäsche waschen. ‹Kodderwäsche›, alles, was früher in der Küche gewaschen wurde; siehe auch ‹verkoddert›.

koddrich (eigentlich unsauber) unpassend, frech; ‹'ne koddrije Schnauze›, ‹Kodderschnauze›. «Mir is koddrich zumute.», mir ist übel.

können «Ick kann Ihnen saren . . .», Sie können mir glauben. «Sowat kann mir nu ärjern!», das geht mir gegen den Strich. «Der kann *mir* doch nischt!» (nämlich anhaben). «Uns kann keener!» (auch lateinisch: ‹Nos nemo potest!›) «Wat *Sie* könn', det kann ick schon lange!» «Erst könn' vor Lachen!», es ist unmöglich. «Weeßt du, wat du mir kannst? Du kannst mir *janischt*!»

Köppken, n. (von Kopf) «Ick sare dir: *so'n* Köppken!» ‹'n ausjeruhtet Köppken›, ein Mensch, der gute Ideen hat.

Kohl, m. «Det macht'n Kohl nich fett!», das ist zu wenig, das schafft nicht. Geschwätz.

Kohldampf schieben (aus der Ganovensprache) Hunger haben.

Kohlrübe, f. Kopf. ‹Kohlrübenwinter› 1917–18, als es nur Kohlrüben zu essen gab.

kokeln mit Licht und Feuer spielen. Kokelfritze, Kokelliese.

Koks, m. ‹Jraf Koks von de Jasanstalt›, scherzhafter Adelstitel. «Red' keen Koks!», keinen Unsinn. «Haste Koks?», hast du Geld. Auch Bezeichnung für ein Glas Korn mit einem Stückchen Würfelzucker darin. «Mutta, der Mann mit'n Koks is da.» (Bekannter Schlager).

komisch oft für: sonderbar, auffallend. ‹'n komischet Benehm›. «Darin bin ick komisch.» «Sei nich komisch!», mach keine Umstände.

kommen «Ick wer dir jleich kommen, paß ma uff!» «Er is mir jrob jekommen.» «Uff meine Frau laß ick nischt kommen.», ich erlaube nicht, daß man ihr etwas Schlechtes nachsagt. «Kommste heute nicht, kommste morjen.» Im Sinne von kosten: «Wie hoch kommt'n det?» «Das kommt drei Mark (hoch, teuer).» «Komm' Se ma hierher, hier vastehn Se janischt.», wenn jemand zu leise spricht.

Kommode, f. Meist wird *Kammode* gesprochen. «Liebe mir, oder ick zerhack dir de Kommode!»

Konfusion, f. Durcheinander. «Det muß allens seine jehörije Konfusion ham!»

Konfusionsrat, m. konfuser Mensch.

kontreer (von franz. contraire) verkehrt. «Det jeht allens kontreer!» «In kontreeren Jejenteil.»

koofen kaufen. «Den wer'k mir mal koofen.», ihn zur Rede stellen, ihm den Standpunkt klarmachen. «Wer'n kennt, der kooft'n nich!» «Det haste dir woll jekooft, wie keena in Laden war?», es gestohlen. «Wat ick mir dafor koofe!»

Kopp, m. Kopf. «Det weeß ick aus'n Kopp.», auswendig. «Den wer'k uff'n Kopp komm'!», ihn schelten, strafen. «Ick kann'n doch nich vor'n Kopp stoßen.», ihn nicht kränken. «Ick weeß nich, wo mir der Kopp steht.» «Faß dir mal an' Kopp, ob de noch da bist!» «Den hab ick orntlich 'n Kopp jewaschen.» «Er is nich uff'n Kopp jefallen.» «Du kannst dir uff'n Kopp stellen.», du kannst dir noch so große Mühe geben, es hilft dir nichts. «Kiek ma aus't Fensta, wenn de keen Kopp hast!» «Wat man nich in Kopp hat, muß man in de Beene ham.», wenn einer etwas holen muß, was er vergessen hat. «Wat müßt ick da for'n Kopp ham!» (wenn ich das im Gedächtnis behalten sollte), sagt z. B. einer auf die Frage, wieviele Kinder er habe. «Man jut, det dir der Kopp anjewachsen is!» (sonst vergäßest du den auch). «Wenn eener varrickt wird, wird er't zuerst in Kopp.» «Wer weeß, wen *denn* der Kopp noch weh dut!», das erleben wir wohl nicht mehr.

Koppstück, n. Schlag an den Kopf.

koscher (jüd.) rein, echt. «Det kann ick valangen for mein koschert Jeld.»

Kosthappen, m. Bissen zum Kosten.

Kotzbrocken, m. unangenehmer Mensch, auch ‹Kotzproppen›.

kotzen sich erbrechen; zum Kotzen. Max Liebermann sagte über die Nazizeit: «Man kann nicht soviel fressen, wie man kotzen möchte!»

Krabbe, f. kleines Kind, junges Mädchen. ‹Süße Krabbe›, hübsches Kind.

krabbeln durcheinanderkriechen. Krabbelei.

Kracke, f. altes Pferd. ‹Musenkracke›, Pegasus.

Kränke, f. Krankheit. «Er kricht de Kränke vor Wut.» «Krist de Kränke!» (Ausruf des Ärgers).

Kraft, f. «Der kann vor Kraft nich loofen!»

Krakehl, m. Streit, rechthaberischer Lärm; krakehlen, Krakehler.

Krankheit, f. «Die beste Krankheit doocht zu nischt.»

Kranz, m. «Koof dir'n Kranz und wart uff'n Kirchhoff, bis de bejraben wirst.»

Kraren, m. «Ick denke, ma platzt der Kraren!» «Ick ham bei'n Kraren jekricht!»

Krarenweite, f. «Det is meine Krarenweite!», eine Sache oder Person, die mir gefällt (vgl. Halsweite).

Krawall, m. Lärm, Zank, Streit. ‹Krawalljöhre›, ‹Krawalltante›.

krebsen nicht recht vorankommen; ‹rumkrebsen›, nicht bei guter Gesundheit sein.

Krempel, m. alter Kram; ‹der janze Krempel›, die ganze Sache.

Kremser, m. großer Wagen für Landpartien (nach dem Hofagenten Kremser, der 1825 den ersten Verkehr mit vier- und mehrsitzigen Wagen zwischen Berlin und Charlottenburg einrichtete).

Krepierseite, f. «Er liecht uff de Krepierseite.», er macht nicht mehr lange.

Krete, f. Kröte. Ehemaliges Schimpfwort, heute eher wie ‹Aas› gebraucht, d.h. anerkennend: ‹nette Krete›, ‹niedliche Krete›, hübsches, flottes Mädchen. ‹Verfluchte Krete›, ‹schlaue Krete›, guter (nicht unbedingt braver) Schüler. Abfällig nur: «Du Krete!» oder «Die Krete!»

Kreten, plur. Geld. «Wenn ick bloß'n paa Kreten in de Tasche hätte!»

kretich kratzbürstig, leicht gereizt.

Kreuz, n. Rücken. «Ick zieh dir'n paa über't Kreuz!» «'n Kreuz wie ne Litfaßsäule!»

kribbelich reizbar.

kribbeln zucken. «Mir kribbelt's in de Finga.», es juckt mich, ihn zu schlagen. ‹kribbeln un wibbeln›, wimmeln.

kriejen bekommen. «Er kricht's mit de Angst.» «Mit eenmal kricht der't Loofen.» «Det wern wa schon kriejen!», in Ordnung bringen, herausbekommen. ‹bei'n Kraren kriejen›, fassen. «Laß dir man nich bei kriejen!», dabei erwischen. «Wat kriej ick dafor?» «'n Schlach mehr wie sonst.»

Kriere, f. (jüd.) Kälte.

Krips, m. Kehlkopf, nur in: ‹eenen bei'n Krips kriejen›.

krisselich kraus, von rauher Oberfläche.

Krone, f. Kopf. «Wat is 'n *den* in de Krone jefahrn?».

Kronsohn, m. «Na, oller Kronsohn!» gemütliche Begrüßung.

Kropzeug, n. (auch Kruppzeug) kleine Kinder; auch: Plebs.

Krückstock, m. Spazierstock mit Pfropfen. «Det fühlt doch'n Blinda mit'n Krückstock!»

krumm «Er liecht krumm.», er hat kein Geld. «Er is krumm, wenna sich bickt.», er gibt nicht gern.

Kuddelmuddel, m. großes Durcheinander.

Kühle Blonde, f. Weißbier. In dieser Benennung soll die Verehrung des Berliners für sein Weißbier zum Ausdruck kommen, doch wird bezweifelt, daß dieser Ausdruck ‹echt› ist.

kümmeln (im Spiel) gewinnen; ‹eenen kümmeln›, einen (Schnaps) trinken.

Kümmeltürke, m. (altes Studentenwort). «Er sauft wie'n Kümmeltürke.»

künstlich «Nu rech' dir man nich künstlich uff!»

Kuh, f. «Er steht wie de Kuh vor't neue Dor.» «Man wird so alt wie ne Kuh und lernt imma noch dazu.»

Kujon, m. (von franz. couillon) Schelm, Schurke.

kujonieren ärgern, schlecht behandeln, quälen.

Kule, f. Vertiefung im Boden, Grube. Lehmkule, Sandkule, Schinderkule, ‹Kule Wampe›.

Kulleroogen, plur. große, runde Augen.

Kulör, f. Farbe. Aber auch in übertragener Bedeutung: «*Die* Kulör kenn ick!» «Allens eene Kulör!», sie taugen alle nichts. «Dieselbe Kulör in Jrien, bloß 'n Schein dunkler.»

kulören (in der Konfektion) die passenden Farben zusammenstellen.

Kunde, m. «So'n faula Kunde.», nicht zahlungskräftig.

Kunstück! (jüd.) ironischer Ausruf.

Kute, f. Grube. Müllkute, Sandkute, Murmelkute.

L

Laatsch, m. (auch Lulaatsch) Mensch ohne Haltung; laatschen, nachlässig gehen; laatschich.

Laatschen, plur. Hausschuhe.

Laban, m. langer Mensch. Meist: langer Laban.

labberich weichlich (von Speisen).

lachen «Der lacht sich wat (eens)!», er setzt sich darüber hinweg. «Da kannste lachen!» «Mensch, ham *wir* jelacht!» «Da lachen ja de Hühner!» «Lange nich so jelacht!» (Kritik eines schlechten Witzes, einer reizlosen Anekdote; wird mit dem ernstesten Gesicht geäußert). «Wer lacht da?» (wenn alles still ist). «Na, det wär jelacht.» «Se wern lachen . . .», ist oft der Auftakt zu einem Bericht.

lackieren betrügen, hereinfallen lassen. «Ick bin der Lackierte.» Aber: «Ick hab ihn eene lackiert.», ihm eine Ohrfeige gegeben.

lackmeiern betrügen. Nur in der Form ‹gelackmeiert›.

Laden, m. jeder Raum, jede Gesellschaft, wo es sich um ein Geschäft oder Vergnügen handelt. «Nu klappt der Laden!»; ‹den Laden schmeißen›, eine Sache gut führen.

längelang der Länge nach. «Er is längelang hinjeschlaren.»

Lage, f. ‹'ne Lage schmeißen (ausgeben)›, für jeden Teilnehmer ein Glas Bier (einen Schnaps) bezahlen.

Lamberkeng (franz. lambrequin) Querbehang; ‹'ne Butterstulle mit Lamberkengs›, eine Stulle, die so reichlich belegt ist, daß der Aufschnitt ‹überhängt›.

lang «Wer lang *hat*, läßt lang *hängen*.» «Ick habe direkt *lang* jelejen (vor Lachen).» «Wenn Se so lang wärn, wie Se dumm sind, denn könnten Se aus der Dachrinne saufen.» «Lange Leitung!» (zu einem, der nicht sogleich begreift). ‹langet Ende›, ‹langet Laster›, sehr großer Mensch.

lange «Wat *der* is, det bin ick schon lange.» «Lange nich jesehn, un doch wiedaerkannt.»

langen reichen, ausreichen. «Lang mir mal det her.» «Det langt nich.» ‹sich eenen langen›, ihn fassen, vornehmen. «Den hamse sich jelangt.», eingesperrt. «Ick wer dir eene langen.», runterhauen. «Jetz langt's mir aba!», jetzt habe ich genug.

langsam «Langsam, aba sicha.» «Et hat langsam uffjehört, zu rejnen.» «Man imma langsam mit de jungen Ferde!»

langstielich (langstiezich) langweilig.

Lappe, f. der Lappen. ‹die Scheuerlappe›.

Lappen, plur. ‹durch de Lappen jehn›, entwischen, durchbrennen.

lappig schlaff, weich.

lassen «Er weeß sich nich zu lassen (vor Vergnügen).» «Laß mir!», laß mich in Ruhe. «Dun Se, wat Se nich lassen könn'.» «Laß mir ooch mal (ran)!» «Lassen Se man, ick weeß schon!», reden Sie nicht weiter (auch Ablehnung einer Beileidsbezeugung).

Laternenfahl, m. ‹'n Wink mit'n Laternenfahl›, ein deutlicher Wink. «Der kann sich hintern Laternenfahl anziehn.», er ist sehr dünn.

Latichte, f. Laterne. «Jehn Se mir mal'n bißken aus de Latichte!», aus dem Licht.

Latte, f. ‹'ne lange Latte›, langer Mensch. Aber: «Er hat 'ne lange Latte bei mir.», er ist mir viel schuldig.

Laube, f. «Fertich is de Laube.», das wäre geschafft.

lauern warten. «Mutta lauert mit'n Kaffe.»

Laune, f. ‹det macht Laune›, das macht Spaß, bringt in Stimmung.

Laus, f. «Ick wer mir doch keene Laus in' Pelz setzen.», ich werde mir nichts Unangenehmes aufladen. «Da kricht man ja Lause in' Bauch!», wenn ein

Trinker sieht, wie jemand Wasser trinkt. Lausejunge, Lauseknochen, Lauselümmel.

Lauseharke, f. Kamm.

lausen «Mir hamse orntlich jelaust.», viel Geld abgenommen. ‹lausich›, sehr, schlimm.

Lausenest, n. kleine Stadt oder Dorf (verächtlich).

Leben, n. ‹in Leben nich›, nie. «Wat kann det schlechte Leben nutzen!» «Ick wer mal 'n bißken Leben in de Bude bringen.» «Das Leben ist schön, aber teuer, man kann es billiger haben, aber dann ist es nicht so schön!» (Roda-Roda). «Das Leben is 'ne Hühnerleita, von oben bis unten ...» «Das Leben ist ein Kinderhemd – kurz und be-scheiden.»

leben «Sowat lebt nich!» «Leben Se so wohl als auch (janz besonders).» «Wovon leben 'n die Leute?» «Von Essen und Drinken.»

lebendig «Da mecht ick nich lebendich bejraben sind.» (z. B. in der kleinen Stadt X). «Der nimmt et (das Geld) von de Lebendijen, weil er't von de Doten nich kricht!»

Leberwurst, f. «Wie 'ne jekränkte Leberwurscht!»

Lehm, m. «Wer schmeißt'n da mit Lehm?», aus dem bekannten Lied der Claire Waldoff.

Lehmann «Det kann Lehmanns Kutscher ooch!», das ist kein Kunststück.

Leib, m. «Jeh mir von' Leibe!» «Beileibe nich!» nur ja nicht! «So bin ick an' janzen Leibe!», wenn man gelobt wird, etwa wegen einer zarten Aufmerksamkeit. «Der hat'n juten Schritt an' Leibe.»

Leiche, f. für Begräbnis. «Bei Berjemanns is heute 'ne Leiche.» «Er sieht aus wie 'ne lebendije Leiche (wie ne Leiche uff Urlaub).»

Leichenwagen, m. «Bestell dir man immer'n Leichenwagen!», zu jemandem, der ein Spiel sicher verlieren wird.

leicht «Man hat's nich leicht, wenn man schwer zu draren hat!»

Leichtsinn, m. «Det sachste so in dein' jugendlichen Leichtsinn!»

leid «Sie könn' ma wahaftich leid dun.» «Wissense, wat *Sie* mir könn'? *Leid* dun könnse mir!» «Dut ma leid un freit ma dichtich!»

leimen betrügen, einem das Geld im Spiel abnehmen. Auch (meist unter Schülern): sich wieder vertragen.

Leine, f. «Zieh Leine!», geh' fort!

leise weinend wird ohne eigentlichen Sinn angewendet, z. B. in «. . . un denn ziehn wa leise weinend nach Hause.»

leppern, sich «Et leppert sich wat zusamm'.», aus zerstreuten Kleinigkeiten. Lepperschulden, viele kleine Schulden.

lernen lehren. «Wer hat dir'n det jelernt?» «Ick wer dir lernen, Leute kujonieren.»

letztens neulich.

Lichter, n. plur. Kerzen. «Du ziehst Lichter!» sagt man zu Kindern, denen die Nase läuft.

lieb ‹Det liebe Jeld›. ‹Den lieben langen Tach›. ‹Det liebe Leiden›. ‹Seine liebe Not›. «Er hat det liebe Leben nich.»

liefern «Jetz biste jeliefert!», verloren.

liejen (drohend) «Wo willst'n liejen?» «Det liecht nich in ihn drin.», er hat keine Anlagen dazu. «Det liecht mal so drin.», das ist nicht zu ändern.

lila «Wie gehts?» «So lila.» Verdrehung von: so lala.

Lippe, f. ‹'ne Lippe riskiern›, sich getrauen, etwas zu sagen.

Litfaßsäule, f. «Er is vaschwiejen wie 'ne Litfaßsäule.» (vgl. Kreuz).

lobenswert «Eins A lobenswert, himmelblaue Seide!» (Kinderwort für schön).

Loden, plur. Locken, Haare.

Löffel, plur. Ohren. «Du krichst eins an de Löffeln!»

Löffelstiel, m. «Ick hab noch keen warm' Löffelstiel in' Leibe.», ich habe noch nichts Warmes gegessen.

Lokus, m. Abort.

loofen gehen. «Ick bin'n janzen Wech jeloofen.» «Det looft in't Jeld.», es wird kostspielig.

Lorke, f. (auch Lurke) schlechter Kaffee.

loseisen freimachen (bei hartnäckigem Widerstand).

losschießen «Na, nu schießen Se los!», sprechen Sie endlich!

Lot, n. ‹in't Lot bringen›, in Ordnung bringen, schlichten. «Allet in't Lot.»

Lowise Luise.

Lude, m. (von Ludwig) Strolch, Zuhälter, Stemmeisen der Einbrecher.

Luder, n. wie: Aas. ‹'n feinet Luder›, ‹dummet Luder›. Über Napoleon sagte man ironisch in Berlin: «Anständijer Kerl, aba'n dummet Luder.»

lüjen «Er lücht wie jedruckt.»

Lüttiti, m. (Ton auf der ersten Silbe). «Er hat'n kleenen Lüttiti.», einen Stich.

Luft, f. ‹an de frische Luft setzen›, hinauswerfen. «Halt de Luft an!», sei still, hör auf. «For *mir* is er Luft!», ich beachte ihn nicht mehr.

Lulaatsch, m. siehe Laatsch.

lumpen «Ick laß mir nich lumpen.», ich bezeige mich anständig.

lumpich schwach, unbedeutend, unanständig.

Lunte, f. «Ick rieche Lunte!», ich schöpfe Verdacht.

M

M. (auch Emm oder Emmchen geschrieben) Mark. «Det kost' wieda'n paa Emmchen.»

machen Aufforderung: «Mach, jib ma wat ab!» «Mach doch! Mach doch man zu!» «Wiste woll machen!» «Mach, dette raus kommst!» Kosten: «Wat macht'n det?» Reisen: «Er hat nach'n Spreewald jemacht.» Vom Schauspieler: «Er macht'n Lohenjrien.», daher auch: «Er macht'n wilden Mann», er stellt sich geisteskrank. «Bloß so *machen*!» sagt ein Kind mit den Augen zwinkernd zum andern, nur so tun. «Er macht in Ansichtskarten.», er handelt mit Ansichtskarten. «Det macht sich.», es läßt sich gut an. «Wat jemacht wern kann, wird jemacht.» «Det wern wa *nich* machen un et wird ooch jehn.» «Nich zu machen (nischt zu machen)!»

Macher, m. der ‹Macher von's Janze›, der Leiter.

madich (von Maden) gemein, schäbig. ‹'n madijer Hund›; ‹eenen madich machen›, heruntermachen, schlechtmachen.

mächtich sehr. «Er hat sich mächtich jefreut.»

Männe Abkürzung von Hermann. Auch Name für Dackel (Abkürzung von Waldmann).

Männeken Anrede für alte Männer.

Männer, plur. «Da missen Männer komm' un keene uffjewärmten Leichen!»

Magen, m. «Der liecht mir in' Magen (wie zehn Fund schwarze Seefe)!», er ist mir widerwärtig.

Maien, plur. Birkenzweige als Schmuck der Türen zu Pfingsten.

Maikeber, m. Der männliche Maikäfer heißt ‹Hahn›, der weibliche ‹Sie›; man erkennt die Männchen an den langen Fühlhörnern. Man unterscheidet:

‹Kaiser› mit violettem Schild, ‹König› mit rotem, ‹Prinz› mit violett-schwarzem, ‹Schornsteinfeger› mit schwarzem, ‹Müller› mit graubehaartem Schild. Ist der Maikäfer nicht *lustig*, so nimmt man ihn in die hohle Hand und pustet ihm so lange auf die Beine, bis er lustig wird. Das Garde-Füsilierregiment in der Kaiserzeit hieß ‹die Maikeber›, weil es alljährlich um die Maikäferzeit zu den Paraden nach Berlin kam.

Makulatur reden dummes Zeug reden.

man immer statt: nur (das der Berliner nicht kennt). «Na ick *sach* man!» «Laß man jut sind!» Verstärkt: man bloß. «Man bloß nich!» «Man bloß nich drängeln!» «Man bloß nich so dichte ran!»

mang (engl. among) unter, dazwischen. «Da is woll Mehl mang?» fragt die Mutter, wenn das Kind das Brot nicht essen will. «Imma mitten mang!» «Mang uns mang is eena mang, der nich mang uns mang jehört.» (vgl. S. 33).

Mangel, m. «Wejen Mangel an Menschenähnlichkeit!» (Antwort auf die Frage: «Warum ist denn der verhaftet worden?»).

Mann, m. «Mann Jottes!» (verwundert, mißbilligend). «Hast woll 'n kleenen Mann int Ohr?», bist wohl nicht ganz bei Troste.

Manoli «Du bist ja Manoli!», verrückt. Name einer früher sehr bekannten Zigarettenmarke; sie wurde durch eine Lichtreklame angepriesen, bei der durch aufleuchtende Glühkörper die gleiche kreisende Bewegung entstand, die man vor der Stirn macht, um anzudeuten, daß der andere wohl ein Rad im Kopf habe.

manschen mischen. «So'n jemanschtet Zeich (Zeug).» Manscherei.

Manschetten, plur. Furcht. «Er hat hellsche Manschetten.» «Davor ha'ick lange Manschetten.» In der Barock- und Rokokozeit hinderten die allzulangen Handmanschetten die Kavaliere manchmal daran, den Degen zu ziehen. Wer ‹lange Manschetten› hatte, fürchtete sich davor, angegriffen zu werden.

Marie (aus der Ganovensprache) Geld. ‹Dicke Marie›, viel Geld.

Mark «Det jeht mir durch Mark und Fennje.», durch Mark und Bein.

markieren vortäuschen. «Er markiert'n Dusslijen.», er stellt sich dumm.

Marks, n. Mark (der Knochen). «Er hat keen Marks in de Knochen.», er ist schwächlich.

Masche, f. «Wat feifst'n dauernd?» «Det is meine neue Masche.» (vgl. Art, Tour).

Masse, f. Menge. «De Masse muß et bringen!» (Redensart eines Straßenverkäufers: «Ick valiere an jeden Stick 'n Sechser; de Masse muß et bringen!»).

Massel, m. (jüd.) Glück. ‹Massel und Broche›, Glück und Segen.

Matratze, f. ‹an de Matratze horchen›, schlafen.

Matsch, m. Schmutz. Matschwetter, matschig.

Matz, m. (gekürzt aus Matthias) kleines Wesen, unbedeutender Mensch. «Wenn det nich wahr is, heeß ick Matz.» ‹Hosenmatz›.

mau unwohl. «Mir is so mau.» Dagegen: «Bei Lehmanns war et man mau.», dürftig, mittelmäßig.

mauern ängstlich, zurückhaltend verfahren; nicht bloß beim Skat.

Mauke, f. (Pferdekrankheit) Podagra. «Er hat de Mauke in de Beene.»

Mauken, m. plur. aus Flicken zusammengesetzte Zeugschuhe. Auch für: Füße.

Maul, n. «Er war wie uff't Maul jeschlaren.», er sagte kein Wort. «Er hats Maul vorne weg.», er ist vorlaut. «Du bist doch sonst nich uff't Maul jefallen.»

mausen stehlen.

Mauseschwänzchen Kosename.

mausich sich mausig machen, sich wichtig tun. «Mach dir man nich mausich.»

Mayer ‹mit'n weichen Ei›, d. h. mit ay.

Mazel siehe Massel

mechten mögen, möchten. «Det hätt ick mechten sehn!» «Det mechste woll?» Gespräch: «Ick mechte ooch ma wieda Kavia essen!» «Haste denn schon ma welchen jejessen?» «Nee, aba ick habe schon mal *jemecht.*»

meckern räsonieren, kritteln, nörgeln. Kennzeichen des Berliners. «Er meckert so vor sich hin.», hält Monologe. «Nett sein kann jeder, meckern is wichtich!» (Robert Gilbert). Eine Meckerei beginnt mit den Worten: «Wat ham die sich bloß jedacht?» ‹Alte Meckerliese›, Nörglerin.

Meechen, n. «Bist'n jutet Meechen, krichst ooch mal'n Mann for dir janz alleene!» ‹Meechen for allens!›, die Feuerwehr. «Junge, wie heeßt'n dein Lehra?» Junge, grimmig: «Ick hab keen Lehra, mir lernt'n Meechen!»

meenen sagen. ‹meenta›, sagt er. «Meense *mir* oda meense *mich?*» «Na, ick meene man bloß!», ich wollte ja nur eine Ansicht äußern. «Meenste nee?», bist du anderer Ansicht? Auch: «Du meenst woll nee!» «Der Ofen meents jut.», er ist stark geheizt.

mehr «Da kann *mehr* liejen.», wenn jemand etwas fallenläßt. Auch: «Da hat noch mehr Platz.» «Mehr *wern't* nich.» (beim Geldzählen).

mehrére (mehrérere) mehrere.

Meile, f. «Er macht aus 'ne Meile sieben Viertel.», er ist umständlich. «Det riecht man doch drei Meilen jejen 'n Wind.», da ist etwas nicht in Ordnung.

mein beim Erzählen zur Hervorhebung des Helden: «Mein Karl, nich faul, haut ihn eene.»

Meiran, m. Majoran.

melden «Meld sich ooch janich.», nämlich der Gegenstand, den man sucht. «Der hat zehause nischt zu melden.», er ist ein Pantoffelheld.

Menkenke, f. von ‹mengen› oder ‹mischen› abgeleitetes lautmalerisches Wort für turbulente Umstände und dumme Geschichten. «Machen Se keene Menkenke!»

Mensch, m. auch ‹Mönsch› gesprochen, eins der wichtigsten Berliner Wörter, drückt, je nachdem, womit es gekoppelt ist, Freude, Mitgefühl, Verwunderung aus. «Mensch, Willy!», beim Wiedersehn. «Mensch, Meier!», beim Anblick einer schlimmen Sache. «Mensch, Mutta, zieh mir doch nich so!», der kleine Junge an der Hand zu seiner Mutter. «Menschenskind, wo hamse dich denn so zujericht?», zu einem Betrunkenen. «Ick wa keen Mensch mehr.», vor Erschöpfung. «Det is ja nich menschenmöglich!», empört. «Hier kamma vor lauta Menschen nischt sehn.» «Se ham woll noch nie'n Menschen jesehn?», wenn man angestarrt wird.

Menschheit, f. «Er wird uff de leidende Menschheit losjelassen.», von einem Mediziner, der soeben das Staatsexamen bestanden hat. «Da war 'ne schrecklije Menschheit.», sehr viele Menschen.

merken «Merkste wat?» «Du merkst aba ooch allet.» «'n jeborner Merker!» (ironisch, Wortspiel mit Märker, Mark Brandenburg).

meschugge (jüd.) verrückt. «Meschugge is Trumpf!»

metallisch Wenn man etwas Gutes genossen, z. B. eine Flasche Rüdesheimer getrunken hat, sagt man: «Wenn bloß der metallische Nachjeschmack nich wär!», wenn man nur nicht bezahlen müßte.

Meter, m. für Mark (Geld).

Mezije, f. (jüd.) günstiger Einkauf.

Mief, m. schlechte Luft. «Bessa warma Mief als kalta Ozon.» ‹Miefquirl›, Ventilator.

miekrich (mickerich) kränklich.

mierich schäbig.

Mies, f. Katze, Miesekatze (Kinderwort).

mies (jüd.) häßlich, unangenehm (von Personen und Sachen). «Mir is mies.» ‹'ne miese Seeje›, eine unangenehme Frau.

miesepetrich mißgestimmt, verdrießlich, Miesepeter.

Mieze, f. (auch Mieke) Marie. «Mein Miezekin!» (Kosewort). Auch Lockruf für die Katze.

mir ‹mir nischt, dir nischt›, ohne ein Wort der Erklärung. «So mir nischt dir nischt wegbleim, det jeht nich.» ‹Von mir nischt dir nischt›, ohne Ursache. «So von mir nischt dir nischt kann keen Feier auskommen.» «Det sollte man eener zu *mir* saren!» (Antwort auf ein Schimpfwort). Der Berliner sagt *immer* ‹mir›, sogar wenn's richtig ist (vgl. S. 49).

Mischpoke, f. (von jüd. Meschpoche) Verwandtschaft, (nicht sehr hoch geschätzte) Gesellschaft. «De janze Mischpoke war da.», alle Bekannten.

Mist, m. «Det is doch ooch nich uff den sein Mist jewachsen.», es stammt nicht von ihm.

mitkriegen verstehen. «Det haste woll janich mitjekricht?»

Molle, f. Glas Bier. ‹'ne Molle und 'n Korn›. ‹'ne Molle zischen›. «Et jießt mit Mollen.», es regnet sehr stark.

Mollenfriedhof, m. dicker Bauch.

mollig warm, traulich, bequem.

Moment, m. «Jetz kommt der Moment, wo der Affe in't Wassa springt.», jetzt geht es los (z. B. die Tischrede).

momentan «Er is jejenwärtich nich momentan.», augenblicklich nicht anwesend.

Moos, n. (jüd.) Geld.

moralisch «Die Sache hat keen moralischen Hinterjrund.», keinen Zweck.

Muckefuck, m. Ersatzkaffee.

mucksen mucken. «Nich jemuckst!»

mudicke (auch maudicke, mudich, musich) angefault, von Obst.

Muffe, f. Verbindungsstück zwischen Rohren. «Dir hamse woll mit de Muffe jebufft!», du bist wohl nicht ganz normal.

muffich maulfaul, mürrisch.

mulmich bedenklich, faul. «Die Sache wird mulmich.»

Mumm, m. «Er hat keen Mumm.», keinen Mut. «Da is keen Mumm drin.», kein rechter Zug.

Mumpitz, m. Unsinn.

munkeln «Et munkelt wat.», man spricht davon, es gehen unbestimmte Gerüchte.

murklich unansehnlich, abgenutzt.

Murks, m. schlechte Arbeit. «Det is Murks.» «Wat murkste denn da imma rum!» ‹abjemurkst›, ermordet.

Murmel, f. Tonkügelchen. Das Wort ist aus Marmor (Marmelstein) entstanden.

Musspritze, f. Regenschirm.

Mustopp, m. «Du kommst woll aus'n Mustopp!», du merkst das reichlich spät.

mutschich angefault und deshalb weich.

Mutter, f. ‹bei Muttern›, zu Hause. «Hier schmeckts wie bei Muttern.»

N

na wird gebraucht als Bekräftigung: ‹na ob›, ‹na und ob›; als Verneinung: ‹na ooch noch›, ‹na, det fehlte noch›; als Ausdruck des Erstaunens: ‹na sowat›, ‹na, wissen Se›, und der Entrüstung: ‹na, wat'n noch›. Wenn man etwas will, aber auch darauf verzichten kann, sagt man: «Na, denn nich, liebe Tante!»

nachjeschmissen sehr billig (wird nur in der Vergangenheitsform gebraucht). «Det hamse mir nachjeschmissen, wie ick nach de Zeit jefracht habe.»

Nachtijall, f. «Nachtijall, ick hör dir trapsen!», ich merke etwas. Ursprünglicher Vers: «Nachtigall, ich hör dir laufen – aus das Bächlein tust du saufen ...»

nachtschlafend bei nachtschlafender Zeit.

nanu eine der häufigsten Interjektionen als Ausdruck der verschiedensten Seelenstimmungen, der Verwunderung, des Mitleids, der Entrüstung usw. Bei den vielen Verbindungen von ‹nanu› mit nachfolgenden Wörtern und Sätzen muß man sehr genau darauf achten, ob das ‹nanu› als geschlossenes Wort gesprochen wird oder ob es sich um zwei getrennte Wörter handelt, also: «Na, nu reichts mir!» «Na, nu hau ab!» «Nanu nee.» «Wat sachste nanu?» «Na, nu wirds Tach!» Auch für franz. ‹nous› in: «Janz entre nanu.»

Nasenpopel, m. verächtlicher Mensch. «Se sehn mir woll hier for'n Nasenpopel an?»

Nasenquetscher schlechter, billiger Sarg. (Der Armensarg hatte früher einen platten Deckel.)

Naute, f. (jüd.) Gebäck aus Honig und Mohn. Die echte Naute wurde bei Kindern scharf von der geringeren Bonbonnaute unterschieden.

nebbich (jüd.) unwichtig, dumm, überflüssig. ‹Ein Nebbich›, ein Niemand.

Nebbochant, m. wichtigtuender, störender Nichtstuer und Nichtskönner.

Nebel, m. «Fällt aus wejen Nebel.»

nee nein; doch verneint ‹nee› bei weitem nicht so entschieden wie ‹nein›. «Nee, aba sowat!» (Ausruf der Verwunderung). «Nee?» (wie «Nanu?» als Ausdruck ungläubiger Verwunderung). «Nee! Sie vielleicht?» (Verneinung und Gegenfrage). «Wissen Se schon?» «Nee, Sie?» «Du denkst woll nee?» «I Jott nee doch!» (starke Verwunderung, etwa: Ich weiß gar nicht, was ich zu solcher Dummheit sagen soll). «Nee, wissen Se, nee.» (Ausdruck der Hoffnungslosigkeit).

Neid, m. «Nur keen Neid; wer hat, der hat!»

Neidhammel, m. neidischer Mensch.

nei-en sehr starke Verneinung.

nelen (auch nölen) zögern, langsam sein. «Olle Nele!». Nelpeter, Nelsuse.

neppen zu hohe Preise nehmen. Nepp-Lokal.

Nese, f. Nase. «Een Schlach, un de Nese sitzt hinten.» «Ick hab de Nese voll.» (auch ‹pleng›, von franz. plein), ich habe genug davon. «Er wird sich de Nese bejießen.», zuviel trinken. «Jetz bin ick Nese.», reingefallen. ‹Aus de Nese ziehn›, jemand etwas abnötigen, was er ungern gibt. «Det hatta sich aus de Nese jehn lassen.», sich entgehen lassen. «Ihn' hat woll lange nich de Nese jeblut'?» «Det wer'k ihn nochmal unter de Nese reiben!» «Det hat ihn lange in de Nese jestochen», ihn lange gereizt. «Mußte ihn denn jeden Dreck uff de Nese binden?», ihm alles erzählen? «Deine Nese kricht Junge.» (bei Gesichtsschwellungen, Pickeln).

nich ohne sehr gut. «Die Molle war nich ohne!»

nichtsdestotrotz scherzhaft für nichtsdestoweniger.

Nicken, Nücken «Er hat seine Nücken.», seine eigensinnigen Launen. «Den wer'k die Nicken ausdreiben.»

nicken ‹'n bißken nicken›, schlummern (nur im Sitzen). ‹'n Nickerchen›, Nachmittagsschläfchen.

nie «Det jeht wie noch nie!» sehr gut.

nieseln leicht regnen.

Nieselpriem, m. langweiliger Mensch.

nimm se du se dir se, se duse dirse doch fängt eigentlich an: «Na wennse dir se doch so jefällt, denn nimm se ... usw. (scherzhafte Häufung des Pronomens *sie*).

Nimm «Er is vom Stamme Nimm!», er ist habgierig.

nischt nichts. ‹For nischt un wieda nischt›, ohne jeden Grund. «For nischt is nischt.» «Nischt zu wollen!», es ist nichts zu machen. «Wat hamse denn dafor jeje'm?» «Nischt!» «Na, nischt is jut for de Oogen.» Man fragte den Briefträger: «Is an mir nischt?», und er erwiderte doppelsinnig: «Nee, an Ihn' is nischt (auch janischt).» ‹Keen Nischt un keen Janischt›, ganz und gar nichts. «Nischt Jenauet weeß man nich.» (vgl. janischt).

nobel «Nobel muß de Welt zujrunde jehn!»

Noblenz Koblenz (auch Knoblenz) für ‹nolens volens›.

noch «Na; denn is et *ooch* noch so!» (wie es vorher war), das ändert nichts.

nörjeln pedantisch tadeln. Nörjelei, nörjelich, Nörjler.

Noten, f. plur. ‹Keile nach Noten›, nachdrückliche Schläge.

Nuckelpinne, f. langsames, schlechtes Auto oder Motorrad.

nuddeln den Leierkasten drehen, auch zögern. «Er nuddelt so rum.»

Nudel, f. ulkiger, lustiger, gemütlicher Mensch. ‹Amisiernudel›.

Nulpe, f. u. m. «Ick steh jetz da wie Nulpe.», blamiert. «Det is ne richtje Nulpe.», ein willenloser Mensch.

Nummer, f. für Sache, Exemplar, Handlung, doch auch tadelnd von Personen: «Det is 'ne Numma!» «'ne feine (dufte) Numma!» ‹Numma Sicha›, Polizeiwache, Gefängnis.

nuttich unbedeutend, schlecht; auch zierlich. ‹Nutte›, Straßenmädchen.

Obacht geben achtgeben.

oben ‹obenuff sein›, vergnügt sein; ‹oben jehn›, ‹nach oben jehn›, nach Hause gehen.

Ober, m. Oberkellner. ‹Herr Oberon›, ‹Herr Oberkörper›.

oberfaul sehr schwach, schlecht.

Obermime, m. ‹Der Obermime von's Janze›, der Leiter.

Obst, n. «Danke for Obst (Backobst) un andre Südfrüchte.»

och ach. «Och du – mach doch!», beeil dich doch.

oder als Verstärkung: «. . . un da ha'ick aba jelacht!» «Oda icke!»

öberste oberste.

öfter «Machen Se det öfta?», wenn einer etwas umwirft. Nach einem schlechten Witz, einer dummen Bemerkung: «Kriejen Se det öfta?» (dies Gehirnleiden).

ölf (ölwe) elf.

Öljötze, m. steifer, langweiliger Mensch. Immer: «Er sitzt (nie: steht, liegt) da wie'n Öljötze.»

Ölkopp, m. «Er hatt'n Ölkopp.», er ist betrunken, oder: er hat einen Kater.

Ohr, n. «Schreib dir det hinta de Ohren!», merk dir das. «Du *sitzt* woll uff de Ohren?», du kannst wohl nicht hören? ‹Sich uff't Ohr lejen›, sich schlafen legen. «Der kann sich alleene wat in't Ohr saren!» (von einem Menschen mit großem Mund). «Ick hab ma de Nacht um de Ohren jeschlaren.», ich habe nicht geschlafen. ‹Über't Ohr haun›, übervorteilen. (vgl. ufknöppen).

Olle, m., f., n. Alte. ‹Meine Olle›, meine Frau. Auch zärtlich: ‹Olleken›. ‹Der Olle›, oft Spitzname des Chefs oder Direktors. ‹Oller› ist Prädikat der Gemütlichkeit, aber auch der respektvollen Verehrung: ‹der olle Schadow›, ‹oller Schwede›. ‹'ne jute, olle Haut›. Hingegen auch ‹oller Stiesel›, ‹oller Idiot›. «Welchen Krause meenste denn?» «Na, den Sohn von den ollen Krause.» Das Wort kommt nur in flektierten Formen vor; man kann sagen: «Er is'n oller Mann.», aber nicht: «Er is oll.»

Onkel, m. gemütliche Bezeichnung, auch für fremde Menschen. «Fraren Se doch mal, wat der Onkel will.» ‹Onkel› ist auch das Fußgelenk. «Sie jeht üba'n (jroßen) Onkel.», sie verdreht beim Gehen den Fuß.

Onkel Pelle, m. komische Figur bei Kinderfesten.

ooch auch. «Weeßte schon?» «Nee; du ooch nich?» «Ju'n Tach ooch.» «*Ooch* nich schlecht!» (ironisch). «Ick bin ooch nich so.», ich tue es gern. «Na, *ooch* jut!», mag es drum sein. ‹Ooch noch . . .› (ironisch), z. B. «Die Tänzerin ist aber schlecht.» «Na, hörn Se mal, danzen sollse ooch noch könn'?»

Ooge, n. Auge. Das ‹g› in Ooge wird manchmal mit leisem Anklang an ‹r› gesprochen, also: ‹Oore›. «Det paßt, wie de Faust uff't Oore!» (ironisch: es paßt gar nicht). Aber: «Hinter mir ha'ick keene Oogen.» (Entschuldigung, wenn man einen gestoßen hat, weil man ihm den Rücken zuwandte.) «Er macht Oogen wie'n jestochnet Kalb.» «Bei dir sind ooch de Oogen jrößer wie der Magen!» (wenn einer sich mehr auf den Teller genommen hat, als er essen kann). «Wie leicht konnte det in't Oore jehn!», wenn etwas hinfällt. «Det konnte ooch in't vakehrte Oore jehn.», mißglükken. «Dem hamse'n Stick Jlas in't Ooge jetreten.» (von einem, der ein Monokel trägt). «Ick muß erst'n paa Oogen voll Schlaf nehm'.» «Er is noch mit'n blauet Ooge davonjekomm'.» «Da bleibt keen Ooge drocken.» (ursprünglich von der Wirkung einer Predigt). «Wat sehn meine entzindeten Oogen?»

Oogenblick, m. Augenblick. «Oogenblick, Se wern jleich rasiert!» (freundliche Aufforderung, sich zu gedulden).

Opodéldok, m., n. altes Hausmittel zur Behandlung rheumatischer Beschwerden. «Daher der Name Opodeldok!» (Ausruf des Erstaunens, ohne Bezug auf den Namen des Heilmittels).

Orje Georg.

orntlich ordentlich, wirklich. «Det hat orntlich jeblitzt!» «Den hamse orntlich zujedeckt.»

Ornung, f. Ordnung. «Ornung rejiert de Welt, un een Knippel de Leute.» «In Ornung!», sehr gut. «Die Nuckelpinne is schwer in Ornung.»

Oskar «Frech wie Oskar!», ganz besonders frech.

Otto siehe ‹schreejer Otto›.

P

Pachulke, m. (poln.) ungeschlachter Mensch.

Package, f. (vom franz. bagage, mit Anlehnung an Pack) Bande, Gesindel.

Padde, f. (auch Paddex, m.) Frosch.

Palme, f. ‹uff de Palme sein›, sehr aufgeregt sein. «Det is um uff die Palme zu klettern.», das ist nicht zum Aushalten.

Pampe, f. weiche, breiartige Masse.

pampich frech, anmaßend. «Na, nu wer man nich pampich, du!»

Pansch, m. (franz. panse) Bauch.

Pantinen, plur. Holzschuhe. «Kipp nich aus de Pantin'!» (wenn einer stolpert). «Ick hau dir eene, det de aus de Pantin' kippst!»

Papierkragen, m. «Nu platzt ma der Papierkragen.», jetzt werde ich wütend.

‹Pappa und Mamma› «Jestern hab'ick einen Rotwein jetrunken, der konnte ‹Pappa und Mamma› sagen.», der war erstklassig.

Pappe, f. «Det is nich von Pappe.», nicht schlecht.

par Order di Mufti scherzhaft: auf höheren Befehl.

partu (franz. partout) durchaus. «Er will partu nich.»

passen gefallen. «Det paßt ma nich.», das mißfällt mir, das laß ich mir nicht bieten. «Det kennte dir so passen.», das könnte dir wohl gefallen.

passieren geschehen. «Det kann jeden passiern.»

patent begabt, elegant. In Zusammensetzungen verstärkt es die Verneinung: Patentfatzke, Patentekel.

Patent, n. «Da lassen Se sich man 'n Patent druff jeben!» (wenn einer etwas ganz Nichtiges oder Albernes vorbringt).

Patzen, m. Fettfleck. Als Verb: etwas schlecht machen, auch: verpatzen.

patzich unhöflich abweisend in Antworten.

Pelle, f. (von ital. pella) Haut. «Er jeht mir doch nich von de Pelle!»

pennen schlafen. ‹Pennbruder›, Obdachloser.

Penunse, f. (poln.) Geld.

per Tallje ‹per Tallje jehn›, ohne Mantel gehen.

pesen (vom engl. pace) schnell laufen, rennen. (vgl. ‹anjepeest›, angelaufen).

Pete, m. Pfandleiher. «Se ham allens bei Peten jetraren.» Stammt wahrscheinlich aus dem Lateinischen, von ‹mons pietatis›.

pettern (auch pötern) herumstochern, sich an einem Gegenstand (z. B. einem Schloß) abmühen.

petzen anzeigen (Schulausdruck). «Alte Petze!»

picheln (eigentlich pegeln, von der Marke am Glas) trinken, zechen.

pico bello sehr fein.

Pieke, f. (franz. pique) Groll. «Er hat 'ne Pieke uff mir.»

piekfein (jüd.) sehr fein.

piep «Er kann nich mehr piep saren.», keinen Laut mehr von sich geben.

Piepe, f. Wertlose Weidenpfeife, die jedes Kind wegwirft, wenn es einmal darauf gespielt hat, daher: «Det is mir schnurz un piepe.» (schnurz, wie schnuppe, das weggeschnippte Ende des Kerzendochtes). Als Adjektiv: gleichgültig. «Mir is allens piepe.»

Piepen, plur. Geld. ‹Die paa Piepen›, das bißchen Geld (viele Piepen gibt es nicht).

Piepmatz, m. Piepvogel, besonders auf Orden (Adler) angewendet. Auch Adler auf dem Siegel der Gerichtsvollzieher (Pleitegeier). «Hast woll'n Piepmatz?», du bist wohl verrückt?

Pieraas, m. (plur. Piereser) Regenwurm.

piesacken peinigen.

pimpeln empfindlich sein oder tun; pimplich. Pimpelfritze, Pimpelliese, sich verpimpeln.

Pimperlinge, m. plur. Geld; namentlich: ‹de letzten Pimperlinge›.

Pinke, f. Geld, Geldbeutel (eigentlich die gemeinschaftliche Kasse bei gewissen Spielen).

Pinkel, m. ‹'n feiner Pinkel›, ein eleganter Mann.

Pinne, f. kleiner Nagel, Lüge.

pinnen lügen. «Er pinnt uns wat vor.»

pladdern triefen, stark regnen.

plärren schreien, weinen (wird nur von Kindern gesagt). Plärrliese.

Plansch, m. Nässe, Regen.

platt flach, gedrückt, niedergebügelt, verblüfft. «Ick wa platt!»

Platze, f. Gallenschmerzen. «Er ärjert sich de Platze.» «Det is ja, um de Platze zu kriejen.»

Plauze, f. (slaw.) Bauch. ‹sich de Plauze vollschlagen›.

Pleite, f. (jüd.) Bankrott. «Na, *die* Pleite!» ‹Pleitegeier› (Reichsadler).

Pli m. (franz.) Falte, Wendung. Schneiderausdruck für modisches Zubehör. «Er hat keinen Pli.», keinen Schick. ‹Und dann die Jupons voller Pli›, aus einem alten Berliner Chanson.

plieren triefen (von den Augen). ‹Plieroogen› Triefaugen, ‹plierich›.

Plinsen, f. plur. (slawisch) Pfannkuchen. Auch: ‹Plinze backen›.

plinsen weinen, kommt vom sächsischen ‹plinzen› (blinzeln).

Plumpe, f. Schwengelbrunnen. ‹Auf der Plumpe›, im Stadtteil Gesundbrunnen.

plumpsen mit Geräusch ins Wasser fallen. «Da schmeiß ick't lieba in de Spree – da hör ick's wenichstens plumpsen.», wenn man Geld an einen unsicheren Mann verleihen soll.

Plunder, m. Lumpen.

plundrich schäbig, unansehnlich.

Plurre f. (auch Plürre) Ersatzkaffee.

Plutz, m. «Er kommt uff'n Plutz.», plötzlich, unerwartet. Knall und Fall.

pö a pö, pe a pe (von franz. peu à peu) nach und nach.

Pojatz, m. (wahrscheinlich von Bajazzo) Faxenmacher.

Pojauke, m. ungeschliffener Mensch.

Polente, plur. Polizei.

Polier, m. (von franz. parler) Sprecher, Parlierer, Vormann der Maurer und Zimmerleute; Maurerpolier.

polken bohren. ‹Rosinen aus'n Kuchen polken›.

pomade (poln. pomalu) langsam. «Is mir pomade.», gleichgültig.

Polyp, m. (aus der Gaunersprache) Polizist.

poplich geizig, armselig.

Posen, plur. Federn. ‹in de Posen jehn›, zu Bett gehen.

Potsdorf Potsdam.

power (franz. pauvre) arm. «Die Armut kommt von der Powerteh.» (Fritz Reuter).

Präsentierteller, m. «Wir sitzen hier wie uff'm Präsentierteller.», allen Blikken ausgesetzt.

pratschen prahlerisch auftreten; pratschig: auffallend, groß und geschmacklos.

predijen «Zweemal predicht der Paster nich!»

Pree, n. Vorrecht, Vortritt.

prepeln essen.

preschen rennen, eilen.

Preußen ‹bei Preußens›, beim Militär.

Primeltopp, m. «Er jrient wie'n Primeltopp.» (Wortspiel: grünen und grinsen.)

Pröppke «Er sitzt da wie Pröppke.», dick und behaglich.

propper (franz. propre) sauber.

Publikus, m. (plur. Publikümmer) Publikum. «Die Jeschmäcker der Publikümmer sind verschieden.»

Puckel, m. Buckel, Rücken. «Sie könn' mir'n Puckel langrutschen.»

puckeln, sich (mit etwas) etwas Schweres tragen.

puckern pulsieren, z. B. das gleichmäßige Klopfen in einer eitrigen Wunde «Et puckert un muckert.»

pünktlich «Pünktlich wie de Maurer!» (angeblich lassen die Maurer, wenn es Feierabend schlägt, den Stein fallen, den sie in der Hand haben).

Puff, m. Stoß. Auch: Bordell (aus der Studentensprache: zu Ende des 18. Jahrhunderts gab es ein berüchtigtes ‹Gasthaus Puff› in Halle).

pulen zupfen, herumfingern.

Pulle, f. (von lat. ampulla) Flasche. Diminutiv: Pülleken. «Det war'n Schluck aus de Pulle.», eine unverhofft gute, einträgliche Sache.

Punkt, m. Schluß. «Na, nu machen Se man 'n Punkt!»

Puppenlappen, m. Zeugfetzen für die Puppen kleiner Mädchen. «Jib mir meine Puppenlappen wieda!» Scherzhaft unter Frauen für: ich bin mit dir böse. «Ick hau' dir zu Puppenlappen!», ich haue dich kurz und klein.

Puschel, m. u. f. Quaste; fixe Idee, gelinde Verrücktheit, ulkige Angewohnheit. «Det is sein Puschel!»

Pussel, m. kleines Wesen. Zärtlich: «Mein Pusselken.»

pusseln sich mit Kleinigkeiten zu schaffen machen. «Er pusselt so rum.»; pusselich, Pusselfritze.

Puste, f. Atem. «Mir jeht de Puste aus.», auch: mein Geld geht zu Ende. «Dir pust ick aus 'n Anzug!», Drohung.

Pusteblume, f. die in Samen geschossene Butterblume (s. d.). Die Kinder blasen (pusten) einmal stark auf die Fasern; bleibt keine am Stengel, so bedeutet es, daß sie ein Geschenk bekommen werden.

Pustekuchen! starke Verneinung; soviel wie ‹denkste!›, drückt gleichzeitig eine leichte Schadenfreude aus. Wahrscheinlich nach dem Pust(e)kuchen-Skandal 1828 entstanden. (Der schriftstellernde Pfarrer J. Fr. W. Pust(e)-kuchen hatte es gewagt, Goethes ‹Wilhelm Meisters Lehrjahre› anonym fortzusetzen, war damit aber jämmerlich hereingefallen.)

Putt, putt Geld (weil man beim Geldzählen dieselbe Fingerbewegung wie beim Locken der ‹Putthühner› macht). «Der hat Putt, putt.»

putzich drollig, possierlich. ‹'ne putzije Kruke›.

Q

quackeln unnütze Redensarten machen. quacklich, Quackelei, Quackelfritze. Auch: Quaddelfritze. Die Worte ‹Quak› und ‹Quat› waren ursprünglich Verhöhnungen der niederdeutschen Sprache. Den Hochdeutschen war die Sprache so unverständlich, daß sie die Niederdeutschen scherzhaft ‹Quatländer› nannten.

Quaddeln, f. plur. Schwellungen auf der Haut.

quängeln unzufrieden, mißmutig reden; quänglich, Quängelei, Quängelfritze, Quängelliese.

quarren schreien (von Kindern).

quasseln unnütz reden. Quasselei.

Quasselstrippe, f. Telefon.

Quatsch, m. Vieldeutiges Wort. Vor allem bezeichnet ‹Quatsch› sinnloses Gerede (siehe quackeln), doch bedeutet es auch Unfug (Quatsch machen) und sogar das Geräusch, das der Tritt in einer nassen Wiese verursacht. Quatschkopp, Quatsch mit Soße, Quatschkommode (für Radioapparat). «Machen Se man keen Quatsch!» heißt: richten Sie kein Unheil an. «Der macht den Quatsch noch quätscher.» «Quatsch nich, Krause!» «Quatsch keene Opern!»

quatschnaß (auch quitschnaß) patschnaß.

Quese, f. Blase, die sich durch Druck oder Reibung unter der Haut bildet. Quesenkopp, verrückter Mensch.

Quetsche, f. kleiner, Laden, kleines Gut.

Quetschkommode, f. Ziehharmonika.

R

Radau, m. Lärm. Lautmalerisches Wort. Es drückt das Vergnügen des Berliners am fröhlichen Lärm aus.

Radaubruder, m. Unangenehmer Mensch, der Lärm und Streit sucht.

Radaumütze, f. Papiermütze, wie sie bei Bockbierfesten getragen wird.

Räuberpistole, f. eine aufregende Erzählung, die mit der Wahrheit nicht übereinstimmt.

Rage, f. (franz.) Wut.

rammdösich dumm, vernagelt.

Ramme, f. «Imma ran an de Ramme!» (Ruf des Poliers beim Rammen der großen Holzpfähle). Aufforderung zum Trinken.

ramponieren beschädigen. (Die Handelssprache kennt eine ‹Ramponage› der Kollis.)

Ramsch, m. Warenreste; etwas ‹in Ramsch koofen›, in Bausch und Bogen kaufen; ramschen, verramschen.

Randal, m. Lärm; randalieren.

ranjehn «Da jehn wa ran (wie Blücher)!», das machen wir mit, das wollen wir genießen. «Da jeh ick nich ran.», das wage ich nicht, darauf lasse ich mich nicht ein.

ranklotzen Geld riskieren. «Wie ick merkte, et jing, bin ick eklich ranjeklotzt.»

rankommen «Na komm doch mal ran! Hast woll Bange?» Auch: aufgerufen werden (in der Schule); ebenso: rannehmen.

ranschmeißen, sich sich aufdrängen.

Raupe, f. «Er hat Raupen in' Kopp.», sonderbare Einfälle.

Raupensammlung, f. «Der fehlt mir jrade noch in meine Raupensammlung.»

raus heraus. «Det hatta raus.», das versteht er. «Et jibt wat raus.», nämlich Schläge. «Nu aba raus!» (bei einem zu faulen oder zu gewagten Witz). ‹Rauße Oogen›, hervorstehende Augen.

rausbeißen «Er beißt 'n Jebildeten raus.», er pocht auf seine Bildung.

rauskommen «Dabei kommt nischt raus.», das nützt nichts. «Wat wird'n da jroß bei rauskommen?»

rausmachen, sich schöner, ansehnlicher werden.

rausreißen «Det kann mir jrade noch rausreißen!», mich retten (ironisch).

Rausschmeißer, m. der letzte Tanz bei einem Tanzvergnügen.

Recht, n. «Recht haste, aba Quatsch is 't doch.»

rechter Arm, m. «Ach, *den* meenen Se? Det is doch der, der bloß een rechten Arm hat!»

Rede, f. «Vajessen Se Ihre Rede nich!», wenn man einen unterbricht. «Det *is* ja meine Rede (seit Siebzich)!», das habe ich ja immer gesagt.

reden «Du kannst lange reden, eh mir 'n Wort jefällt!» «Nu haste jeredt, nu drink ooch mal!» «Is ja bloß, det man drüba *redt.*», sagt einer, der mit seinen Argumenten am Ende ist und das Gespräch über den Gegenstand abbrechen möchte.

Redensart, f. «Er denkt, er kann mir mit Redensarten besoffen machen.»

reene «Det ha'ick reene vajessen.» «Er is reeneweg varrickt.»

Reff, n. Traggestell. ‹altes Reff›, altes Weib.

Reibach, m. (jüd.) Gewinn.

Reitstall, m. sehr großes Zimmer.

Rejister, n. «Se is ooch schon 'n ollet Rejister.», sie ist nicht mehr jung.

Renne, f. **Rennsteen,** m. Rinnstein. «Sie ha'm woll schon lange nich in de Renne jelejen?» «Wo ha'm wir denn schon zusamm' in Rennsteen jelejen?», wenn man unerwarteterweise geduzt wird.

Rest, m. «Der letzte Rest vom Schützenfest.»

Ribbe, f. Rippe. «Ick kann't mir doch nich aus de Ribben schneiden!», woher soll ich es denn nehmen? «Det hat er durch de Ribben jeschwitzt.», vergessen. «Er hat wat uff de Ribben.», er hat Vermögen. ‹Die Ribbe› hieß ein Haus auf dem Molkenmarkt, Ecke der Molkenstraße, weil an ihm zwei (urweltliche?) Knochen befestigt waren, die man bei der Fundamentierung gefunden hatte. Das Volk behauptete, es sei eine Rippe und ein Schulterblatt des Riesen, der dort gewohnt habe. Um 1860 befand sich hier eine Handlung mit alten Kleidern; daher sagte man: ‹aus de Ribbe›, ‹in de Ribbe jekooft› von schlechtsitzenden Kleidungsstücken.

richtich «Aba richtich!» (Zustimmung). «So wa 't richtich!» (freudige Zustimmung). «Er hattet richtich falsch jemacht.» «Bin ick hier richtich bei Klemke?» ‹'n richtichjehender ...› (z. B. Garten).

Richtung, f. «Die janze Richtung paßt uns nich!» Angebliche Äußerung des Berliner Polizeipräsidenten Frhr. v. Richthofen (1890) über die ‹Rinnsteinkunst› des Impressionismus.

Riebe, f. Rübe (ironisch von einem Menschen, stärker als ‹Flanze›). ‹'ne nette Riebe›, ‹'ne freche Riebe›. ‹Riebe› wird auch für Kopf gesagt.

riechen «Ick rieche den Braten!», ich merke etwas. «Riechste wat?» «Den kann ick nich riechen.», nicht leiden. «Det riecht hier so nach arme Leute.», dumpfig. «Riech ma an die Knospe!» (wobei man dem Gegner die Faust unter die Nase hält). «Ach bitte, reden Se weiter. Se riechen so scheen nach Schnaps!» (scherzhafte Aufforderung, in einer interessanten Erzählung fortzufahren). «Schatz, du riechst so schön, wo wohnst du denn?» (wird hochdeutsch gesprochen.)

Riecher, m. Geruchssinn. «Da hak'n juten Riecha jehabt!» sagt man, wenn man unerwartet zu etwas Gutem (meist Essen und Trinken) kommt oder einer unangenehmen Situation entgangen ist.

Riechkolben, m. große Nase.

Riedebiedel, m. übermütiger Junge.

riedich roh, frech. «Riedich bis uff de Knochen.» ‹'ne riedje Bolle›, freches, kesses Mädchen. Riedichkeit.

Rillijohn, f. Religion (Glaube).

Rilljohn, f. Religion (Unterrichtsfach). «Rilljohn jut, Kopprechen unjenüjend.»

rin «Imma rin ins Vajniejen!» «Rin oda raus! Eens von die Sechsen!», zu einem, der sich nicht entschließen kann. «Imma rin, imma rin in de Heilsarmee! Kost keen Jeld un dut nich weh.» Als Drohung: «Krist eene rin!»

rinbuttern in ein Geschäft (meist aussichtslos) Geld hineinstecken.

Rindfleisch, n. «Der hat 'ne Stimme zum Rindfleischessen.» (über einen schlechten Sänger).

rinekeln, sich etwas (ironisch vom Essen und Trinken gesagt). «Det schmeckt Ihn' woll?» «Na, man ekelt et sich so rin.»

rinfallen hineingeraten (in eine Kneipe, besonders spät in der Nacht).

Ringelpietz, m. ‹mit Anfassen›, (unkonventionelles) Tanzvergnügen.

rinknien «Er kniet sich rin.», er vertieft sich in eine Sache.

rinriechen sich nur oberflächlich informieren. «Er hat knapp rinjerochen.»

rinschliddern «Ick bin furchbar rinjeschliddert (rinjerasselt, rinjerudert).», hereingefallen.

rinwürjen «Er kriecht een rinjewürcht!», er muß sich einen Verweis gefallen lassen.

riskieren «Ick riskier de janze Miete.», ich setze alles aufs Spiel. «Riskiert *der* aba ne Lippe!», ist der aber unverschämt! «Een Ooge riskier ick!», wenn man sich entschließt, Verbotenes anzuschauen.

Röhre, f. Wärmstelle im Kachelofen, wo das Essen warm gestellt wird. «Er kiekt in de Röhre.», er hat das Nachsehen, er ist zu spät gekommen, es ist kein Essen mehr da.

Rohrspatz, m. «Er schimpft wie'n Rohrspatz.»

Rolle, f. Mangel. Drehrolle. «Ick jeh uff de Rolle.» «Komm, hilf mir mal de Rolle drehn», alter Kollo-Schlager.

rollen, sich sich prügeln. Rollerei.

Rom «Dadruff kannste nach Rom reiten.» (von einem stumpfen Messer oder einer stumpfen Schere gesagt).

Rooch, m. «Det kannste in 'n Rooch (Schornstein) schreiben!», davon bekommst du nichts wieder. «So? – un *ick* schnappe Rooch?», ich soll wohl das Nachsehen haben? «Mir roochert.», ich möchte rauchen.

Rotz, m. Nasenschleim. «Er weent Rotz un Wassa.» «Er schmiert ihn Rotz uff de Backe.», er schmeichelt ihm. Rotzlappen, Rotzfahne, Rotzjunge, Rotzlöffel, Rotznese.

rubbeln stark reiben.

rührend «Et is rührend, wenn eener will un kann nich!» «Et is rührend, wenn man dran wackelt!»

Ruhe, f. «Ruhe, Kinda! Vata schreibt sein' Namen!» «Hunga un Durscht kann ick entbehrn, aba meine Ruhe muß ick ham!»

rujenieren (auch rungenieren) ruinieren.

rumboddern in aufgeweichtem Boden gehen.

rumdollen wild umherlaufen, ausgelassen spielen.

rumdreiben, sich sich herumtreiben.

rumfuchteln herumschwingen (z. B. mit einem Stock).

rumfuhrwerken in rastloser Bewegeung sein.

rumfummeln herumfingern.

rumhacken (uff eenen) jemanden fortwährend tadeln.

rumkriejen überreden.

Rummel, m. Festlichkeit: «Bei Bunkes is jroßer Rummel.» Geschäft: «Der vasteht den Rummel.» (schon bei Lessing ‹Minna von Barnhelm›, III, 2.). ‹Der janze Rummel›, der ganze Rest, Kram. Rummelplatz.

rund «Schlaf rund, dette nich eckich wirst!» (beim Gutenachtsagen).

ruppich grob, schroff. Davon: ‹Ruppsack›, Rüpel, barscher Mann.

Rutsche, f. siehe Hutsche.

S

Sabber, m. Speichel. Sabberpichel, Sabbermichel, Sabberliese.

sabbern viel reden. «Ollet Sabbamaul!»

Sache, f. «*Sie* wern ma saren, wat ne Sache is!» «Det is ne Sache!», etwas Gutes. «Det is sonne Sache.», die Sache ist schwer zu entscheiden. «(na) Sache!» gewiß, natürlich. «Die Sache is die, un der Umstand der . . .»

sachte behutsam. «Imma sachte mit de jungen Ferde!» «Et hat uffjehört mit sachte rejnen (regnen).» «Sachte, et klemmt sich!» Vorsicht!

Sack, m. «Du bringst'n Sack voll Kälte mit!»

sacken «Et sackt sich.», es sinkt (von Gebäuden auf feuchtem Grunde). Auch beim Essen: «Ick warte, bis et sich 'n bißken jesackt hat.»

Säcke, plur. «Hast woll ze Hause Säcke vor de Diere!», wenn jemand die Tür offenläßt.

saftich derb, unanständig.

Saftladen, m. verächtlich, für kleine oder schlechte Firmen.

sagen (‹wat sagste› wird gesprochen: ‹wat sachste›; ‹sage› und ‹sagen› dagegen: sare und saren). «Wat sachste nanu?» «Na, wat sachste denn dazu?» Sehr häufig ist die Entgegnung: «Saren Se das nich», und als Einleitung einer unwahrscheinlichen Mitteilung: «Wat soll ick Ihnen *saren*!» «Na, wenn ick't Ihnen sare!», Sie müssen es glauben. «Det is nich jesacht.», es steht nicht fest. «Ick will nischt jesacht ham», ich stehe nicht dafür ein. «Ick habe mir saren lassen.», ich habe gehört. «Hat nischt zu saren.» (Antwort auf ‹Danke schön!› und ‹Bitte um Entschuldigung!›) «Det hat Ihnen eener *jesacht*!», wenn einer etwas Altbekanntes als etwas Neues vorbringt. «Det sollte mal eener zu *mir* saren!», wenn jemand über eine Beschimpfung hinweggehen will.

Salat, m. «Da ham wa'n Salat!», die Bescherung. «Reden Se keen Salat!», keinen Unsinn.

Salz, n. «Leck Salz, denn durschtert dir!» (Antwort auf die Äußerung: «Mir hungert so.») «Dabei is nich't Salz vadient!», gar nichts verdient.

Salzkuchen, m. Gebäck aus Roggen- und Weizenmehl, auch ‹Schusterjunge› genannt.

samft sanft. ‹'n samfter Heinrich›, sanfter Mensch; auch: zu schwach gesalzene Speise.

Sand, m. «Sand reinicht'n Maren!», wenn ein Butterbrot in den Sand gefallen ist.

Sau, f. ‹Unta aller Sau›, unter aller Kritik.

sauer «Det wird dir sauer ufstoßen.», schlecht bekommen. «Da wa'ick schon saua.», da war mir schon die gute Stimmung vergangen. Der Berliner neigt zur Melancholie, und wenn sie ihn ankommt, wird er mürrisch und maulfaul, eben ‹sauer›. Dann steht er stundenlang am Biertisch und ‹sauert vor sich hin›, er grübelt. ‹Sauerkohl›, grauweißer Bart.

Saures «Jib ihn Saures!» (Aufmunterung bei Keilereien).

sausen «Laß'n sausen!», laß ihn gehen.

schade «Schade, daß det Köppchen mal vafaulen muß!», wenn jemand etwas ‹Kluges› gesagt hat.

Schaden, m. «Dun Se sich man keen' Schaden!», bilden Sie sich nichts ein. «Un wie Jott 'n Schaden besieht ...». «Er hat 'n leichten Dachschaden.», er ist leicht verrückt.

Schale, f. Anzug. ‹fein bei Schale sein›, gut angezogen sein.

schalen jehn Müllkästen nach Abfällen durchstöbern.

Schandschnauze, f. freches Maul.

Schandtat, f. «Ick bin zu allen Schandtaten bereit!», ich mache gern mit.

scharf gierig auf etwas. «Du, uff dir bin ick scharf!», du gefällst mir. ‹Scharf ansehen›. «Wer hat'n vorhin Dussel jesacht? Ick will ja keen scharf ansehn!»

schauern scheuern. Schauerlappen (Schauerwisch), Schauerleiste.

schaukeln «Wir wern det Kind schon schaukeln.», die Sache machen.

Schaukelpferd, n. «Er hat 'n Jemiet wie'n Schaukelferd.», er ist gefühllos.

Schaute, f. (jüd. *der* Schaute von ‹schoteh›, Narr) schlapper, charakterloser Mensch. schautich. ‹Schautenclub›, scherzhafte Bezeichnung für das ‹Adels-Casino› am Pariser Platz.

scheckich «Wir ham uns scheckich jelacht.»

scheen schön. «Det wa schon nich mehr scheen!» «Scheene raus!» «Det schmeckt scheen.» (für gut). «Scheenet Essen.» «Det jefällt mit scheen.» «Scheen is anders!» «Wo jehst'n hin?» «Wo't scheen is un keen Jeld kost'.» «Scheene Leite, scheene Sachen!» (wenn einem ein Kompliment wegen eines neuen Anzugs gemacht wird). Anruf an ein Pärchen im Dunkeln: «Wat macht'n ihr da?» Antwort: «Wat Scheenet!» «Da wirste scheen ankommen.», da wirst du kein Glück haben. ‹Janz scheen›, auch für: sehr heftig. «Der is janz scheen uff de Schnauze jefall'n.»

scheenchen (auch scheeneken) gut, schön! (nur als Antwort).

scheinbar «Is ja alles schei-nbar.»

scheindot «Lieba scheindot in't Massenjrab, als *das* dun!»

Schelle, f. Ohrfeige.

schemen schämen. «Du sollst dir wat schemen.» «Warum denn? Ick bin doch keen Schemika.»

Schemmel, m. Schemel.

scheniert «Er hat'n schenierten Blick.», er schielt ein wenig.

scherbeln tanzen.

schesen (engl. chase) schnell laufen, besonders die Treppen hinunter.

Scheundrescher, m. «Er frißt wie'n Scheundrescher.»

schick sehr gut. ‹'ne schicke Sache› (vgl. dufte, Klasse, knorke usw.).

schicker (jüd.) betrunken.

schieben gehen, machen. «Da schiebt er ab.» «Der wird det schon schieben.», der wird das schon machen.

Schieber, m. einer, der ‹schiebt›. Großschieber, Großverdiener (im Kriege 1914–1918 entstanden, aber auch heute noch gültig).

Schiebung, f. Mache, Intrige.

schief «Wir ham uns schief jelacht.» «Wenn de det denkst, denn biste schief jewickelt.» (vom Wickeln der Kinder). Auf die Bemerkung: «Det sitzt ja schief!», hört man oft: «Schief is englisch! Englisch is modern!»

schiel schielend. ‹'ne schiele Wippe›, ein Mensch, der schielt. «Schimpf doch nich jleich, schiela Hund!»

Schießen «Schießen jelernt, wie't Treffen noch nich Mode war.», z. B. beim Fußball.

Schimmer, m. Ahnung. «Ick hab keen blassen Schimma.», ich weiß nicht das Geringste davon.

Schimpfe, f. Schelte.

schimpfen für schelten. «Wat hat denn dein Vata jesacht?» «Er hat jeschumfen.» ‹sich schimpfen›, sich unrechtmäßig einen Titel beilegen: «Er schimpft sich Dokter.»

Schippe, f. Schaufel. ‹uff de Schippe nehm›, veralbern. ‹'ne Schippe machen›, die Unterlippe vorschieben, als Ausdruck des Gekränktseins oder Unwillens (bei Kindern).

Schißlaweng siehe Cislaweng.

Schlaaks, m. langer, ungeschickter Mensch.

Schlafittchen Rockkragen. ‹eenen bei't Schlafittchen kriejen›.

schlagen «Eh ick mir schlagen lasse . . .», humoristisch als Dank, z. B. für ein angebotenes Glas Bier.

Schlangenfraß, m. schlechtes Essen.

schlecht «Schlechta wa't ja manchmal ooch nich, aba mehr jab't imma.» sagt ein Junge, der bei der Tante zu Besuch ist und dort bei Tische gefragt wird, wie das Essen zu Hause sei. «Is ja ejal, wovon ein' schlecht wird.» «Nich so schlecht, wie ein' danach wern kann.» (Antwort auf die Frage ‹Wie schmeckts?›) «Wat soll det schlechte Leben nützen?»

schlee'sch schlesisch. «Kiek nich so schlee'sch!», sieh mich nicht so mißtrauisch an.

schleierhaft rätselhaft.

schlenkern gehen.

Schlesinger Schlesier.

Schlidderbahn, f. Bahn zum Schlittern. Kinder ‹schliddern› auf gefrorenem Schnee, bis eine glänzende Eisbahn entsteht.

schlimm wund, böse. ‹’n schlimma Finga.› «Ick habe wat Schlimmet.» «Haut mir imma uff’t Schlimme!»

Schlitten, m. (auch Motorrad). «Komm nich untern Schlitten!», verunglücke nicht. «Mit den bin ick Schlitten jefahrn!», dem habe ich meine Meinung gesagt.

Schlorren, plur. Hausschuhe.

Schlossertöle, f. «Er heult wie ’ne Schlossertöle.», wie ein Schloßhund.

Schlung, m. Schlund. ‹eenen bein Schlung kriejen›. «Er kann ’n Schlung nich voll jenuch kriejen.»

Schmackeduzken, plur. (Schmackeduzjen) Fruchtstand des Rohrkolbens, vgl. Bumskeule. (Auch Kosewort.)

Schmalzstulle, f. Geld. «Komm ma rieba mit de Schmalzstullen!»

Schmalzstullentheater billiges Theater (Mutter Gräbert).

schmatzen mit Geräusch kauen. «Ick höre, et schmeckt Ihnen!»

schmecken «Wohl dem, dem’t schmeckt, un *hat* nischt.» «Det schmeckt nach mehr.»

schmeißen werfen. «Schmeiß ma mal de Butta rieba!», reich mir mal die Butter. «Schmeiß mal ’ne Lage!», gib mal eine Runde aus. «Er hat sich uff de Stenojrafie jeschmissen.», er beschäftigt sich eifrig mit ihr.

Schmerz, m. «Schmerz, laß nach!»

Schmu, m. (jüd.) Betrug im kleinen. Schmujroschen. Schmu machen (beim Einkaufen).

schmulen verstohlen blicken.

schnabbelieren behaglich essen.

Schnabus, m. Schnaps.

schnaffte sehr gut. Vgl. ‹knorke›.

Schnaps, m. Trinkregel: «Vor ’n Schnaps ’n Schnaps, und nach ’n Schnaps ’n Schnaps.» «Wenn ick’n Schnaps jetrunken habe, bin ick ’n andrer Mensch, und der andre Mensch will *ooch* 'n Schnaps ham.» Einer, dem ein Gläschen angeboten wird, sagt dankend: «Erstens drink ick ieberhaupt keen' Schnaps; zweetens is heite meine selje Frau ihr Sterbedach, un drittens hab ick ebend een' jedrunken.»

Schnauze, f. «Wenn der mal stirbt, muß de Schnauze extra dotjeschlaren wern.» «Schnauze!», kategorisches Verbot, weiterzureden; gewichtiger als «Halt die Schnauze!» ‹nach Schnauze›, nach Gutdünken; z. B. von einer Zeichnung: «Det is so nach Schnauze hinjehaun.»

Schnauzenhobel, m. Mundharmonika.

Schnee, m. «Un wenn der janze Schnee vabrennt, de Asche bleibt uns doch.»

schneen schneien.

schneiden nicht vollschenken (vom Bier). «Det is aba sehr jeschnitten!» ‹sich schneiden›, sich in einer Erwartung täuschen.

Schneider, m. «Imma rin, wenn't keen Schneida is!» «Ick friere wie'n Schneida.» «Se is aus'n Schneida.», sie ist über dreißig Jahre alt (vom Skat übernommen).

Schnelle, f. ‹uff de Schnelle›, schnell.

schnieke fein, elegant, dabei etwas aufgeputzt.

Schniepel, m. Frack.

schnippern mit der Schere Schnitzel schneiden, schnipseln.

Schnitt, m. ein geschnittenes Seidel. Ein halber Schnitt hieß: ‹Fiff›.

schnoddrich vorlaut, frech, ohne Ehrfurcht (von Schnodder, Rotz). Wer so jung ist, daß ihm der Schnodder noch auf der Oberlippe sitzt, ist ‹schnoddrich›, wenn er sich in die Reden der Erwachsenen mischt, ‹ein grüner Junge›.

schnuddlich nett, angenehm. ‹'n schnuddlijet Frauenzimma›.

Schnulze, f. sentimentaler Schlager, Film, Theaterstück, überhaupt alles, was bewußt auf die Tränendrüse drückt. Lautmalerisches Wort, wahrscheinlich aus ‹schnuddlich› und ‹schluchzen› gebildet.

schnuppe gleichgültig. «Mir is allens schnuppe.»

schnuppern schnobern, riechen.

schmurjeln (wahrscheinlich Weiterbildung von schmoren) brutzeln, brodeln.

schnurz (wieschnuppe). «Det is mir schnurz un piepe, det is mir janz ejal!»

Schnute, f. Mund. «Se zieht 'ne Schnute.», sie verzieht den Mund mißbilligend. Diminutiv: Schnuteken, Schnüteken (Kosewort). «Schnuteken, det derfst de nich!»

schon «Nu schon mal ja nich.», stärkste Verneinung. «Wer soll'n de Rede halten?» «Na, *du* natierlich!» «Ick nu schon mal ja nich!»

schön siehe scheen.

Schönheit, f. «Gott erhalte deine Schönheit!» (beim Niesen).

Schorle morle, f. (vielleicht aus franz. ‹toujours l'amour›) mit Sprudelwasser verschnittener Weißwein.

Schote, f. Erbsenhülse. Knallschote, Ohrfeige.

Schraube, f. «Verdrehte Schraube!» «Bei den is ne Schraube los.», infolgedessen ‹rappelt's› bei ihm.

Schreck, m. «Ach du mein Schreck!» «'n Schreck in de Aamtstunde!»

schreech schräg. «Er wohnt schreechüber (schreechjavis).» ‹ein schreejer Otto›, Person oder Sache, die im Widerspruch zum Herkömmlichen steht; z. B. der Dadaismus, verjazzte Bachmusik, ein Happening.

Schreibebrief, m. offizieller Brief. «Ick wer ihn mal 'n Schreibebrief schreiben.»

schreien «Schrein hilft nich, Tatsachen beweisen!» «Det is zum Schrein!», zum Totlachen. Wenn einer seine Kameraden bittet, ihm Geld zu leihen, so schließt er, in der Voraussicht, daß alles ‹bumsstille› bleiben wird, mit den Worten: «Aba schreit nich alle durch'nander!»; und wenn tatsächlich alles still bleibt: «Wie se alle schrein!»

Schreifritz, m. für ‹Freischütz›.

schriftlich «Det Sie 'n Rindvieh sind, will ick Ihn' schriftlich je'm.»

Schrippe, f. ovales Brötchen mit Längsschnitt. Berliner Frühstücksgebäck. Es gab zwei ‹Schrippenkirchen› für Obdachlose, in denen man nach der Morgenandacht eine ‹jeschmierte Schrippe› bekam.

Schrippenarchitekt, m. Bäcker.

Schrubber, m. Scheuerbürste mit langem Stiel.

schrumplich runzlig.

schubbern, sich sich reiben, scheuern.

Schubjack, m. schlechter (geiziger) Mensch.

Schubs, m. Stoß. schubsen, stoßen.

Schudder, m. Schauder. «Et schuddert mir so.» «Ick muß mir schuddern.» ‹schuddrich›.

Schuft, m. jeder, der eine Bitte nicht erfüllen will. «Sei keen Schuft!» «Sei nich schuftich!» Auch Fleisch vom Schulterblatt des Schweins.

schuften hart arbeiten.

schummeln betrügen.

schusselich flüchtig. ‹Olle Schusselliese›.

Schusterjunge, m. «Et rejent Schusterjungs!», es regnet so, daß die Regentropfen auf dem Asphalt hoch aufspritzen. (vgl. Salzkuchen).

schwach «Du bist woll schwach?», verrückt. «Der is schwach uff de Brust.», er hat kein Geld.

Schwachheit, f. «Bilde dir man keene Schwachheiten in!», mach dir keine Illusionen.

Schwarte, f. Haut. «. . . det de Schwarte knackt.»

schwarz «Hier kannste stehn, bis de schwarz wirst.», sehr lange.

schweben «Als wennste schwebst!», z. B. beim Tanzen.

Schwede, m. «Oller Schwede!» gemütliche Anrede. Der Große Kurfürst nahm alte schwedische Soldaten in Dienst, die vornehmlich zu Unteroffizieren gemacht wurden; man nannte sie ‹die alten Schweden›.

schweijen «Er schweicht sich aus.» ‹Er schweigt in sieben Sprachen› ist ein Wort von Schleiermacher.

Schwein, n. «Det kann ja keen Schwein lesen.» «'n jutet Schwein frißt allens!», er läßt es sich schmecken. «Wo ham wir denn schon zusamm' Schweine jehüt?» (wenn man unerwarteterweise geduzt wird). «Schwein bleibt Schwein.» «Schwein, schwarzes!» (Alliteration). «Armes Schwein.», verächtlich, mitleidig. Aber: «Hat der Schwein!», hat der Glück.

Schweinijel, m. Erzähler von unanständigen Witzen.

schwer «For mein schweret Jeld.» ‹'ne schwere Menge Jeld›. ‹'ne schwere Sitzung›, eine starke Kneiperei. ‹'n schwerer Junge›, ein Verbrecher. «Ick wer mir schwer hüten!» «Schwer besoffen!»

schwiemeln liederlich leben. Schwiemler, Schwiemelante, verschwiemelt.

schwiemlich schwindlig. «Brenneke, halte mir, mir wird schwiemlich!»

schwierije Jeburt, f. eine umständliche, langweilige Sache.

Schwindel, m. Sache, Unternehmung. «Nu kann der Schwindel losjehn!»

Schwoof, m. Tanz; schwoofen.

schwul (ndd. Form von schwül) heiß, beklemmend. Auch: ‹anders als die andern› (vgl. warm).

Schwulitäten, plur. Schwierigkeiten. ‹in Schwulitäten kommen›.

Schwung, m. ‹uff'n Schwung bringen› (wie uff'n Drab bringen), jemandem Ordnung beibringen.

Schwupper, m. Fehler, Versehen.

Sechser, m. ein 5-Pfennig-Stück.

Seege, m. u. f. (jüd.) schlechter Mann oder schlechte Frau; auch ‹Seeje›, ‹der miese Seeje› oder ‹die miese Seeje›.

Seele, f. ‹'ne Seele von Mensch›, ein sehr guter Mensch. «Det is de Seele von't Buttajeschäft!», die Hauptsache. «Nu hat de liebe Seele Ruh!», es ist getan, es ist zu Ende.

sehen «Nu seh eena an!» (verwundert). «Haste nich jesehn!» (zur Bezeichnung der Schnelligkeit; «Haste jesehn!» ist jüdisch). «Siehste, wie de bist!», etwa: das habe ich mir immer gedacht.

Seide, f. «Seide spinnt er da ooch nich bei.», er verdient nicht viel dabei.

Seifensieder, m. «Mir jeht'n Seifensieda ('n Talchlicht) uff.»

sein «Jott, sei doch nich so!» (nämlich ungefällig).

Sejen, m. «Det is'n wahrer Sejen!» «Na, *meinen* Sejen haste!» ‹Jottes Sejen bei Cohn›, begann die Reklame eines Lotterieloshändlers Cohn; später der Name eines Kartenspiels.

selber «Nu saren Se mal selber!», Sie müssen mir doch zustimmen.

Selbstjestrickter (Selbstjehäkelter), m. langhaariger Hund.

selbstjewachsen «Is selbstjewachsener!» rühmt der Gastgeber vom Salat. Auch von den Eiern: «Selbstjelechte!»

selbstredend allgemein für: selbstverständlich; sogar in Zeitungen.

selten ungewöhnlich. «'n selten demlicher Hund!»

Senge, plur. Schläge.

sengerich brandig, verdächtig. «Et riecht sengerich.» «Hör mal du, die Sache wird sengerich!»

senkrecht aufrecht. «Mensch, halt dir senkrecht!», gerade. «Det eenzich Senkrechte.», das einzig Richtige.

setzen für geben. «Et setzt Keile!» «Hier bleibste, oda et setzt wat!» Aber: «Er hat sich uff mir jesetzt.», sagt ein Mädchen von einem Mann, der sie durchaus heiraten will. «Setzen Se sich, Stühle komm' jleich.»

Sie «Weil Sie 't sind!», Ihnen zu Gefallen will ich es tun. «Sie Mann, Sie (ohne Bart, Sie)!» (Anruf).

Sieke, f. (Musik) Aufforderung an die Kapelle, anzufangen.

sielen, sich sich wälzen.

simelieren nachsinnen.

sind sein. «Wat kann da sind?», was kann es schaden? «Wie kann man bloß so sind!», so schlecht sein. «Ick kann nich so sind!», ich bin zu gutherzig, um das zu verweigern. «Wir woll'n mal nich so sind.» (wie die Menschen sonst sind: selbstsüchtig). «Sind Se doch nich so unjebild't!» «*Sind* Se so jut!», sehr starke Aufforderung, z. B. das Zimmer zu verlassen. *Sind* ist viel stärker als *sein*: «Man muß nich bloß'n juter Bürjer sein, man muß et ooch wirklich sind.» In ‹Die Quitzows› von Wildenbruch sagt der Berliner Köhne Finke: «Was sein muß, das muß sind.», was notwendig ist, das muß geschehen. «Lassen Se eenen doch sind!», lassen Sie mich in Ruhe!

singen «Da jehtse hin un singt nich mehr.»

sittlich «Det hat keenen sittlichen Wert.», das nützt nichts.

so «Ick bin sonst nich so, aba . . .», in diesem Falle muß ich gegen meine Natur handeln. «So muß et kommen!» eigentlich: soweit muß es kommen.

«Ach so rum mein Se det!» «Sowat kommt von sowat.» «Mir jehts so weit janz jut.», im allgemeinen gut. Ein Junge, dessen Mutter gestorben ist, wird gefragt: «Wat habt ihr denn for'n Dokter jehabt?» «Jakeen'; Mutta is *so* jestorben.» «Komm Se doch mal *so*!», ohne besondere Einladung. «Is se verheirat'?» «Nee, se lebt *so*.» «*So* siehste aus!» (energische Verneinung). «So wie wir jebaut sind!» (Bejahung der Frage, ob man es auch schaffen könne). «Sowieso.» «Det sowieso.» «So siehste aus!», energische Ablehnung.

Sohle, f. «Der danzt 'ne kesse (saubre) Sohle!». ‹'ne Sohle uff't Parkett lejen›.

sohlen lügen; jemanden ‹ansohlen› oder ihm etwas ‹vorsohlen›.

Sohn, m. «Det is nischt für mein Vata sein Sohn!» Wenn der Berliner von seinen Kindern spricht, sagt er *der* Sohn, *die* Sehne, *die* Dochter, *die* Dechter, nicht mein Sohn usw. «Wat, den Schulze kenn' Se nich? Det is doch der Sohn von den ollen Schulze!»

Sohnemann, m. freundliche Anrede, sozusagen der Vokativ von Sohn; ebenso ‹Hansemann› von Hans.

solche «Et jibt sone un solche, aber sonne mehr wie solche (oder: un denn jibt et ooch andre, un det sind de Schlimmsten).»

Sonntag, m. «Ick mechte wenichstens sonntachs det sein, wat der sich alle Dage inbild't!» «Ick will lieba de janze Woche faulenzen wie Sonntach arbeeten.»

sonst «Sonst jehts Ihnen aba jut?» fragt man, wenn jemand etwas Unsinniges geäußert hat.

Soße, f. «Det is allens *eene* Soße.», ganz dasselbe.

Sorje, f. «Meine Sorje!», mich gehts nichts an. «Ihre Sorjen un Rothschild sein Jeld!» «Deine Sorjen mecht ick ham!»

Sorte, f. (verächtlich) Menschensorte. «Eena von *die* Sorte.» «Von *die* Sorte jehn zwölwe uff't Dutzend!», ein ganz gewöhnlicher Mensch.

sowat «Wo jibs denn sowat?» Entrüstung, Ablehnung von etwas Unmöglichem. «Sowat kommt von sowat!»

sowieso «Das sowieso.» ‹Herr Sowieso› oder auch ‹Herr Soundso›, für einen Mann, dessen Namen man nicht kennt.

spachteln gut, viel und mit Behagen essen, auch verspachteln.

spack verbraucht (von Waschfässern u. dergl., die im Begriff sind zu zerfallen). «Er sieht spack aus.», er ist schmal, gebrechlich, hinfällig.

Spaß, m. «Spaß!» (jüd. «Nu Spaß!»), das ist doch selbstverständlich. «Spaß muß sind bei de Leiche, sonst jeht keener mit.» «Da muß aba eena Spaß vastehn!», das ist zu toll. «Na, du machst mir Spaß!» (mißbilligend). «Spaß beiseite – Ernst komm her!»

spendieren schenken, freihalten. «Er hat de Spendierhosen an.», er ist spendabel, freigebig.

Spickaal, m. (ursprünglich plattdeutsch) «Nu saren Se bloß noch Spickaal, denn hau ick Ihn' eene runta!», wenn einer aufzählt, was er alles Gutes gegessen hat und den andern damit den Mund wässerig macht. Liebenswürdig: «Jetzt ooch noch Spickaal!», wenn einem schon viele Komplimente gemacht worden sind.

spillerig dünn und hoch aufgeschossen.

Spinatwachtel, f. wie alte Schachtel.

Spinde, n. Schrank. «Vaschwinde, wie de Wurscht im Spinde!»

spinés (spinös) schwierig, spitzzüngig.

spitz «Der sieht so spitz aus.», krank.

spitzen, sich auf etwas (Gutes) rechnen.

Splitter, m. früher auch Splinter. Ein Holzhauer bringt Muttern eine annektierte Klobe Holz mit: «Den Splitter ha'ick mir injerissen!» «Reiß dir man keen Splitter in!», nimm dich nicht so wichtig. ‹splitterfasernackt›, völlig nackt.

Spohn, m. Span; auch Spohnholz.

Sprache, f. «Der spricht zwee Sprachen – Deutsch un durch de Nese.»

Spreekieker, m. So nannten die Berliner ein bekanntes ‹Wochen- und Intelligenzblatt›, das seit Ende des 18. Jahrhunderts unter dem Titel ‹Der Beobachter an der Spree› erschien.

Spreewasser, n. «Ick bin doch mit Spreewasser jedooft.», also in Berlin geboren, selbstverständlich intelligent. ‹Spreeathener›, Berliner.

Springebock, m. Brustknochen der Gans, aus dem man den Kindern einen ‹Springebock› macht.

springen «Er läßt wat springen.», er gibt viel Geld aus.

Spritze, f. «Der Mann an de Spritze.», der Leiter.

spritzen schnell laufen.

Spucke, f. «Mir bleibt de Spucke wech.», ich bin sprachlos. «Wie seine eigne Spucke schmeckt, das weiß man nicht!» (Ringelnatz).

spucken «Er spuckt sich schon uff de Stiebelspitzen.», (weiter kommt er nicht mehr) er ist schon ganz gebrechlich. «Aber *der* hat jespuckt!», der war wütend.

Spuk, m. «Jlooben Se doch nich an't Spuken!», wenn man einem etwas Unwahrscheinliches ausreden will.

Stampe, f. (von ‹Estaminet›) Kneipe, billiges Tanzlokal.

staunen «Da staunt der Laie und der Fachmann wundert sich.» ‹Bauklötzer staunen›, sehr verwundert sein.

stechen stechen und stecken. ‹eenen eene stechen›, eine Ohrfeige geben. «Det muß ihn eena jestochen (gesagt) ham.»

steckerich holzig. «Die Kohlrabi wern schon steckerich.»

Steckerling, m. Stichling.

Steen, m. (plur. Steene und Steener, Diminutiv: Steenerkens) Stein. «Lieba Steene kloppen (als so zu leben)!» «Wo ham wir denn schon mal zusamm' Steene jekloppt?», wenn jemand zu vertraulich ist.

steijen weggehen. «Woll'n Se schon wieda steijen?»

steif «Den laß ick an'n steifen Arm vahungern!», der soll sich vorsehen.

Stellage, f. Gestell.

Stemmzeug, n. Messer und Gabel.

Stengel, m. «Er fiel von' Stengel!», er war sehr erstaunt. «Fall nich von' Stengel!», behalte deine Fassung.

Steppke, m. kleiner Junge.

Stiebelwichse, f. «Det is klar wie Stiebelwichse!»

Stiesel, m. unmanierlicher, dickköpfiger Mensch. «So'n richtijer Stiesel!» ‹stieselich›.

stieke ruhig, still.

Stift, m. Lehrling. ‹stiften jehn›, flüchten.

stiller Portier, m. Tafel im Hausflur mit den Namen der Mieter.

Stippvisite, f. kurzer Besuch.

stoobich ärmlich, elend. ‹Stoobije Brieda›, Streuner, Landstreicher.

stoßen ‹aussen Anzuch stoßen›, verprügeln.

stramm fest, ungeniert. «Da sacht er doch janz stramm, er hat se nich jesehn.»

Strich, m. «Den ha'ick uff'n Strich!», ich habe eine Wut auf ihn. ‹Auf den Strich gehen›; Strichmädchen, Strichjunge.

striezen stehlen.

Strippe, f. Bindfaden. «Er hat se alle an de Strippe.», alle tun, was er will (vom Puppentheater). «Et rejent Strippen!», es regnet stark. ‹Strippe› ist auch der Schnaps zum Weißbier (vgl. Weiße).

stuckern stoßen (vom Wagen). Alter Scherz: «Det is merkwirdich, wenn man bei *den* Wagen so nebenherlooft, denn stuckert et ville wenijer.»

stuken stauchen, hart aufstoßen, verhauen. ‹eenen zurechtstuken›, jemanden zurechtweisen.

Stulle, f. von ndd. ‹Stulle› Stück, Brocken, ursprünglich das ganze Brot; heute ist ‹Stulle› die Schnitte, die man von dem Brot abgeschnitten hat. Butterstulle, Klappstulle; ‹'ne Stulle schmiern.› «Mutta, schmeiß ma 'ne Stulle runter!» «Mutta, for wen is denn die jroße Stulle?» «For dir, mein Sohn.» «Ach, so kleen!» – Nicht zu verwechseln mit dem Weihnachtsgebäck ‹Stollen›, das aus dem Erzgebirge stammt. Der Bergmann erträumte sich solch einen Wunderstollen mit vielen herrlichen Erzen; entsprechend die Mandeln und Rosinen im ‹Weihnachtsstollen›.

Stumpfbock, m. langweiliger Mensch.

stundenlang «Dem könnt ick stundenlang in de Fresse haun!»

Stunk, m. Zänkerei. Unsinn.

Sums, m. viel Aufhebens.

T

Tacheles, plur. (jüd.) Tatsachen. «Redn wir endlich Tacheles!»

Tag siehe Dag.

Talent, n. «Da sitzta nu mit sein Talent un kann et nich vawerten.»

Talmi zum ersten Mal 1877 von dem Berliner Schriftsteller Spielhagen gebraucht. Es hieß korrekt: Tallois'sches Halbgold und wurde abgekürzt ‹Tal-mi-or› genannt; Spielhagen ließ das ‹or› weg und wendete ‹Talmi› auf zweifelhafte Dinge an, z. B. ‹Talmi-Adel›.

Tante, f. ‹Olle Tante›, wird von einem weibischen Mann gesagt (vgl. Tunte).

tapern ungeschickt handeln; taprich.

tapsen tappen.

tapsich ungeschickt.

Tassen, plur. ‹nich alle Tassen im Schrank›, leicht verrückt.

teilachen (jüd.) wegeilen, ausreißen.

Tepper, m. wörtlich Töpfer; hier: ungeschickter Mensch (Anklang an tapern). «Ham Se det alleene jemacht?» fragte Schadow einen jungen Studenten aus der Bildhauerklasse, und als der Kandidat bejahte, erwiderte Schadow: «Na, denn könn Se Tepper wer'n!»

teppern etwas mit Geräusch zerschlagen (vgl. zerteppern).

Teppich, «Bleiben Se uff'm Teppich!», werden Sie nicht ausfallend. Die Redensart stammt ursprünglich von den Schloßkastellanen.

Theke, f. (griech.) Behältnis. Zuerst in Berlin für den Schanktisch gebraucht.

ticksch (von Tücke) trotzig. Ein Kind ‹tickscht›, wenn es sein Unrecht nicht einsehen will. Auch: ärgerlich. «Ick bin so ticksch uff den Kerl.» «Er is ticksch (heimtückisch), aba dafor issa ja ooch aus . . .!», hier folgt der Name eines Landes, das der Sprecher nicht leiden kann.

Tiepe, f. Typ. «Det is 'ne Tiepe.», das ist ein Original. Vgl. ‹Typ›.

tigern schnell und mit langen Schritten gehen.

Tingeltangel, n. nach 1870 in Berlin entstandener lautmalerischer Name für das Soubrettencafé, auch ‹Café Chantant›.

Tinte, f. «Er sitzt in de Tinte.», er ist in Verlegenheit. «Du hast woll Tinte jesoffen»?, bist wohl verrückt? «Klar wie dicke Tinte.»

T‹h›ochus, m. (jüd.) Gesäß. Auch: ‹Tokus›.

Töle, f. Hund, kleiner Hund. Aber auch: Mann mit weibischem Wesen, vgl. Tunte.

Ton, m. «Er red' keen' Ton.» «Nu sarense aba keen Ton mehr, nich mal Anton!» «Haste Töne?» (vgl. Worte).

torkeln (turkeln) taumeln, unsicher gehen.

Tort, m. (franz. tort) «Det duta mir zum Tort.», um mich zu kränken. Auch: ‹jemanden einen Tort antun›.

Tour, f. «Ach uff *die* Tour!», verächtlich. (vgl. Art, Masche).

Trampelloge, f. Galerie (billigster Platz) im Theater.

trampsen geräuschvoll auftreten.

Traum, m. «Der Traum is aus!», fertig damit. «Ick denke ja nich im Traum dran.», als starke Verneinung. «Det haste woll jeträumt?», das kann doch nicht wahr sein. «Der Traum meiner schlaflosen Nächte!» (vgl. Droom, in Redensarten aber fast immer hochdeutsch gebraucht, mit ironischem Pathos).

traurich «Det hat der traurich raus.», das kann er nur zu gut.

Traurichkeit, f. «Ick bin ja ooch jrade keen Kind von Traurichkeit, aba...» Einleitung zu einem Tadel.

Traute, f. Mut. «Er hat keene Traute.», er wagt es nicht.

treffen «Wir treffen uns nochmal, aba janz woanders!» (Drohung).

Trene, f. Träne. ‹'ne Trene›, ein kleiner Schluck Schnaps. «Mit 'ne Trene im Knopploch.»

Treppe, f. «Du bist ja de Treppe runterjefallen.», du hast dir die Haare schneiden lassen.

treten «Tritt dir man nich uff'n Schlips!» hab dich nicht. «Ick wer mir von dir nich uff'n Schlips treten lassen!», du wirst mich nicht unterkriegen. ‹Nich zum Treten›, gedrängt voll. «Laß liejen, det tritt sich fest.», wenn etwas herunterfällt.

Triesel, m. Kreisel. trieseln, mit dem Kreisel spielen. «Er hatt'n Triesel.», er ist verdreht. trieselich, schwindelig. «Mir is janz trieselich.» «Er is 'n bißken trieselich.»

triezen drängen, peinigen.

Tritt, m. «Herr, Sie ham 'n falschen Tritt.», Sie sollten sich lieber meiner Meinung anschließen.

Trittewar, n. **Trittoar,** n. (von Trottoir) Bürgersteig.

trudeln rollen, würfeln, ‹sich vor Lachen trudeln›.

Tube, f. ‹uff de Tube drücken›, mehr machen, als nötig ist.

Tülle, f. Ausguß der Kanne. ‹Olle Tülle› (verächtlich), liederliches, verkommenes Weibsbild.

türmen eiligst verschwinden, ausreißen. «Kennste die Mehrzahl von Turm?» «Ja, Türme.» «Na denn türme!»

tun (in der eigentlichen Bedeutung von machen, verrichten, arbeiten etc. durchweg ‹dun› ausgesprochen; in übertragener Bedeutung öfter ‹tun›) «Nischt dun, det wolln se dun!» «Tu dir ma nich so!», hab dich nicht so.

Tunte, f. Mann mit weibischem Wesen, tuntig. Auch: Töle, tölen.

tuten blasen. ‹eenen tuten›, trinken. «Der hat keene Ahnung von Tuten und Blasen.»

Typ, m. «Dein Typ wird verlangt.», jemand ruft dich. Vgl. ‹Tiepe›.

U

übel «*Ooch* nich übel!» «Nich so übel, wie einen danach wern kann.»

übelnehmsch empfindlich.

über «Darin bin ick dir über.», das kann ich besser als du. «Det ha'ick über.», das habe ich satt.

überhaupt «Na überhaupt!» (zustimmend). «Überhaupt un so.»

Überjewicht, n. Gleichgewicht. «Er valiert det Überjewicht.»

überlejen ein Kind übers Knie legen und durchprügeln.

übernehmen «Da haste dir wat übernommen, wo de nischt von vastehst.»

überschnappen verrückt werden.

üppich übermütig. «Wer' man nich zu üppich!»

uff (uf-) wird stets ‹uff› gesprochen, doch als Vorsilbe meist nur mit einem ‹f› geschrieben. Gemeinhin wird ‹uff› im Berlinischen genauso gebraucht wie ‹auf› im Hochdeutschen. Auch sind viele berlinische ‹uf›-Verbindungen ins Hochdeutsche übernommen worden, sie werden allerdings nur mit ‹auf› gebraucht; z. B. ‹aufmöbeln›, ‹aufdonnern›.

uffallend genau. «Stimmt uffallend.»

ufhören, sich «Da hört sich denn doch Vaschiedenet uff!», das ist zuviel.

ufjabeln treffen. «Wo haste denn den ufjejabelt?»

ufjehn dick werden. «Er jeht uff wie'n Fannkuchen.»

ufjetakelt (ufjedonnert) auffällig gekleidet, mit viel Schmuck behängt.

ufknöppen «Knöpp de Ohren uff!», hör' zu. ‹Ufjeknöppt›, zugänglich, gesprächig.

ufmucken widersprechen, sich widersetzen.

ufoktrojieren aufnötigen. «Det lassick mir nich ufoktrojieren.» Vielleicht von der ‹oktroyierten› preußischen Verfassung von 1848.

ufplustern, sich die Federn sträuben (von Vögeln); auch sich aufblasen, sich spreizen; ‹ufjeplustert› wie ‹ufjedonnert›.

ufpuckeln aufladen. «Mir hamse allens ufjepuckelt.»

ufrappeln, sich gesund werden.

ufrejen aufregen. «Rejen Se sich nich unnütz uff!» «Man rejt sich uff un *hat* nischt von.» «Det is nich ufrejend.», nicht hervorragend. «Rej dir nich *künstlich* uff!»

ufstekern aufstören (z. B. einen Ameisenhaufen).

Uhr, f. «Die Uhr jeht nach 'n Mond.», sie geht falsch.

Ulk, m. harmloser Blödsinn; auch ulken, ulkich. ‹Ulkijer Vogel›, komischer Kerl.

um «Det is sehr um.», ein großer Umweg. ‹Um un dumm (um und um)›. «Ick hau dir eene, dette dir um un dumm drehst!»

umbringen «Er bringt sich (reene) um.», er kann sich nicht genug tun.

umjekehrt «Umjekehrt wird 'n Schuh draus!»

umknixen mit dem Fuß umknicken.

umkommen «Man bloß nischt umkommen lassen!» (von Speisen und Getränken).

umpusten «Der sieht aus wie zum Umpusten.», er sieht anfällig, krank aus.

umschmeißen «Det wird dir *ooch* nich jleich umschmeißen.», z. B. das eine Glas Bier.

umsonst «Umsonst is der Dod – un der kost det Leben.»

unanjenehm (stets ironisch) «Det is Ihnen doch nich weiter unanjenehm?» «Nu sind Se stille, oda ick wer unanjenehm!»

unberufen wird gesagt, um das Schicksal nicht herauszufordern, auch von dreimaligem Ausspucken begleitet. z. B. «Der Olle hat jesacht, er jibt mir 'ne Jehaltserhöhung – unberufen, toi toi toi!»

und als Gegenfrage: «Und?», was soll ich?

unejal «Faß det nich an mit deine unejalen Finga!»

unjelogen ganz bestimmt. «Det wa'n unjelogen dreißich Jrad in' Schatten.» «Det muß ick unjelogen sein lassen.», das will ich nicht behaupten.

unjemietlich «Wenn Se nu nich bald uff hörn, wer'ck unjemietlich.»

unjeschickt «Unjeschickt läßt jrießen.» «Unjeschicktet Fleesch muß weg.», wenn man sich in den Finger geschnitten hat.

unrecht «Mir is wat in de unrechte Kehle jekomm'!», in die Luftröhre.

unsicher «Er macht de Schweiz unsicha.», er hält sich gerade in der Schweiz auf.

unterkietich faul, verdächtig.

unverschemt heftig. Ein Junge auf Rollschuhen läßt sich von einem andern ziehen und instruiert ihn: «Wenn ich sare: brr, denn bleibste stehn; ick kann sonst unverschemt uff de Schnauze fallen.»

Urwald, m. «Dir hamse woll mit 'ne saure Jurke aus'n Urwald jelockt?»

uzen verhöhnen. «Woll'n Se mir villeicht uzen?» «Wenn Se mir uzen woll'n, denn suchen Se sich 'n andern aus!»

V

Die Vorsilbe ver- wird meist va- gesprochen; trotzdem sind der besseren Übersicht wegen die mit ver- zusammengesetzten Verben hier nach der hochdeutschen Schreibung aufgeführt.

Vata, m. Vater. «Ick bin der Vata von det Kind!», der Urheber, der Besitzer der Sache. Ironisch: «Hat dein Vata noch mehr sonne schlauen Sehne?» ‹Kesser Vata›, Männerfeindin von betont herrischer Art.

Vataunser, n. «Den kann man det Vataunser durch de Backen pusten!», er ist so mager und blaß.

Veilchen, n. blau gehauenes Auge.

Venedich «So spielt man in Venedich und die umliejenden Badeorte!», wenn man beim Kartenspiel immerfort sticht.

veraasen vergeuden. «Veraase doch det liebe Jut nich so.» (vgl. aasen).

veräppeln verhöhnen.

verarzten ärztlich behandeln.

verballern verhauen. Aber auch ‹einem einen Bären aufbinden›: «Den hamwa orntlich 'n Kopp vaballert.»

verbiestern, sich sich verirren. Aber auch: «Er is janz vabiestert.», er ist ganz verwirrt, denkunfähig.

verbimsen verhauen.

verboten unmöglich. «Mensch, der Hut sieht ja vaboten aus!»

verbraten verschwenden.

verbrochen «Mensch, wat ham wa bloß vabrochen, det et uns so jut jeht!»

verbumfiedeln verschwenden.

verbuttern vergeuden.

verdienen «Vadienen is'n Hauptwort un wird jroß jeschrie'm.» Auch: «Bei *den* wird vadienen jroß jeschrie'm.»

verdraren «Prost, wa woll'n uns wieda vadraren!», beim Trinken, mitten im schönsten Frieden. Ein Junge, der von seinem Vater Schläge bekommen hat, sagt zu ihm: «Siehste, Vata, wir könnt'n uns so jut vadraren, wenn de dir bloß det vafluchte Haun abjewöhnen könnt'st!» «Det sind de besten Hüte, die det vadraren können.», wenn sich einer auf seinen Hut setzt.

verdrücken durchbringen, verschwinden lassen. «Die ha'm da 'ne Menge Jeld vadrückt.» Auch das Essen wird ‹verdrückt›. ‹sich verdrücken›, sich aus dem Staube machen.

verduften (auch verdünnisieren) verschwinden.

Verein, m. «Det is ja hier jakeen Vaein!», hier herrscht kein guter Ton.

verekeln widerwärtig machen. «Der Kerl hat mir de janze Hochzeit vaekelt.»

verfault «Au vafault!» Ausdruck der höchsten Verlegenheit.

verfitzen verheddern.

verflucht «Ei vaflucht!» «Vaflucht un zujeneht!» ‹Verflucht› wird den Schimpfwörtern nachgestellt: «Bengel, vafluchter!» (vgl. S. 47).

verfüjen, sich sich entfernen; (wird bei Drohungen gebraucht): «Wenn Se sich nich schleunichst vafüjen ...!»

verhaßt «Mach dir nich vahaßt!», soviel wie «Bedrage dir jebild't!»

verheddern Bindfaden u. ä. verwirren (von Hede, Werg). ‹Sich mit de Beene vaheddern›, wenn viele in einem Auto oder um einen Tisch sitzen. «Vaheddert euch nich!»

verheiraten, sich «Du hast dir woll vaheiratet?», wenn einer lange auf sich hat warten lassen.

verhohnepiepeln verhöhnen.

verjniddert (verjneddert) gereizt, auch verbittert.

Verjnüjen, n. «Kein Vajnüjen ohne die Damens, aba mit die Damens jeht's in dem Jelde!» (unberlinisch, trotzdem oft scherzhaft so gebraucht). «Wenn man't nich zum Vajnüjen dete, for Jeld dete man't jewiß nich!» (z. B. Bergsteigen).

verklieren durch Schmieren verderben.

verkloppen verhauen, auch verkaufen.

verknautschen verknüllen, Stoff oder Papier zusammendrücken. «Aba vaknautsch dir man den Rock nich so!»

verknusen vertragen. «Det kann ick nich vaknusen.»

verkoddert abgetragen, schlecht gewaschen. «Meine Hose is janz vakoddert.»

verkohlen verspotten. «Der will woll hier alte Leute vakohl'n?»

verkrümeln, sich sich drücken, fortgehen.

Verlaß, m. «Uff den is keen Valaß.», man kann sich nicht auf ihn verlassen. ‹Uff die Stettiner is ooch keen Valaß!› (Angeblicher Ausspruch von Wrangel, als eine Todesdrohung der Stettiner Demokraten [1848] gegen Wrangels Ehefrau nicht in die Tat umgesetzt wurde.)

verleppern sein Geld in vielen kleinen Beträgen vergeuden.

verloddern vernachlässigen.

verlöten trinken. «Erst mal eenen valöten.»

verludern vergeuden.

vermasseln ‹einem die Tour vermasseln›, ihm im günstigen Augenblick störend dazwischenkommen.

vermickert kränklich, schlecht genährt.

vermißquiemt (vom franz. mesquin, armselig) wie ‹vermickert›.

vermöbeln verhauen.

vermugeln (mit weichem ‹g› gesprochen) verwischen, vertuschen.

vermummeln, sich sich warm anziehen, sich verkleiden.

Verpackung, f. «Et liecht imma an de Vapackung.», es kommt darauf an, was man aus einer Sache zu machen versteht.

verplempern etwas sinnlos weggeben. ‹sich vaplempern›, sich unbedacht verloben.

verpletten durchprügeln. «Au, au, wie hamse dir vaplettet!»

verpusten, sich sich erholen, Luft schöpfen.

verputzen verzehren.

verquackeln, verquasen sein Geld sinnlos ausgeben. Aber: ‹'n vaquaste Jeschichte›, eine verwickelte Geschichte.

verquer «Det kommt mir recht vaquer.», ungelegen. «Komm mir nich so vaquer!», komm mir nicht in den Weg.

verratzt verloren. «Denn bin ick varratzt.»

verrückt «Da bin ick janz varrickt nach!», begierig. «'n bisken varrickt is ja janz scheen – aba man darf et nich übatreiben.» «Varrickt un drei macht neune!», angeblich, weil der Verrückte zu den fünf gesunden Sinnen noch den sechsten, den Wahnsinn, hat. «Ick wer varrickt, ick zieh uff's Land!» «So varrickt wie der möcht ick ooch mal sind, aba bloß for fümf Minuten!» «Mit mir könn' Se reden wie mit'n Varrickten (bloß nich so schnell).»

verrungenieren (auch verrujenieren) ruinieren. «Alles muß verrungeniert werden.» (aus ‹Berlin, wie es weint und lacht› von Kalisch, 1858).

verschimpfieren verunstalten.

verschludern verschleudern.

verschmaddern verschmieren.

verschmeißen verlegen.

verschütt' gehn ruhmlos verschwinden.

verschwitzen vergessen.

versieben durch Ungeschicklichkeit verderben; auch: vergessen.

versohlen durchprügeln.

Verstand, m. in Zusammensetzungen wie ‹er hat keen' Kartenvastand›, ‹Ferdevastand› u. ä. «Der hat mehr Vastand in' kleenen Finga wie du in' Kopp.» Beim Anbieten einer Zigarre: «Aba die roochen Se mit Vastand!»

verstehn «Det vastehn Se nich; det vasteh *ick* kaum.» Wer etwas stark mißbilligen will, der tut so, als habe er falsch verstanden. Die Mutter sagt z. B. zum Sohn, der aus der Schule kommt: «Heute jib's Briehkatoffeln.» «*Wat* jib's?» «Briehkatoffeln.» «Ick weeß nich, ick vasteh imma Briehkatoffeln.» (wobei er ein ganz dummes Gesicht macht). ‹Vastehn Se› wird oft von Leuten, die nicht gut erzählen, in die Rede eingeschoben. «Sie ha'm woll 'ne schwere Vastehste?» (zu einem Schwerhörigen oder schwer Begreifenden).

Verstehste, f. Auffassungsgabe, ‹die Vastehste›. Drohung: «Vastehste?» (im Ton der Drohung wird ‹verstehste› mit besonders betontem ‹a› gesprochen).

vertobaken (vom hebr. tobach) schlagen, verhauen.

verwamsen, verwichsen durchprügeln.

verziehen, sich verschwinden. «Vazieh dir!»

ville viel. «Mutta, jib mir wat (zu essen), aba ville!» «Et muß noch ville mehr jetrunken wer'n!»

villeicht vielleicht. «Villeicht jehste bald!» Als Verstärkung: «Den ha'ick villeicht eene jeknallt!»

Visage, f. (franz.) Gesicht.

von «Willste *von* se!», geh schleunigst weg von ihr, du hast da nichts zu suchen.

von wejen (starke Ablehnung). «Von wejen 'n Stick Kuchen – 'n Katzenkopp kannste kriejen!»

vorbei «Det is vorbeijelungen». Auch: «Det is dane'mjelungen.»

vorbinden (sich eenen) jemand strafen, zur Rechenschaft ziehen.

vorhaben «Den hamse vorjehatt!», den haben sie übel zugerichtet.

voricht vorig. «Vorchte Woche.»

vorknöppen (sich eenen) wie ‹vorbinden›.

vorkommen «Kann vorkomm', det man fällt un findt nischt.» «Kann vorkomm', det de Nachkomm' zu früh komm'.»

vorlejen vorsorgen, im voraus essen. z. B. wenn man eingeladen ist und erst spät auf ein Abendbrot rechnen kann: «Ick habe orntlich vorjelecht.»

vormachen «Du kannst mir ville vormachen!», und dennoch glaube ich es nicht ohne weiteres.

vorne «Det is vorne so hoch wie hinten!» (Jacke wie Hose); auch scherzhaft verdreht in: «Det is vorne so hinten wie hoch.» «Wo de Brosche sitzt, is vorne!»

vornehmen «Ick wer Fritzen mal orntlich vornehm'.», ihm ins Gewissen reden.

vorneweg voraus. «Er is imma mit's Maul vorneweg.», was er tut, bleibt hinter seinen Worten zurück.

Vorrede, f. «Halt dir nich so lange mit de Vorrede uff!», komm zur Sache.

W

wa Ein vieldeutiges, wichtiges Wort. Es kann die Verbform ‹war› sein, jedoch auch das Fragewort ‹was› oder eine Abkürzung des beliebten ‹nicht wahr›. «Ick wa in Onkel Toms Hütte jewesen.», ich bin da gewesen. «Wa?», ich habe nicht verstanden. «Du vapetzt mir doch nich bei Vatan, wa?», nicht wahr? (vgl. wat).

wabbelich flau, wackelig, quabbelig.

wälzen «Det war zum Wälzen.», zum Kranklachen.

wahaftich wahrhaftig. Gilt unter Kindern als der höchste Schwur. Wenn einer der Aussage des anderen nicht traut, so fordert er ihn auf: «Sag mal *wahaftich*!» «Wahaftijen Jott!»

wahr «Det is ja schon beinah janich mehr wahr.», wenn etwas erzählt wird, was schon lange her ist.

Waisenknabe, m. «Jejen *den* sein Kater is meina 'n reena Waisenknabe.»

Walddeibel, m. Lärminstrument für Kinder auf dem Weihnachtsmarkt, ähnlich der Knarre, wurde jedoch an einer Schnur kreisförmig geschleudert.

Wamse, plur. Schläge; wamsen, prügeln.

Wand, f. «Du hast de Wand uff'n Puckel!», wenn der Putz abgefärbt hat. «Mit *den* kann man Wände inrennen!», der ist ein granitharter Dummkopf. «Wenn man den an de Wand schmeißt, bleibta kleben!», von einem schmutzigen Menschen. «Det is ja, um de Wände hochzujehn!»

warm ‹'n warmet Aambrot: 'ne Tasse Kaffe un 'ne Schmalzenstulle›. ‹'n warmer Bruder›, sehr hingabebereiter Männerfreund.

Waschfrau, f. «Jrüßen Se Ihre Waschfrau!», gehen Sie Ihrer Wege.

Wasserpollacke, m. Pole, der schlecht deutsch spricht, vornehmlich aus Niederschlesien. Der Ausdruck wäre wohl längst ausgestorben, wenn ihn die Berliner Automobilisten nicht sehr lange zu ihrem Lieblingsschimpfwort gemacht hätten: «Olla Wasserpollacke!»

wat «Ach wat!», laß mich in Ruhe! ‹Wat haste wat kannste› oder ‹Haste wat kannste›, in aller Eile. «Is ja wat los.» «Wat denn, wat denn!» «Wat heeßt hier Weihnachtsboom, wenn keene Lichta brennen?»

wech «Det hab ick wech.», begriffen. «Mach, dette wechkommst!» «Er is janz wech», hingerissen. «Wech mit Schaden.»

Wecker, m. jemand ‹uff'n Wecker fall'n›, ihn nervös machen.

Weech, m. Weg (vgl. Weje).

weich erschöpft. «Der macht mir janz weich mit seine Redereien!» «Mensch, bist ja weech!», bist sehr dumm!

Wein, m. Daß einst in Berlin Wein gebaut, wohl auch gekeltert wurde, deuten die Namen Weinstraße, Weinmeisterstraße, Weinbergsweg an; der Landrücken, zu dem dieser Weg (vom Rosenthaler Tor) führt, hieß der ‹Wollanksche Weinberg›. Hier lag das ‹Vorstädtische Theater› der Mutter Gräbert.

Weiße, f. Berliner Weißbier, helles, obergäriges Bier, das durch mitvergorene Milchsäurebakterien (im Gegensatz zum Münchner Weißbier) einen ausgeprägt säuerlichen Geschmack hat. Leider ist die alte Weißbierkultur mitsamt den Weißbierbudikern beinahe ganz ausgestorben. Sie war aus der Vielzahl der kleinen Brauereien entstanden und aus der persönlichen Kellerbehandlung, die der einzelne Budiker dem Bier angedeihen ließ. Es gab drei Grundsorten von Weißbier, deren Stammwürze und Alkoholgehalt sich unterschieden. So hatte die dritte Sorte nur 2,4% Alkohol, die erste 3,9%. Die persönliche Kellerpflege des einzelnen Budikers galt der Nachgärung und Haltbarkeit des Bieres. Das feinste Bier war die ‹Champagnerweiße›, die keinerlei Heferückstand mehr hatte und durch ihre rassige Säure ausgezeichnet war; sie hieß lange Zeit ‹Eine vom eichnen Brett›. ‹Weiße mit Schuß› wurde vornehmlich von Damen getrunken. Der ‹Schuß› war Himbeersaft oder Waldmeisterlikör. ‹Mit Strippe› hieß eine Weiße, zu der ein Korn serviert wurde. Die Weiße wurde lange Zeit aus flachen Glasschalen getrunken (Klauweiße), später kam der Pokal auf. Das Bier wurde nicht in Glasflaschen gefüllt, sondern auf Steinkruken abgezogen.

weit «Det jeht entschieden zu weit.» «Wenn't weiter nischt is!», wenn nicht mehr verlangt wird! «Von weiten sehr entfernt!», auf die Frage: «Wie sieht das aus?».

weita weiter. «Macht man so weita, ihr werd't schon sehn, wat ihr davon habt!»

Weje, m. plur. (aber im Sing. Weech!) Wege. «Det hat noch jute Weje.», es ist noch viel Zeit bis dahin. «Ick jeh jewiß *jeden* aus'n Weje, aba ick valange ooch, det *mir* jeda aus'n Weje jeht.» «Er is jut bei Weje.», er ist gesund.

Weltjeschichte, f. «Da hört sich doch de Weltjeschichte uff!» (Ausdruck des Erstaunens).

wenn «Wenn schon, denn schon!», wenn es sein muß, soll es auch gut sein. «Wenn nich, denn nich!» «Na, wenn schon!» (verächtlich).

werden «Wat nich is, kann noch wer'n.» «Wat soll'n det wer'n, wenn't fertich is?», fragt man z. B., wenn jemand für eine Zeichnung Anerkennung erwartet. «Sie wern doch nich!» (das tun). «Na, wird's bald?», wird es endlich geschehn? «Da wird nischt draus.», das kommt nicht zustande, geschieht nicht.

Wetta, n. «For so'n Wetta lieba jakeens!»

wetten «So ha'm wir nich jewettet!», das ist gegen die Abrede. «Wetten daß?», wollen wir wetten?, worauf der Gegner sagt: «Wetten, daß nich?»

Wichse, f. «Allens eene Wichse!», alles gleich. «Det is klar wie Wichse (Stiebelwichse)!» Auch Schläge sind ‹Wichse›; ‹verwichsen›.

Wickel, m. ‹eenen bei'n Wickel nehm (kriejen)›, vgl. vorknöppen.

widder wieder. «Wat wist'n widder?»

wie für sowie, sobald. z. B. «Wie ick'n sehe, wer'cks ihm saren.»

wie noch nie sehr. «Da ha'ick jelacht, wie noch nie.»

Willem, m. Wilhelm. «Er macht'n dicken Willem.», er gibt an, er protzt. Auch der falsche Zopf wurde ‹Willem› genannt.

Wirtschaft, f. Haushalt. «Wieda'n Stick in de Wirtschaft!» Aufregung, Unordnung: «Mach doch hier nich sonne Wirtschaft!»

wissen «Na weeßte!» (Anfang einer Gegenrede). «Weeßte, wat de bist? 'n Ochse biste!» «Det kann eena *alleene* nich wissen.» «Der weeß, wo't langjeht.», er ist gewitzt. «Weeß keen Mensch! Kommt ooch nie raus!» (Antwort auf eine ganz einfache Frage, z. B. «Wie alt sind Sie'n?»). «Nu will er's wissen!», jetzt hat er sich etwas fest vorgenommen, jetzt will er es jemand zeigen (z. B. wenn beim Radrennen ein Fahrer plötzlich spurtet).

Wolke, f. «Det is 'ne Wolke!», großes Lob (vgl. Wucht).

Wonneproppen, m. dralles, hübsches Mädchen.

Worte, plur. «Haste Worte?», was soll man dazu sagen?

Wrasen, m. Wasserdampf.

Wucht, f. Tracht Prügel. «Krist 'ne Wucht!» Dagegen: «Det is 'ne Wucht!», hohe Anerkennung wie ‹Wolke›.

wünschen «Wünschense villeicht noch wat?» wollen Sie eine Ohrfeige? «Wir wollen't nich wünschen, aba Jott jeb's!»

wundascheen «Wundascheen is janischt dajejen!», ironisches Lob.

Wuppdich, m. Schwung. ‹mit'n Wuppdich›.

Wuppdiziteet, f. Geschwindigkeit. «Mit eena Wuppdiziteet von nullkommanischt.»

wurachen mit Geräuschen herumarbeiten.

Wurm, n. «Armet Wurm!» «Wenn man so vier kleene Würmerkens hat!» «Da is der Wurm drin.»

Wurscht, f. Wurst. «Wurscht wider Wurscht!», wie du mir, so ich dir. «Det is mir wurscht.», gleichgültig. «Jetz jehts um de Wurscht.», beim Spiel, vor der letzten Entscheidung. «Allet hat mal'n Ende, bloß de Wurscht hat zwee.»

wuschen (auch wutschen) huschen.

wuschich ungekämmt.

Z

zach zaghaft.

Zacken, m. Stück (z. B. Brot), auch Baumast. «Er hat'n Zacken.», er hat einen Rausch.

Zadder, m. Bindegewebe im Fleisch; zaddrich.

Zahn, m. «*Den* Zahn laß dir man ziehn.», das bilde dir nicht ein. «Wat soll ick'n damit? Det is jrade 'n bisken uff'n hohlen Zahn!»

zappenduster sehr dunkel. Auch: aus, zu Ende.

Zaster, m. Geld.

Zauber, m. Festlichkeit, Aufführung; Schwindel. «*Den* Zauba kenn' wa!»

Zeck spielen Fangen spielen, wobei ein leichter Schlag gegeben werden muß, eben: ‹Zeck›.

Zehnte, m. «Det kann der Zehnte nich vadraren.»

Zeijer, m. «Is keen Zeijer dran.», wird geantwortet, wenn jemand sagt: «Zeij mal!»

Zeit, f. «De Zeit vajeht und det Licht vabrennt.» «Wenn ick Zeit habe, wer' ick dir bedauern.», ironisches Beileid.

zerknautschen zerknittern. ‹'n zerknautschtet Jesichte›.

zerreißen, sich angestrengt arbeiten. ‹sich um eenen zerreißen›, sich sehr um seine Gunst, um den Umgang mit ihm bemühen.

zerteppern zerschlagen.

Zibbe, f. Ziege; auch: weibliches Kaninchen.

Zicke, f. Ziege. «Olle Zicke!», dürres Weibsbild. Außerdem auch die ‹Zehn› in den Spielkarten.

Zicken, plur. Dummheiten. «Mach doch keene Zicken!»

Ziehe, f. Pflege. ‹'n Kind in de Ziehe je'm›.

Zille, f. Spreekahn.

Zimmerberolina, f. pompöse, walkürenhafte Frau, die auch im Zimmer etwas Statuarisches behält. Nach der Figur der Berolina vom Alexanderplatz.

Zimt, m. «Mach keen Zimt!», mach kein Theater.

Zimt, m. «Mach keen Zimt!», mach kein Theater; auch: mach keinen Unfug.

Zinnoba, m. ‹Der janze Zinnoba›, alles, der ganze Kram.

Zislaweng, m. siehe Cislaweng (Schißlaweng).

Zitrone, f. ‹mit Zitronen handeln›, etwas ergebnislos tun.

Zosse, m. altes Pferd.

zu los, vorwärts (vgl. machen). «Na, denn man zu!», jetzt kann es losgehn!

zuckeln ziehen, fahren (wie juckeln); auch: langsam gehen. ‹Zuckeltrab›.

Zucker, m. «Det is Zucka!», sehr gut. «Det is Zucka!», sie ist ein hübsches Mädchen. «Mach nich so, als ob de aus Zucka bist.», sei nicht so zimperlich.

Zuckerkant Kandiszucker.

Zurückzieher, m. ‹'n Zurückzieher machen›, etwas Beleidigendes zurücknehmen.

zusammenschrumpeln einschrumpfen.

zwee zwei. «Wir zwee beede.» «Dazu jehörn doch zwee!», wenn einer mit Schlägen droht. Um etwas als sehr ausgiebig zu bezeichnen, sagt man: «Da kannste *zwee* draus machen.», z. B. «aus *die* Ohrfeije.» Auch: «Is det'n Sauwetta! Da kann man zwee draus machen.»

zweemal «Noch zweemal hinfallen, denn biste zuhause!», zu einem langen Menschen, der hingefallen ist.

zwiebeln peinigen.

zwitschern (eenen) trinken, vom Schnaps.

VERZEICHNIS BELIEBTER WÖRTER UND REDENSARTEN

Begrüßung – Abschied

Tach ooch! / Morjen, die Herrn! / Mahlzeit, die Herrn! / Ju'n Aamt zusamm'! / Ju'n Aamt zu saren! / Je scheener der Aamt, desto später die Jäste. / Auf die Frage: Wie geht's? – So weit janz jut! / Imma uf zwee Beene. / So lila / Na, so durchwachsen. / Et muß solange jut jehn, bis et bessa wird! / Imma uf'n Damm! / Halb und halb! / Mampe! / Sonst jehts danke? – Danke, et jeht. / Adjüs / Atschees / Atschö / Hatschees / Machen Se't jut! / Leben Se so wohl als auch (janz besonders). / Bleimse hübsch jesund! / Auf, laßt uns brechen! (aufbrechen) / Wollnse denn Jottseidank schon jehn? / Es war alles jut und reichlich, un nich so fett wie sonst in den besseren jüdischen Häusern. / Schlaf rund, dette nich eckich wirst!

Bejahung – Zustimmung

Allemal! / Du meenst woll nee? / Aber feste! / Ick wer' mir ekeln! / Na, jewiß doch! / Na, klar! / Na, ob! / Na, und ob! / Na, Sache! / Na, überhaupt! / Aba nich zu knapp! / Aba richtich! / So wa't richtich! / Stimmt (a)uffallend! / Sowieso! / Det sowieso! / Det kann ick dir flüstern! / Meine Rede seit Siebzich!

Dummheit – dumme Menschen – dummes Verhalten

'n lieben Jott sein Beeschaf. / Bulljonkopp / Mit'n Demelsack jeschlaren / Mitte Muffe jebufft / Dem(e)lack / demlich / schafsdemlich / desig (dösig) / rammdesig / Döskopp / doof / Doofkopp / doowe Neune (Nuß) / Du hasts jut, du bist blöd! / Doof is bessa als pucklich, det sieht man nich so. / Droomsuse / Droomtute / Sie sind woll'n bisken dumm? / De Dummen wer'n nich alle! / Eena von die, die nich alle wern. / Se denken woll, ick bin so dumm, wie *Sie* aussehen? / Doof is doof, da helfen keene Pillen! / Der hat nich alle Tassen im Schrank. / Er hattse nich alle bei sich! / Sie sind janich so dumm, wie Se aussehn; Se sind noch ville dümma! / Dumm biste ja nich, aba demlich. / So dumm (doof) möcht ick ooch mal sein – aba bloß for fümf Minuten. / Dumm jeborn und nischt dazujelernt! / Dummerjahn / Dummheit is ooch 'ne Jabe Jottes, aba ma muß se nich mißbrauchen. / Wenn Dummheit weh tut, kommste aus't Schrein nich raus. / Du bist woll aus Dummsdorf! / Dussel / Olla Dussel / Dusselkopp / Dusseltier / Se sind woll nich von hier? / So'n jriena Junge! / Jrützkopp / Keesekopp / Wenn Se so lang wärn, wie Se dumm sind, denn könnten Se aus der Dachrinne saufen. / Riesenroß / Schlummerkopp / 'n selten demlicher Hund! / Stiesel / Strohkopp / Stumpfbock / Taps / Tepper / Trantüte / Mit dem kann man Wände inrennen! / Mensch, bist ja weech!

Drohung

Du willst woll'ne kleene Abreibung ham? / Dir stoß ick außen Anzuch! / Na warte, det wer'k Dir anstreichen! / Et jibt jleich eklich wat aus de Armkasse! / Sie ham woll schon lange keene Backzehne jespuckt? / Ick wer dir *bei* (folgt Infinitiv, etwa ‚Äppel klaun'; Kindern gegenüber oft Antwort auf eine unpassende Frage oder Bitte: Ick wer dir bei spielen jehn!) / Dir werkt beibringen! / Du wirst jleich wat besehn (Keile besehn)! / Den werkt besorjen! / Ick schlach dir 'n Brejen in! / Dir wer'k (uff'n Drab, uff'n Schwung) bringen! / Ick wer'n mal uff't Dach steijen. / Krist jleich eens uffs Dach! / Krist eens uf'n Deckel! / Dir soll der Deibel frikassieren! / Krist 'n Ding (det'n Fund wiecht)! / Wat, Sie wolln mir dreckich komm'? *Sie* nich, vastehn Se, *Sie* nich! / Komm' Se mir nich dumm, sonst komm ick Ihnen noch dümma! / Dem knick ick die Eisbeene! / Ick kann sehr eklich wern. / Du! Wat willst 'n erben? / Ick knall dir eene, dette de Engel in'n Himmel feifen hörst! / Dir hau ick in Fetzen! / Den wer'k de Flötentöne beibringen! / Mensch, dir könnt ick stundenlang in de Fresse haun! /

Dir wer'k de Hammelbeene langziehn! / Dir wer'k zeijen, wat'ne Harke is! / Du krist jleich eens uf't Hauptjebäude! / Warte, dir wer'k helfen! / Een Schlach – und du stehtst im Hemde, der zweete is Leichenschändung. / Laß dir bloß nischt infallen! / Hast woll lange nich dein eijnet Jeschrei jehört? / Ick wer dir jleich kommen! / Liebe mir, oder ick zerhack dir de Kommode! / Hast woll lange nich mit'n verbundenen Kopp aus'n Charitéfenster jekiekt? / Den wer'k uff'n Kopp komm'! / Ick hau dir uff'n Kopp, dette Plattbeene krist (dette durch de Rippen kiekst wie der Affe durch'n Kefich)! / Wo willst 'n liejen? Spuck ma hin! / Dir nehm ick außenander un setz dir vakehrt wieda zusamm'! / Een Schlach, un de Nese sitzt hinten! / Ihn' hat woll lange nich de Nese jeblut'? / Ick hau dir eene, dette denkst, Ostern un Fingsten fällt uf een' Dach! / Ick hau dir eene, dette aus de Pantin' kippst! / Den schlar ick mit'n nassen Rejenschirm dot! / Sie ham woll schon lange nich in de Renne jelejen? / Krist eene rin! / Keile kriste nach Noten! / Denn kannste deine Knochen in't Schnuppduch zu Hause draren! / Nu nummerier' dir man de Knochen! / Ick hau' dir eene an dein' Resedatopp, det dir de Blietn noch vierzehn Dare wackeln! / Reich mir mal det Beil von de Kommode, ick wer' den Kerl ma' 'nen Scheitel ziehn! / Du krist Hiebe, dette Schwarte knackt! / Det soll dir sauer ufstoßen! / Et setzt wat! (Et setzt Keile.) / Den laß ick an'n steifen Arm vahungern! / Ick hau dir eene, dette dir um un dumm drehst! / Nu sind Se stille, oda ick wer' unanjenehm! / Du krist 'ne Ohrfeije, die sich jewaschen hat! / Det Aas stech ick mit'n jefrorenen Waschlappen dot! / Krist 'ne Wucht! / Wünschen Se villeicht noch wat? / Mann, wenn ick nich in Tierschutzvaein wäre . . .

Gleichgültigkeit – Gleichmut

Det is draußen wie vor de Diere. / Det is drin wie draußen. / Da feif ick druff! / Det is Jacke wie Hose. / Mir is allens piepe (schnuppe, schnurz). / Is mir pomade. / Det is mir schnurz un piepe, det is mir janz ejal. / Det is allens eene Soße (Wichse). / Det is mir wurscht. / Wenn nich, denn nich! / Futsch is futsch, und weck is weck! / Wenn't nich is, denn isset ebent nich! / Mir is ejal, wovon ma schlecht wird. / Kommste heute nich, kommste morjen. / Det is ja noch lange keen Beenbruch. / Bessa wie in de hohle Hand jespuck! / Bessa als mit'n schmutzjen Stock in't Ooge! / Dazu sind ja die Fehla da, det se jemacht wern.

Verwunderung – Entrüstung

Ick denke, mir laust der Affe! / Nu bitt ick eenen (Menschen)! / Na nu brat mir eener 'n Storch (und de Beene recht knusprich)! / Da schlach doch Jott den Deibel dot! / Nu denken Se sich bloß an! / Det wär ja woll noch scheener! / Ein doller Otto! / Et passiern de dollsten Jeschichten! / Is denn sowat drin? / Ei wei Backe! (Au Backe!) / Da is't Ende von weg! / Hat eener schon sowat erlebt? / Nu frarick eenen (Menschen)! / Himmel, haste keene Flinte? / Det erste, wat ick höre! / I wat! / I wo! / I, wat Se saren! / Na nu tu mir eena 'n Jefallen! / Nu seh eena an! /Jott steh mir bei! / Jroßa Jott! /Junge, Junge! / Kiek ma an! / Nu kiek ma bloß an! / Da schlach eena lang hin (un steh kurz wieda uff)! / Mann Jottes! / Menschenskind! / Sowat lebt nich! / Krist de Motten! / Na, nu wirds Tach! / Na, wat'n noch! / Nanu? / Nee? / Nee aba sowat! / I Jott, nee doch! / Ick wa janz baff (paff)! / Ick wa ja platt! / Mir bleibt de Spucke wech! / Da staunt der Laie und der Fachmann wundert sich! / Da staunste Bauklötzer! / Da hört sich denn doch Vaschiedenes uff! / Da hört sich denn doch de Weltjeschichte uff! / Haste Worte (Töne)? / Jetzt ooch noch Spickaal!

Verrücktheit – verrückte Menschen

Du bist woll von'n Affen jebissen? / Bist woll anjebufft? / Du bist woll brejenklietrich (nich janz jesund)? / Er hat 'n leichten Dachschaden ('ne matschije Birne). / Der is woll aus Dalldorf entsprungen? / Du kannst woll nischt (nich) dafor? / Er hat'n Fimmel! / Se sind woll fusselich? / Se sind woll janz von Jott valassen? / Bist woll nich recht bei Jroschen? / Dir hamse woll als Kind zu heiß jebadet! / Hast woll 'n Knall? / Wenn eener varrickt wird, wird er't zuerst in Kopp varrickt! / Bist ja Manoli linksrum (meschugge, 'n bisken malle)! / Dir hamse woll mit de Muffe jebufft! (mit de Pauke jepiekt!) / Kriejen Se det öfter? / Bei dir piepts woll? / Hast woll 'n Piepmatz ('n Triller, 'n Triesel)? / Quesenkopp / Er hat Raupen in' Kopp. / Bei den is 'ne Schraube los! (daher ‚rappelts' bei ihm, oder er ist ‚rapplich', ‚rappelköppsch') / Du bist woll schwach? / Hast woll nich alle Tassen im Schrank? / Hast woll Tinte jesoffen? / Sonst ist Ihnen doch wohl? / Dir hamse woll mit kalt Wasser vabrieht? / Er is überjeschnappt (überkandidelt). / Dir ham se woll mit 'ne saure Jurke (mit 'ne Morriebe) aus' n Urwald jelockt? / 'n bisken varrickt is ja janz scheen – aba man darf et nich übatreiben. / Varrickt un drei macht neune!

Kritik (negative und positive)

Ick hab' schon mal 'n jrößern Zwerch jesehn! / Det is mein Fall. / Unter allen Hund! / Det jönn' ick keen' Hund! / Det kann ja 'n Hund jammern. / Na, ick hab schon mal mehr jelacht. / Det is nischt Jenaues. / Wat ham die sich bloß jedacht? / Und mitte Ohrn könnse nischt, Herr Blau? / Is ja kalter Kaffe! / Unta alla Kanone! / Allens eene Kulör! / Det kann Lehmanns Kutscher ooch. / Det wa' man mau. / Det is ja nich menschenmöglich! / Det is ooch nich uff den sein' Mist jewachsen. / Die Sache hat keen' moralischen Hinterjrund. / Die Sache is mulmich. / Det is Murks. / Nee, wissense, nee! / Det is oberfaul. / Ooch nich schlecht! (iron.) / Ooch noch! / Da bleibt keen Ooge drocken. / Unta alla Sau (Suppe)! / Scheen is anders. / Det kann ja keen Schwein lesen. / Die Sache wird sengerich. / Det hat keenen sittlichen Wert. / Det is nich uffrejend. / Det is ja hier jakeen Vaein! / Det jeht entschieden zu weit! / Wundascheen is janischt dajejen. (iron.) / Det kann der Zehnte nich vadraren. / Det is ja ooch keen Hund! (Anerkennung) / Det macht sich! / Det is 'ne Numma! / Die is schwer in Ordnung. / Det is nich von Pappe. / Pico bello! / Det is 'ne Sache (Wolke, Wucht)! / Det is Zucka!

Verneinung – Ablehnung

Ausjeschlossen! / Danke for Backobst. / Damit kannste bei mir keen Blumentopp jewinnen! / Nich for'n Daler. / Denk nich dran! / Ja nich dran zu denken! / Wat Sie denken, is nich. / Denkste! / 'n tipischer Fall von Denkste! / Ick denke ja nich im Traum dran. / Da wird nischt draus. / Davon steht nischt drinne. / Det is det eenzije, wat er nich dut. / Die Falle! / So dumm sind wa nich! / Mir könn' Se doch nischt erzählen. / Uff eenmal! / Denkt ja keen Ferd dran! / Det fällt flach. / Fällt mir nich in! / Hat sich wat! / Is nich! / I wo! / I, wo wer'k denn! / Ick wer dir wat husten. / Ick kann ma ja maßlos beherrschen! / Ick hab keen' blassen Dunst. / Ick nich, wer noch? / Ja, Pustekuchen! / Da findste keene Jejenliebe. / Jibts ja janich! / Keen nischt und keen janischt. / Keene Idee! / Keene Spur! / *Knif* (kommt nicht in Frage)! / Wat ick mir dafor koofe! / In Leben nich! / Na, ooch noch! / Na, det fehlte noch! / Nich in de Hand! (Nich in de la meng!) / Nich in de Tiete! / Nischt zu wollen (nich zu machen)! / Nischt zu löten an de hölzerne Badewanne! / Det könnte dir so passen! / Da jeh ick nich ran. / So siehste aus! / Vazichte! / Von wejen! / Dieses wenijer. / Wat heeßt hier Weihnachtsboom, wenn keene Lichta brennen? / Den Zahn laß dir man ziehn.

Ungläubigkeit – Zweifel (vgl. auch Verwunderung)

Na, ick weeß ja nich . . .? / Nischt Jenaues weeß man nich. / Det is nich jesacht. / Ick jloobe jar! / Wer't jloobt, wird seelich! / Mensch, det jloob man alleene! / Bei den Jlooben bleimse man! (iron.) / Na, nu machen Se man 'n Punkt! / Erzähl doch det deine Jroßmutter! / Sein Se so jut! / Ach, jehn Se doch! / Det haste woll jeträumt? / Du kannst mir ville vormachen. / Uff'n Arm nehm könnse mir ja, aba nich schaukeln!

Dritter Teil
Berliner Texte

«Det is nu Berlin, mein Sohn. Jott bessere es und uns und lasse ihm und uns unsere Ankunft jedeihen! Ick für mein Teil heiße dir von Herzen zu seine Verjrößerung und Verschönerung willkommen; denn uf eenen Zujezogenen und Nachjemachten kann es mir in diesem Fall jarnich ankommen. Sind wir Richtigen, Injebornen eenmal uf den Aussterbeetat jesetzt, na, so müssen wir et uns eben jefallen lassen, wie die Mohikaner, die richtigen Athenienser und ähnliche Klassiker, wie Fräulein Julie sagt, sich et ooch haben passieren lassen müssen. Richtig, die janze Pferdebahn voll Dresener und Leipzijer, Linksmainer, Bremer, Hamburger und det übrige Krethi und Plethi! An seine eijene Muttersprache wird man von Tach zu Tach mehr irre in det unjlückselije Weltnest!»

Wilhelm Raabe in ‹Villa Schönow›, 1884

KINDERVERSE

Kinnewippken,
Nesedrippken,
Oogentreneken,
Ziep, ziep Mareneken.

*

Aute, Naute, Fefferkuchen,
Morjen jehn wir Äppel suchen!

*

Meine Mutter hat jesacht:
Sauer is nich süße.
Nimm dir keene Bauernmagd,
Die hat krumme Füße.
Nimm dir eene aus der Stadt,
Die 'ne schlanke Tallje hat.

*

«Herr Schmidt, Herr Schmidt,
Was kricht die Jule mit?»
«'n Schleier und 'n Federhut,
Det steht der Jule jar zu jut.»

*

Da hast'n Daler,
Jeh nach'n Marcht,
Koof 'ne Kuh,
'n Kälbchen dazu –

Kälbchen hat'n Schwänzchen –
Kiddeldiddeldänzchen!

*

Backe backe Kuchen,
Der Bäcker hat jerufen,
Hat jerufen die janze Nacht,
Kindchen hat keen Teich jebracht,
Kricht ooch keenen Kuchen!

*

Donnerwetter –
Mang de Bretter
Sitzt der Kater,
Macht Theater,
Kommt der Bär,
Macht noch mehr,
Kommt de Maus,
Löscht alles wieder aus –
Kommt der Mann,
Fängt alles wieder von vorne an!

*

Schnecke, Pumpecke,
Steck deine vier Hörner raus.
Schmeiß ick dir in Jraben,
Fressen dir de Raben.

*

Kalitte, Kalitte, setze dir,
Ick jebe dir auch Brot und Bier,
Brot und Bier, das jeb ick dir,
Kalitte, Kalitte, setze dir!

*

Sechs mal sechs is sechsundreißich,
Is de Frau auch noch so fleißich
Un der Mann is liederlich,
Taugt de janze Wirtschaft nich.

*

Morjen, meine Herrn,
Äppel sind keene Bern,
Bern sind keene Äppel,
Die Wurscht hat zwee Zeppel,
Zwee Zeppel hat die Wurscht,
Der Bauer hat Durscht,
Durscht hat der Bauer,
Das Leben wird ihm sauer,
Sauer wird ihm das Leben,
Der Weinstock hat Reben,
Reben hat der Weinstock,
Ein Kalb is kein Ziegenbock,
Ein Ziegenbock is kein Kalb,
Ein Kalb is kein Schwein,
Meine Predicht muß alle sein,
Meine Predicht is halb,
Halb is meine Predicht,
Der Pansch is mir ledich,
Ledich is mir der Pansch,
Da habt ihr meine Predicht janz!

*

In der bimbambolschen Kirche
Jeht es bimbambolisch zu:
Tanzt der bimbambolsche Ochse
Mit der bimbambolschen Kuh.

*

Da oben uff den Berje
Da is der Deibel los,
Da zanken sich zwee Zwerje
Um een Kartoffelkloß.
Der eene hat jewonnen,
Der andre hat verspielt,
Da ham sich alle beede
Im Sande rumjesielt.
    Der eene will ihn haben,
    Der andre läßt'n los,
    Da falln se alle beede
    Uff den Kartoffelkloß.

*

Lott is dot, Lott is dot, Jule liecht im Sterben,
Freu ick mir, freu ick mir, jibt et wat zu erben!
Oder:
Wer wird nu, wer wird nu, den janzen Klumpatsch erben?

*

Ach weene, ach weene, ach weene man nich,
In de Röhre stehn Klöße, du siehste bloß nich!

*

Aua! schreit der Baua,
De Äppel sind saua!

*

Dunkel war's, der Mond schien helle
Auf der schneebedeckten, grünen Flur,
Als ein Wagen blitzesschnelle
Langsam um die Ecke fuhr.
Drinnen saßen stehend Leute,
Schweigend ins Gespräch vertieft,

Als ein totgeschoßner Hase,
Auf dem Sandberg Schlittschuh lief.

Und ein blondgelockter Knabe
Mit kohlrabenschwarzem Haar
Saß auf einer grünen Banke,
Die rot angestrichen war.
Neben ihm 'ne olle Schrulle
Von so 16, 17 Jahr,
In der Hand 'ne Butterstulle,
Die mit Schmalz bestrichen war.

Holder Engel, süßer Bengel,
Vielgeliebtes Trampeltier,
Augen haste wie Sardellen,
Alle Ochsen gleichen dir.

ABZÄHLVERSE

Doktor Bär
Schickt mich her,
Ich soll holen
Zwei Pistolen,
Eine für mich,
Eine für dich,
Du bist ab und ich noch nich.

*

Doktor Bär
Schickt mich her,
Ob der Kaffe fertig wär.
Nein mein Kind, du mußt noch warten,
Jeh solange in den Jarten.

Die Uhr schlächt 7,
Da wird er jerieben.
Die Uhr schlächt 8,
Da wird er jemacht.
Die Uhr schlächt 9,
Wird der Kaffe fertig sein.
Die Uhr schlächt 10,
Wird er uffem Tische stehn.

*

Iter Peter Itzenstrick,
Sieben Katzen schlugen sich
In 'ner dustern Kammer
Mit'n blanken Hammer.
Eine kricht'n harten Schlag,
Daß se hinter de Türe lag.
Ab – an – dran!

*

Eins, zwei, drei,
Lische lasche lei,
Lische lasche Plaudertasche,
Eins, zwei, drei!

*

Ong dong dree,
Katterlemmersee,
Lemmer si, lemmer so,
Die Kapelle Sanktimo,
Sanktimo di Colibri,
Colibri de Tepperi,
Ong dong dree,
A ree!

Von Berliner Kindern in der französischen Kolonie aufgeschnappt; die ersten vier Worte sind offenbar entstanden aus: ‹un, deux, trois, quatre›.

Üppchen, Püppchen, Rübezahl,
Üppchen, Püppchen, knoll,
Zibber de bibber de Monika
Zibber de bibber de boll.
Da kam die Frau Posnien jejangen
Und fragte, was das soll?
Irschel, Pirschel, Tintenwirschel,
Krismus, Krasmus, Kroll.

*

Eene, meene, ming mang,
Ping pang,
Ose, pose, packe dich!
Eia, weia, weg!

*

Eins, zwei, drei, vier,
Auf dem Klavier
Steht ein Glas Bier.
Wer daraus trinkt,
Der stinkt.

*

Ettchen, dettchen, dittchen, dattchen,
Zebbe de bebbe de bunte Klattchen,
Zebbe de bebbe de buff.

*

Icks, acks, u –
Raus bist du!
Icks, acks, ei –
Raus sind zwei!

KINDER-SPOTTVERSE

Böttcher, Böttcher, bum bum bum
Haut de Frau den Puckel krumm,
Lecht se uff de Lade,
Haut se wieder jrade.

*

Arthur
Mit der schönen Haartour!

*

Fritze
Mit de Pudelmütze!

*

Hänschen klein
Jing allein
In' Berliner Turnverein.
Turnt am Reck,
Fällt in'n Dreck,
Is die Nase weg.
Kommt der Doktor Hampelmann,
Klebt die Nas mit Spucke an –
Alles jut, alles jut,
Hans kricht wieder Mut!

*

Icke, dette, kieke mal,
Oogen, Fleesch un Beene!
Die Berliner allzumal
Sprechen jar zu scheene!

Nein, mein Kind, so heißt es nicht:
Augen, Fleisch und Beine!

Andere Fassung:

Icke, dette, wat,
Oogen, Fleesch un Beene!
Abjefahren sind se bald,
Wieder krichste keene!

*

Berliner Kind,
Spandauer Wind,
Scharlottenburjer Ferd,
Sind alle drei nischt wert.

*

Wer will haben
Speck mit Maden?
Speck mit Rum?
Und du bist dumm.

*

Quatsch nich, Krause,
Jeh nach Hause!

*

Hannefatzke Domino
Hat'n Floh un weiß nich wo.

*

Is das nich'n dummer Besen?
Hat's jeschrieben un kann's nich lesen!

*

Rotkopp, die Ecke brennt!
Feuerwehr kommt anjerennt!

*

Ach, du meine liebe Jüte –
Drei Bonbons in eene Tüte!

*

Ein S-tudent mit S-tulpens-tiefeln
S-tolpert übern s-pitzen S-tein.
Schlägt mit seiner Schmalzens-tulle
Eine Fensterscheibe ein.

Spottvers auf die Hannoversche Mundart.

SCHULVERSE

Eene Bohne Tintenfaß,
Jeh nach Schule un lerne was,
Wenn de was jelernet hast,
Komm nach Hause un sag mir was.

Andere Fassung:

Bunte Bohne Tintenfaß,
Jeh nach Schule un lerne was.
Lernste was, denn kannste was,
Kannste was, denn biste was,
Biste was, denn haste was,
Bunte Bohne Tintenfaß.

*

Wer ‹nämlich› und ‹dämlich› mit h schreibt,
Der is nämlich dämlich.

*

Brauchste ‹brauchen› zu jebrauchen,
Brauche ‹brauchen› stets mit ‹zu›!
Wer ‹brauchen› ohne ‹zu› jebraucht,
Braucht ‹brauchen› überhaupt nich zu jebrauchen!

*

Wenn Schüler einen Ausflug machen wollen,
schreiben sie an die Wandtafel:

«Der Frosch, der quakt, die Padde lacht,
Morjen wird 'ne Landpartie jemacht!»

*

Am letzten Tag vor den Ferien steht an
der Wandtafel:

«Heute ist der letzte Tag,
Heute wird Radau gemacht,
Und die Fenster aufgerissen,
Und der Lehrer rausgeschmissen,
Und der Stock noch hinterher,
Dann gibt's keine Keile mehr!»

VERSE FÜRS POESIEALBUM

Nimmst du dieses Buch zur Hand,
Denk, den hab ich auch gekannt.
Zur Erinnerung an Deinen
Dich liebenden Bruder Otto.

*

In Dein Stammbuch muß ich rein,
Und sollts kreuz und quere sein!

Quer geschrieben.

*

Wer dich lieber hat als ich,
Der schreibe sich noch hinter mich.

*

Berlin, den Datum weeß ick nich,
Ick jloobe, er heeßt Verjißmirnich!

*

Berlin, den Datum weiß ich nicht,
Keinen Kalender hab ich nicht,
Die Tinte ist mir eingefroren,
Die Feder hab ich auch verloren,
Der Bleistift ist mir abgebrochen,
Vor Schreck bin ich ins Bett gekrochen.

*

Arm in Arm mit Dir,
So fordre ich mein Jahrhundert in die Schranken!
Gedenke beim Lesen dieser Zeilen
immer Deiner Dich liebenden Tante Anna.

*

Unsre Freundschaft, die soll brennen
Wie ein dickes Dreierlicht.
Freunde wollen wir uns nennen,
Bis der Kater Junge kricht.

*

Ick liebe dir, ick liebe dich –
Wie's richtig heißt, det weeß ick nich,
Und 's is mich ooch Pomade.
Ick lieb nich uff den ersten Fall,
Ick lieb nich uff den zweeten Fall –
Ick liebe dir uff jeden Fall.

*

Wenn ich einst gestorben bin,
Geh zu meinem Grabe hin,
Leg auf meine kalte Brust
Eine warme Leberwurst.

*

Ein Seehund lag am Meeresstrand
Und wischte sich das Maul mit Sand.
O möge stets dein Herz so rein
Wie diese Seehundschnauze sein!

*

Gibt dir det Leben einen Puff,
da weine keine Träne.
Lach dir 'nen Ast und setz dir druff
Un bammle mit de Beene.

VOLKSTÜMLICHE REIME UND SPRICHWÖRTER

Ick sitze da und esse Klops.
Uff eenmal kloppts.
Ick jeh' zur Tür und denk' nanu,
Erst war se uff, jetz isse zu.
Ick mache uff und kieke,
Und wer steht draußen: Icke!

*

Kopp weg, Beene weg,
Hals jeht von alleene weg!

*

Ob Zwiebel oder Bolle,
Det spielt hier keene Rolle.

*

«Wat kiekst'n, Kleener,
Koofst ja nischt.»
«Kann ja kieken,
Kost ja nischt!»

*

Berlin ist musikalisch,
Das ist kein leerer Wahn,
Es sank (g) vor ein'gen Tagen
Sogar ein Äppelkahn.

*

Berlin, Berlin wat macht et?
Mit eenen Ooge weent et,
Mit eenen Ooge lacht et.

*

Da kriecht 'ne Spinne,
Sagt Minne.
Lasse kriechen,
Sagt Mariechen.
Jawollja,
Sagt Olja.

*

Das Berühren
Der Fijüren
Mit den Foten
(Von Idioten)
Is verboten.

*

Es wird schon wern
Mit Mutter Bern,
Mit Mutter Horn
Is ja ooch jeworn.
Bloß de olle Schmitten
Hat nich jelitten –
Dreimal ins Been jeschnitten,
Un denn hamse erst jemerkt,
Det se'n Holzbeen hatte.

*

Jedenfalls
Is der Kopp dicker als der Hals.

*

Nur eenmal blieht
(Wenn't keener sieht,)
Im Jahr der Mai,
Und zwölfmal blieht de Miete!

*

Das Leben is am schwersten
Drei Tage vor dem Ersten!

*

Schon wieder ist ein Tag vollbracht,
Ein Tag voll Müh und Sorjen,
Und ham wir auch nich viel jemacht,
So ham wir doch den Tag vollbracht –
Det andre machen wir morjen.

*

Der Mensch kann noch so dämlich sein –
Er muß sich nur zu helfen wissen.

*

Hier ist zu sehn, wie Pimperling
Sein Weib verschlingt,
In't Wasser springt
Und nich ertrinkt.

Anpreisung beim Verkauf
eines Wasser-Spielzeugs

*

Vis-a-vis
Is besser als dichte bi.

*

Na, wenn't so is,
Denn Prost!

*

Die Liebe und der Suff
Die reiben den Menschen uff.
Doch ohne Liebe und ohne Suff
Da geht der Mensch noch eher druff!

*

Wo steht denn das geschrieben:
Man darf nur eine lieben?
Gewöhnlich liebt man mehrere,
Teils leichtere, teils schwerere.

*

Mensch, willste Menschen sehn,
Mensch, da mußte nach Treptow jehn,
Mensch, da kannste Menschen sehn,
Menschen über Menschen!
(Mensch, du bist ja selbst'n Mensch!)

*

In diesem Sinne:
Rin in de Rinne!

*

Kann man's wissen,
Ob de Fische küssen?
Am Lande tun se's nich,
Im Wasser sieht man's nich –
Kann man's wissen?

*

Eener alleene
Is nich scheene.

Aber Eener und Eene
Und denn alleene –
Det is scheene!

*

Ach, mein lieber Eujen,
Wir wollen in det Heu jehn!

*

Ach, du mein lieber Ewald,
Komm mit mir in'n Spreewald!

*

Ach Hedwich, Hedwich, Hedwich,
Wat du verlangst, det jeht nich.
(*oder:* Die Nähmaschine jeht nich.)

*

Wenn eener eene jerne hat
Un' kann se jut verknusen,
Un' wenn se ooch 'n Buckel hat,
Er denkt, et is der Busen.

*

Ick freu mir so, wenn ick dir seh –
Freust du dir ooch, wenn du det siehst,
Wie ick mir freu, wenn ick dir seh?

*

Verliebt: Kleinchen,
Heb die Beinchen,
Da liegen Steinchen!
Verlobt: Kleene,
Heb de Beene,
Da liejen Steene!

Verheiratet: Olle,
Heb de Botten,
Da liejen Klamotten!

*

Ein schöner Rücken
Kann auch entzücken.
Ein schöner Bauch
Auch!
Ein schöner Hals
Ebenfalls!

*

Häßlichkeit entstellet immer
Selbst das schönste Frauenzimmer.

*

Man wird alt wie 'ne Kuh
Und lernt immer noch dazu.

*

De beste Krankheit taucht zu nischt!

*

Dicht daneben is ooch vorbei.

*

Der Stolz, der ist det Schlimmste,
Wat de kriejen kannst, det nimmste.

*

Bescheidenheit ist eine Zier,
Doch weiter kommt man ohne ihr.

*

Wer Gott vertraut
Und Bretter klaut,
Sich eine feine Laube baut.

*

Wer andern in der Nase bohrt,
Hat selbst nischt drin.

*

Doof bleibt doof,
Da helfen keene Pillen.

*

Weine nich, et is verjebens,
Jede Träne deines Lebens
Fließet in ein Kellerloch –
Deine Keile kriste doch!

*

Wie man's macht, is 's falsch,
Und macht man's falsch, is 's ooch nich richtig.

*

Rosen, Tulpen und Narzissen,
Das ganze Leben ist – ein Traum.

*

Auch der Selbstmord ist ein Laster,
Wenn er zur Gewohnheit wird.

*

Wer nischt erheirat' un nischt ererbt,
Der bleibt 'n armes Luder, bis det er sterbt.

*

Es gibt ein schönes Wort auf Erden:
Du mußt bedeutend ruhjer werden!

*

Besser 'ne Laus im Kohl
Als jar keen Fleisch.

*

Voulez-vous Kartoffelsupp
Avec verbrannte Klöße?
Non, monsieur, ich danke vous,
Je n'ai pas appétit dazu.

*

How do you do
Mit de Jummischuh?

*

Eiserne Wetterregel:

Wie der Freitag sich neigt,
So der Sonntag sich zeigt.

Diese Regel trifft in 80 von 100 Fällen für das Berliner Wetter zu, von dem man im übrigen sagen kann, daß etwaige Veränderungen meistens bei Tage, und zwar entweder gegen 11 Uhr vormittags oder 6 Uhr abends stattfinden.

AUS BERLINER POSSEN

Berlin, Berlin is 'ne jöttliche Stadt,
Wenn man bloß det nötije Kleenjeld hat.

Kalisch

*

Was kann das sein, sagt Löwenstein.
Der kluge Mann fällt auch mal rein.

Kalisch

*

Man muß de Feste feiern, wie se fallen!

Salingré

*

Et jibt sonne und et jibt solche,
Denn jibts noch andre und det sind die schlimmsten!

Salingré

*

So laß ihn doch det kindliche Vajniejen!

Pohl und Kalisch

*

So'n bißken französch, det macht sich janz wunderscheen!

Kalisch

*

Wat ick mir dafor koofe!

Kalisch

*

Alles muß verrunjenieret werden,
Verrunjeniert muß alles sein!

Kalisch

*

Das Jeschäft bringts mal so mit sich!

Kalisch

*

Handschuh is, wo man, wenn man keene hat,
De Hände ooch in de Hosentaschen stecken kann!

Salingré

*

Allemal derjenige, welcher!

Angely

*

Da sitzt er nu mit det Talent
Un kann et nich verwerten.

Kalisch

*

Kinder, seht euch Meyern an,
Nehmt euch ein Exempel dran.

Kalisch

PARODIEN AUF VERSE BEKANNTER DICHTER DES 18. UND 19. JAHRHUNDERTS

Auf ‹Dies ist der Tag›, Weihnachtslied von Gellert (3. und 2. Strophe):

Wenn ich dies Wunder fassen will,
So steht mein Jeist vor Erfurt still.
Kein endlicher Verstand ermißt,
Wie jroß die Festung Erfurt ist.

Die Väter haben Sand jekarrt
Bis daß die Festung fertig ward,
Da sandte Jott von seinem Thron
Pro Mann acht Jroschen Dagelohn.

*

Auf ‹Mein erst Gefühl sei Preis und Dank› von Gellert:

Mein erst Jefühl sei preußsch Kurant,
Mein zweetes kleene Münze,
Mein drittes is kleen Kupperjeld,
Da kommt man durch de janze Welt.

*

Auf ‹Vom Tode› von Gellert:

Lebe, wie du, wenn du stirbst,
Wünsche, wohl jespeist zu haben.

*

Auf ‹Wer nur den lieben Gott läßt walten› von Georg Neumark:

Wer nur den lieben Jott läßt walten –
un hat nischt –
Und hoffet auf ihn alle Zeit –
un kricht nischt –
Den muß er wunderbar erhalten –
det kost nischt –
Von nun an bis in Ewigkeit –
det schad't nischt.

*

Auf Höltys Gedicht mit gleichem Anfang:

Üb immer Treu und Redlichkeit
Bis an dein kühles Grab.
Und wenn du was gestohlen hast,
Gib mir die Hälfte ab.

*

Auf ‹Lenore› von Bürger:

Jeduld, Jeduld, wenn's Herz auch bricht!
Mit de Beene strampeln nutzt ja nicht.

*

Auf ‹Wer nie sein Brot mit Tränen aß›, Anfang von Goethes ‹Lied des Harfners›:

Wer nie sein Brot im Bette aß,
Der weiß auch nicht, wie Krümel pieken.

*

Auf ‹Der Graf von Habsburg› von Schiller:

Und der Sänger rasch auf die Seite fällt
Und hat sich mächtig geschlagen.

*

Auf ‹Freude, schöner Götterfunken›, Anfang von Schillers ‹An die Freude›:

Freu dir, scheener Tepperjunge,
Morjen schmiern wir Ofen aus.
Dir rejiert 'n Donnerwetter
Fällt mir eene Kachel raus!

*

Auf ‹Lieder hat die Lerche wohl, aber Tränen nicht›, Refrain des Liedes ‹Zieht im Herbst die Lerche fort›:

Eier legt die Lerche wohl,
Spiegeleier nicht!

*

Auf ‹Sohn, da hast du meinen Speer›, Anfang von Stolbergs ‹Der alte Ritter an seinen Sohn›:

Sohn, da haste Rippenspeer,
Nimm ihn dir, ick kann nich mehr!
Nimm dir auch den Sauerkohl,
Denn mir is heut nich recht wohl.

BERLINER STRASSENLIED (1812)

Warte
Bonaparte;
Warte Kujon,
Andre Woche, wir kriegen dich schon.

Ja der Russe, ja der Russ'
Hat uns gezeigt, wie man's machen muß:
Im ganzen Kremmel
Nicht eine Semmel,
Und auf den Hacken
Immer nur Hunger und Kosacken –
Ja der Russ'
Hat uns gezeigt, wie man's machen muß.
Hin ist der Blitz
Deiner Sonne von Austerlitz,
Unterm Schnee
Liegen all deine Corps d'Armée.

Warte
Bonaparte;
Warte Kujon,
Andre Woche, wir kriegen dich schon.

Aufgezeichnet von Theodor Fontane

BÜRGERMEISTER TSCHECH

Als der ehemalige Bürgermeister von Storkow, Ludwig Tschech, 1844 ein Attentat auf Friedrich Wilhelm IV. verübt hatte, entstand ein ‹Volkslied› nach der Melodie von ‹Kriegers Lust› (Marsch von Gungl).

Niemals war ein Mensch so frech
Wie der Bürgermeister Tschech,
Der mit frevelhafter Hand
Kugeln auf den König sandt!
Schoß der juten Landesmutter
Durch den Rock ins Unterfutter.

So'n verfluchter Hochverräter,
Königsmörder, Attentäter!
Hätt' uns ja bei einem Haar
Erschossen 's janze Königspaar.

Obwohl der König zur Beruhigung seiner Umgebung gesagt hatte: «Kinder, mir fehlt nischt!», mußte Tschech, der um seine Versorgungsansprüche hatte kämpfen wollen, unter dem Beil sterben. Darauf sangen die Berliner noch einen neuen Schlußvers:

Berlin traf's wie ein Donnerkeil:
Der Tschech starb durch das Henkerbeil.
Der König fromm und ach so gut,
Vergoß um nichts Märtyrerblut!

NANTE

Szenen aus dem ‹echten Eckensteher Nante›
von Adolf Glaßbrenner

Wenn eener weeß, wie eenen is,
Wenn eener eenen nimmt,
Und eener weeß, wie jut det is,
Denn weeß ick det bestimmt!

Nantes ‹Desperationswalzer›

Nante *sitzt auf einem Steine an einem Eckhause und trinkt aus seiner Schnapsflasche.* Aach, det schmeckt! det schmeckt, als wenn eener Schnaps drinkt, un er schmeckt ihm. So, nu hab' ick jefrühstückt, nu wer' ick mir mal de Welt ansehen, ob noch allens in Ordnung is. *Er sieht sich um.* Himmel is da, is oben, de Erde is hier, un de Deschtlationsanstalt is drüben: Welt, jetzt kannste wieder losjehen! Lebenslauf, ick erwarte dir. *Er steht auf.* Na, wat is 'n det? Wat rejen sich denn vor Jefühle in meine Brust? *Er schlägt auf die Schnapsflasche, welche in der Seitentasche steckt.* Willste woll ruhig sind, Karline! Mahnste mir denn ewig an dein Dasein! Na, diesmal will ick dir nochmal nachjeben, aber wenn de wieder kommst, denn ooch. *Er trinkt und besieht dann die Flasche.* Karline ick kann et dir nich länger verhehlen: ick liebe dir! Als ick dir sah, bejann mein Leben; meine Jurjel gehört dir auf ewig, nur der Dodt kann mir von dir trennen.

Ein Stutzer geht vorüber.

Nante. Nu seh' eener den breetspurijen Zweespänner an! Dunderwetter, wenn ick det wäre, wat der sich inbildt, denn kooft' ick mir Deutschland, un setzte mir uff't Riesenjebirje un sagte: blast mir'n Stoob wech! *Er ruft ihm nach.* Sie da, Herr Baron!

Der Stutzer *sich umdrehend.* Was will Er von mir?

Nante. Entschuld'jen Sie: kennen Sie mir?

DER STUTZER. Nein!

NANTE. Haben Sie jar keene Verbindung zu mir?

DER STUTZER *unwillig.* Nein! Was soll denn das?

NANTE. Na, wenn Se sich jar nich vor mir interessieren, denn brauchen wir ooch nich zusammen zu sprechen, denn können Se ruhig weiterjehen.

DER STUTZER. Dummer Kerl! Wenn Er sich das noch mal untersteht, denn soll er mal sehen!

NANTE. Ick sehe schon so, da brauch' ick jar keenen Unterstand jejen Ihnen dazu!

Der Stutzer geht ab.

NANTE. Wie hat er mir jeschumpfen? Dummer Kerl hat er mir jeschmeichelt? Un öffentlich uff de Straße? Der will jewiß, det ick hier mein Jlück machen soll. Wat ick aber eejentlich vor 'ne jutmütige Seele bin, des jeht ins Weite. Ick lasse die Leute hier umsonst in mein Arbeetszimmer rumloofen, un wenn mir en Schafskopp dumm schimpft, denn such' ick mir 'ne Schmeichelei raus.

Eine Köchin kommt und will in ein Haus gehen.

NANTE. Sie da! Sie da! Warten Sie mal einen Oojenblick!

DIE KÖCHIN. Ick habe keene Zeit!

NANTE. O ja! Au contraire, im Jejenteil! Siehaben schon viel Zeit jehabt, wie ick sehe. Auch is det Jahrhundert vor jedermann und vor jeder Frau; da kann sich jeder so ville Zeit davon nehmen, wie er will. Des Jahrhundert kost nischt, des hat man umsonst. *Er tritt etwas näher und legt die rechte Hand an seinen Hut.* Ju'n Moorjen, mein Fräulein, ju'n Moorjen! Immer noch hübsch uff de Beene, wie ick sehe? Des freut mir, deß Sie auf die Beine jehen, ick habe mir des auch so einjerichtet. Sie kennen mir doch noch, mein Fräulein? Ick habe Ihnen vor'je Ostern den Koffer hierher jekarrt, und außerdem verneije ick mir immer, wenn Sie Weißbier nebenan holen; diese Neije haben Sie immer umsonst dabei.

DIE KÖCHIN. Na, wat wollen Sie denn nu aber, Nante?

NANTE. Entschuld'jen Sie eine Frage: lieben Sie mir? Kann ich mir vielleicht schmeicheln, Eindruck auf Ihnen jemacht zu haben? Ick bin en Mann, und en Mann macht doch zuweilen bei en Frauenzimmer Jlick, also wieso?

DIE KÖCHIN. Ach, schämen Se sich, Nante, Sie sind ja verheiratet!

NANTE. Ach, dadrum genieren Sie sich nicht, derowejen lieben Sie mir janz dreiste! Meine Frau is meine Frau, det is richtig, aber natürlich, det verliert sich mit de Zeit, det is ooch richtig. Denn sehen Sie, ein Mann, der hat ein Herz, le cœur, und ein Herz hat Raum, und ein Raum, der is zuweilen sehr ausjedehnt, und – und – *er besinnt sich eine Weile* – Ju'n Moorjen! *Er dreht sich um.*

DIE KÖCHIN. Sie sind ein Schafskopp! *Sie geht ins Haus.*

NANTE. Schafskopp? Wieso Schafskopp? Der von vorher, der meent, ick wäre en dummer Kerrel, un die hält mir vor enen Schafskopp? Na, da bin ick neujierig, wer recht hat.

EINE FRAU *kommt mit einem großen Korbe voll Gemüse und Fleisch.* Sie da! Wollen Sie mir wohl diesen Korb nach Hause tragen?

NANTE. Zweemal, wenn Sie befehlen: Wo wohnen Sie'n?

DIE FRAU. In de Wilhelmstraße am Hall'schen Tore.

NANTE. Ach, du meine Mütze! Un da soll ick den Korb hindragen? Nee, da wer' ick Ihnen en Korb jeben müssen, det dauert mir zu lange; ick möchte jern det andre Monat verreisen. Na, indessen, wenn Se acht Jroschen jeben, denn will ick det mit Jeduld dragen, wat Sie mir auferlejen.

DIE FRAU. Acht Groschen? Sie sind wohl nicht klug! Zwei Groschen will ich Ihnen geben!

NANTE. So? Wollen Se det wirklich? Nee, aber worum wollen Se'n so viel Geld dran wenden? Wissen Se wat, jehen Se ruhig zu Hause, un lassen Se den Korb hier uff de Straße stehen, denn drägte'n Ihn'n eener umsonst weg.

DIE FRAU. Er ist nicht klug! *Sie geht ab.*

NANTE. Wat sagt die? Ick bin nich klug? Na nu is et noch hübscher! Ick muß mir wirklich 'ne Tabelle anlejen, sonst verjeß ick det allens. Erscht bin ick en dummer Kerrel, denn bin ick en Schafskopp, un nu bin ick nich klug? Nu soll eener wissen, woran er is, wenn sich die Leute so verschieden aussprechen!

Ein Bürger geht vorüber.

NANTE. Ach, hören Se mal, ick habe 'ne Bitte an Ihnen. *Er greift in die Tasche.* Können Sie mir villeicht vor einen Dhaler kleen Jeld jeben? Sie würden mir wirklich 'ne jroße Jefälligkeit erzeijen; ick habe da wat zu koofen, un et fehlt mir an kleen Jeld.

DER BÜRGER *verwundert lächelnd.* Na, ich will mal sehen, ob ich so viel Kleingeld bei mir habe. *Er zählt.* Aber sonderbar ist es, daß Sie einen Taler besitzen.

NANTE. Ick einen Dhaler besitzen? Nee, damit stuckert et bei mir; von Dhalersch schreibt Paulus bei mir nischt. Ick habe Ihnen ja man bloß um en Dhaler kleen Jeld jebeten, weil man det doch braucht, un ick jar nischt besitze, indessen, wenn Sie mir einen harten Dhaler jeben, denn bin ick ooch zufrieden.

DER BÜRGER. Ach so? Na, für den Witz sollen Sie zwei Groschen haben. *Er gibt ihm ein Geldstück.*

NANTE *besieht es.* Na jut, denn bleiben Sie mir zweeundzwanzig Jroschen schuldig. Aber schieben Sie't nich uff die lange Banke; bei die schlechten Zeiten muß man det Seinije zusammenhalten.

DER BÜRGER *lächelnd.* Er ist ein Narr! *Er geht ab.*

NANTE *mit sich selbst Komödie spielend, verwundert.* Erschtens dummer Kerrel, darauf ein Schafskopp, ferner nich klug, und nu ein Narr? Nee, det wird mir zu ville, da verheddre ick mir, da muß ick mal lieber in de Deschtlationsanstalt wanken, un mir vor die zwee Jroschen erkundijen, wer von die Viere recht hat. *Er geht ab.*

Ärmliche Dachstube. In der Mitte steht ein gedeckter Tisch. Frau Schwabbe, Nantes Frau, und ihr zwölfjähriger Sohn Fritz.

FRAU SCHWABBE. Na, det weeß der Deibel, wo Vater heut wieder bleibt! Fritze, loof mal runter un seh mal zu, ob de ihn nich siehst, un wenn er kommt, denn sage man, er soll kommen, sonst brennen mir de Katoffeln an.

FRITZ. I, wat wer' ick'n da noch unnütz runter loofen; er wird schon kommen. Da hör' ick'n schon uff de Treppe.

FRAU SCHWABBE. Na, denn is et jut, denn brauchste nich runter zu jehen, denn kannste hierbleiben.

Nante tritt ein.

Frau Schwabbe. Na, kommste endlich anjelaatscht, biste endlich da? Ick warte schon seit 'ne halbe Stunde mit det Mittachbrot, schon über 'ne halbe Stunde wart' ick!

Nante *legt seinen Hut ab und setzt sich an den Tisch.* Da haste recht dran jedhan, Mutter Schwabben. Nu sind alle deine Sehnsüchte befriedijt, nu bin ick hier, nu werde mal sichtbar mit's Essen, denn mir hungert wie'n Scheundrescher. Fritze, setze dir! *Zu seiner Frau, die mit dem Essen kommt.* Wat haste denn heute, Mutter Schwabben? Quetsch- – *er sieht erschrocken auf* – Quetschertoffeln? Schon wieder Quetschertoffeln? Herrjees, nee, det wird mir denn doch zu ville! Eeen Dag wie alle Dage, da wird man ja zu lauter Quetschertoffeln, det hält ja keen Ferd aus!

Frau Schwabbe. Na, halte man deinen Mund, reiße man nich jleich dein jroßes Maul wieder so uff! Ick habe dir heute en paar Bratwürschte dazu jemacht. Mit so'n Essen kann en Jeheimerat zufrieden sind!

Nante *nimmt sich eine Bratwurst.* Det kann er. Wenn er jrade will, denn kann er zufrieden sind. Na, Fritze, nimm dir doch nich jleich wieder so'n janzen Teller voll!

Fritze. Krieg' ick denn nich ooch en bißken Bratwurscht?

Nante. Wat willste haben? Bratwurscht? Warte, ick wer' dir bebratwurschten! Keile kannste kriejen, aber keene Bratwurscht! Det bratwurscht' sich ooch jleich so, jetzt bei die schlechte Zeiten, vor sonne Jungens, wie du bist.

Frau Schwabbe *zu ihrem Manne.* Wat haste denn heute verdient, wieviel denn?

Nante. Nischt! Wenn de zwee Jroschen davon abhaben willst, denn mußte noch warten, ick muß erst wechseln.

Frau Schwabbe. Na, wahrhaftig, wenn ick nich waschen dhäte, wir jingen reene zujrunde.

Nante. Ja, dein Jeschäft jeht, davor kann ick nich. Du wäscht vor andere, det is ein reinliches Jeschäft, det jeht immer. Aber mein's jeht alleweile nich, davor kann ick nich, et stehen jetzt zu ville Ecke. Aber warte man, wenn die Holzhauezeit wieder recht in Jange is, denn wer' ick dir hauen, da sollste deine Freude dran erleben. Apripos, Fritze, wat hatt'n dein Herr von wejen die Stiebeln jesagt?

FRITZE. Er hat jesagt, wenn er sich'n Loofburschen hielte, un den monatlich vier Dhaler jäbe, denn brauchte er ihm nich noch Stiebeln zu jeben.

NANTE. Da hat der Mann janz recht, aber der Deibel halte det aus mit dein Entzweeloofen! Du verstiebelst det janze Jeld, wat de verdienst. Wenn man dir nich in 'ne Stiebelversicherungsanstalt inkooft, denn reichen zuletzt die Ochsen in janz Preußen nich mehr.

FRITZE. Ick kann nich davor! Worum muß ick so ville loofen!

NANTE. Ja, ick weeß wohl, du bist'n jeschickter Junge, aber du loofst unjeschickt. Det dauert drei, vier Dage, denn hast'n Paar Stiebeln schief jetreten, un denn jehste immer schräg, un denn is't Oberleder jleich hin.

FRITZE. Na, Vater, ick habe dir ooch schon ofte schräg jehen sehen.

NANTE *gibt ihm eine Ohrfeige.* Dummer Junge, ick wer' dir lernen Witze machen! Untersteh dir! Dummheiten kannste in Preußen machen, so ville wie de willst, aber keene Witze. Die verbiet' ick dir!

FRAU SCHWABBE. Aber Nante, det war nu –

NANTE. Stille! Rede mir nich immer dazwischen, wenn ick erziehe! Ick weeß, wat eenen nützt un wat eenen schadt! Er soll keene Witze machen. *Er steht auf und setzt sich auf einen alten Sorgenstuhl.* Jetzt jeh' mal runter, Fritze, bei Lehmanns, un bitte dir mal uff'n paar Oogenblicke de Zeitung aus. Ick will mal sehen, wie't steht. Un denn trete dein Jeschäft wieder an, aber die Stiebeln nich entzwee.

FRITZE. Nich entzwee treten! Meine Stiebeln sind ja schon janz und jar entzwee!

NANTE. Na, denn seh' zu, ob de se wieder janz treten kannst. Jetzt mach', det de wech kommst, hol mir de Zeitung!

Eine Kneipe. Der Wirt Hoffmann und mehrere Gäste, darunter Krempe, Dulder, Brammel.

NANTE *tritt ein.* Ju'n Abend, Nation! Wie befindet ihr euch; wat macht de Kehle? Immer noch drocken? Hoffmann, jieß mir ma 'ne Blonde in, aber nich so'ne junge, keenen Backfisch, so zwischen 17 un 70.

MEHRERE STIMMEN. Weeßte nischt Neuet, Nante?

NANTE. O ja: Napoljon soll dot sind.

DULDER. I wat Dausent!

NANTE. Ja, aber et is bis jetzt bloß noch 'ne Börsennachricht; man muß det nich allens jlooben, wat de Leute sagen.

HOFFMANN. Ihr sprecht da von Napoljonnen. Na, ihr möcht nu über ihm denken, wie ihr wollt, aber allens wat recht is: Boneparte war ein Mann von Kenntnissen.

NANTE. Ja, et war kein dummer Kerl nich. Er konnte janz jut französisch sprechen. *Er trinkt.* Un mit manche hat er ooch en Wort Deutsch jesprochen.

DULDER. Det kann ick ooch.

NANTE. Na, denn melde dir als Napoljon. Wenn de ooch nich nach Heleena kommst, denn kannste vielleicht nach Spandau kommen. *Er rümpft die Nase.* Aber sag mal, Dulder, um von eens ins andere zu sprechen, wat roochst du'n vorn Toback? Dunnerwetter, hat der 'ne Blume! Die riecht! Det is woll Vierradner Bösewicht, mit en bisken schlechten drunter?

DULDER. Ach laß mir roochen, wat ick vor eenen will! Det is janz juter Toback! Du wirscht in dein'n Leben nich so'n Toback werden! Apriko, hör mal, Nante, kannst du mir nich drei Dhaler pumpen? Wenn ick meinen Wirt bis morjen nich de Miete vor det Vierteljahr bezahle, denn schmeißt er mir raus.

NANTE *sich besinnend.* Drei Dhaler, hm! Hör' mal, drei Dhaler, det is zwar viel Jeld, aber det schadt nischt, ick wer' se dir doch nich borjen. Aber en juten Rat will ick dir jeben: sage doch zu deinen Wirt, du hättest jetzt keen Jeld, um det Vierteljahr Miete zu bezahlen; du wollstet des det nächste Vierteljahr bei ihn abwohnen.

KREMPE. Det is en juter Rat, un eener, der nich deuer is.

(*Die Gäste animieren Nante nun zum Singen und beteiligen sich daran. Gleichzeitig sprechen alle dem Branntwein zu; dabei leistet Nante des Guten zu viel, so daß er als erster einen Rausch kriegt, während die anderen anfangen, Karten zu spielen.*)

NANTE. Hoffmann, ick wer' dir wat saren, saren wer' ick dir wat!

HOFFMANN. Ja, det wird was Jescheidts sind, was du mir jetzt saren wirscht.

NANTE. Kerrel, wenn ick dir wat saren will, da mußt du sehr uffpassen, mußt du! Wenn ick spreche, da mußt du 'ne Molle runterhalten, damit dir keen Wort verloren jeht. Eene Molle! Det mußt du! Hoffmann, mir is jetzt sehr klug zumute, mir is sehr philosoffiererich, is mir, da kannst du wat lernen. Du bist een Mensch, Hoffmann, det bist du, det freut mir! Een Mensch, det is immer – een Mensch, un wenn er auch een Tier is, det schadt nischt, er is doch kein Ochse nich! Ick sare dir, een Mensch hat seinen natürlichen Verstand, un der is mehr wert, mehr wert als alle Unneversetät, als alle Studiererriererei! Wenn ick ooch man bloß Eckensteher bin, det schadt nischt, Hoffmann! Derowejen bin ick doch ebensojut een Mensch wie der Kaiser von Fez un Marokko un von China un von Pankow un von wat de willst! Ick überseh' se dir alle, überseh' ick se dir! Ick weeß, deß zwee mal zwee viere is, un deß de Natur jrün is, un deß ick zuweilen blau bin, blau bin, un – un – un mehr braucht keen Mensch nich zu wissen, braucht er nich!

HOFFMANN. Nante, jeh doch zu Hause un schlafe!

NANTE. Schlafen? Wieso schlafen? Jloobst du denn, du Teekessel, deß ick jetzt schlafen kann, wenn mir so klug zumute is? Hoffmann, du bist'n Teekessel, un wenn de Krakeel anfängst, denn wer ick eeklich. Jreif mal nach de Pulle, nach de Pulle, und schenke mir en paar Hoffmannsdroppen in! *Er setzt sich auf einen Stuhl.* Wie kannst du jlooben, det ick schlafen will, wenn ick jescheit werde? *Er schließt die Augen.* Wenn ick so bin, wie alleweile, denn – *Er läßt den Kopf gegen die Brust fallen.*

BRAMMEL. Der Nante scheint etwas sehr schwer zu sind. *Zum Wirt.* Mann des Hoffens, der wird dir hier inschlafen.

NANTE *steht auf und torkelt zum Wirt.* Wenn ick so bin wie alleweile, denn! – bin ick so wie alleweile, denn – denn kannst du wat von mir lernen, kannst du! *Er dreht sich zu den andern um.* Wat macht ihr'n da, Jungens! Karten spielt ihr! Was spielt ihr'n? Spielt ihr Schafskopp, Schafsköppe? Ick will mitspielen! Mitspielen will ick! Halte mal uff, Dulder, laß mir da sitzen, oder du kriejst eenen Katzenkopp.

BRAMMEL. Nu droht der Kerl noch mit eenen Kopp der Katze. Nante, jeh doch weg, du kannst ja jar nich mehr keilen!

NANTE. Was kann ick nich mehr? Keilen kann ick nich mehr? *Sehr gemütlich.* Nee, Hoffmann, du bist ein juter Kerl, du bist mein Bruder, bist du. Wenn du det leidst, deß mir der Brammel so beleidigt, denn – denn veracht' ick dir!

HOFFMANN *setzt Nante auf einen Stuhl.* Da, sei so jut un schlafe. Det is dir am besten.

NANTE *steht auf.* Was willst du mir? Zum besten willst du mir haben? Dummer Kerrel, stör' mir hier nich in meine Ruhe! Wenn de mir jetzt nich schlafen läßt, denn so'ste mal sehen, denn passiert dir eine Backfeife, passiert dir. Knallschoote! Katzenkopp! Starnicksel! *Er setzt sich und schließt die Augen.* Wenn meine Natur müde is, denn – *Er schläft ein.*

HOFFMANN. Na endlich schläft er, Jott sei Dank!

FRAU SCHWABBE *tritt ein.* Ju'n Abend. Richtig, hab' ick't nich jesagt? Da liegt er jroß un breet un schnarcht! Nante, Nante! Willste jleich zu Hause kommen! Jleich kommste zu Hause!

NANTE *sieht sie mit großen Augen an.* Ach, du bist et, Mutter Schwabben! Wie kommst du hierher? Wat willst du von mir?

FRAU SCHWABBE *zieht ihn vom Stuhl auf und nimmt ihn unter den Arm.* Zu Hause kommen sollste! Warte man, komm' du mir man zu Hause, dir wer' ick lernen wo anders schlafen!

NANTE. Na, na, na, na! Man hier nich so'ne Jeschichten, hier! Fürchten dhu ick mir nich, un wenn ick zwee Stück Frauen hätte! Ick bin Mann, Herr im Hause bin ick. Zieh' mir nich so mit Jewalt fort, oder ick sare dir *die Hand aufhebend,* et jibt eine unjlückliche Ehe! *Zum Wirt.* Wat bin ick schuldig, Hoffmann?

HOFFMANN. Ach, det laß man bis morgen! Mach' man, deß de wechkommst!

NANTE *reißt sich von seiner Frau los und torkelt zum Ladentisch.* Wat ick schuldig bin, will ick wissen! *Er schlägt mit der Faust auf den Tisch.* Wat is det vor'ne Wirtschaft, wo man sein Konto nich kriejen kann!

HOFFMANN *rechnend.* Na, wenn de mit Jewalt willst: Allens zusammen macht sieben Silberjroschen.

NANTE. Schön! Jetzt bin ick zufrieden. Sieben Silberjroschen, schön, merk' dir det, Hoffmann! Heute hab' ick nischt bei mir, aber morjen drink' ick wieder bei dir.

FRAU SCHWABBE. Sieben Silberjroschen, na warte! Du komm' mir man zu Hause, dir wer' ick die sieben Silberjroschen anstreichen! *Sie zieht ihn fort.*

NANTE. Det haste nich nötig, die brauchen nich anjestrichen zu werden, die sind von Silber, un Silber jeniert keinen Menschen nich, jeniert es! – Buff' mir nich, Mutter Schwabben, oder ick mache Berliner Blau, verstehste mir? *Er reißt sich los.* Laß mir los, Kneifzange! Ick muß noch ju'n Nacht saren! *Er geht zu den andern und reicht ihnen die Hand.* Ju'n Nacht, Hoffmann, sieben Silberjroschen, verjeß' nich! Schreib' se mit schwarze Kreide in'n Schornstein, un pump mir mal bei Jelegenheit en Dhaler, damit ick dir bezahlen kann, sonst läppert sich det so ran. *Zu seiner Frau.* Na nu komm', oller Junge, nu wollen wir in unsre stille Hütte jehen, un ein zufried'nes Leben führen. *Er nimmt ihren Arm und geht hinaus.* Nimm dir'n acht, Mutter Schwabben, det ick nich stolpere, sonst fällste mit mir hin.

DER SEILTÄNZER

SOHN. Vata, wat hat er denn da vor 'ne Stange?

VATER. Det is seine Blangsierstange.

SOHN. Zu wat braucht er die denn?

VATER. Da halt er sich dran feste.

SOHN. Ick denke, er braucht sich nich halten, er looft so.

VATER. Schafskopp! An wat muß er sich doch halten; sonst fällt er ja runter.

SOHN. Aba Vata, wenn nu die Blangsierstange fällt?

VATER. Unsinn! Wovon soll die denn fallen? Er hält ihr doch feste.

Nach Adolf Glaßbrenner

DIE NEUE GESCHICHTE

«Sag mal, hast du denn schon davon gehört?»

«Wovon denn?»

«Na, von die Jeschichte mit den – mit den – na, da draußen, da neben die – jees! Wie heißen denn die Leute?»

«Meenst du vielleicht die neue Bierkneipe?»

«I, nee doch! Ick meene die Jeschichte da mit den – na, der Name schwebt ma uf de Lippe – die da draußen passiert is, da bei – da draußen bei – Jott, du mußt ja den Ort kennen!»

«Ach, jees, det is die Jeschichte mit den – ja, die kenn ick – mit den – na, mit den, jees, wie heißt er doch? Die meenste?»

«Richtich, die meen' ick. Ach, du kennst se schon?»

«Ja, die kenn ick. Die hat mir ja der – der – na, wie heeßt er denn, erzählt. Der – da draußen – du weeßt ja!»

«Ja, ick weeß schon, det is die Jeschichte! Von dem hab' ick se ooch.»

Adolf Glaßbrenner

BERLINER LEBEN

Oben gibt ein Wuchrer Feste,
Unten steht in Wut
Einer, dem er einst erpreßte
All sein Hab und Gut.
Oben glänzet in dem bunten
Saal der Lüster Pracht,
Plötzlich tönt ein Schuß da unten
Durch die stille Nacht!
Oben werden lustig eben
Lebehochs gebracht . . .
Das ist das Berliner Leben,
Wie es weint und lacht!

Auf den Fang der Wüstling lauert,
Für das Elend blind,
Dort im Winkel kauert, schauert,
ein verlassen Kind.
Spottend jedem Erdenjammer,
Tanzt man hier und springt,
Dort in dunkler Bodenkammer,
Die Verzweiflung ringt.
Hier der Freude heitres Streben,
Dort des Kummers Nacht,
Das ist das Berliner Leben,
Wie es weint und lacht!

Sonst muß ich zuhause hocken,
Selten komm ich aus . . .
Heut macht ich mich auf die Socken,
Ließ die Frau zuhaus!
Bei 'nem kranken Freund ich wache,
Meine Alte meint,
Ums wahrscheinlicher zu machen,
Hab ich fast geweint!
Weinend nur konnt ich erstreben
Eine lust'ge Nacht,
Das ist das Berliner Leben,
Wie es weint und lacht!

David Kalisch

HERR BOLLE

Als Bolle einst zu Pfingsten
Nach Pankow nahm sein Ziel,
Da hat er seinen Jüngsten
Verloren im Gewühl.
Drei volle Viertelstunden
Hat er nach ihm gespürt:
Aber dennoch hat sich Bolle
Ganz köstlich amüsiert.

In Pankow gabs kein Essen,
In Pankow gabs kein Bier,
War alles aufgefressen
Von böser Menschen Gier.
Nicht mal 'ne Butterstulle
Hat man ihm reserviert:
Aber dennoch hat sich Bolle
Ganz köstlich amüsiert.

Im Hasenheider Holze,
Da gabs 'ne Keilerei,
Und Bolle gar nicht stolze,
der war auch gleich dabei.
Hat's Messer rausgezogen,
Hat einen fricassiert:
Aber dennoch hat sich Bolle
Ganz köstlich amüsiert.

Es fing schon an zu tagen,
Als er sein Heim erblickt.
Sein Rock war ohne Kragen,
Das Chemisett geknickt,
Der eine Ärmel fehlte,
Das Aug' war marmoriert:
Aber dennoch hat sich Bolle
Ganz köstlich amüsiert.

Als er nach Haus gekommen,
Da gings ihm aber schlecht,
Da hat ihn seine Olle
Ganz fürchterlich verdrescht.
Drei volle Viertelstunden
Hat sie auf ihm poliert:
Aber dennoch hat sich Bolle
Ganz köstlich amüsiert.

Durch dieses alte Lied anonymer Herkunft (und zweifelhafter Echtheit des Dialektes) wurde der echt Berliner Name Bolle bezeichnend für den unentwegt amüsierfreudigen Mann aus dem Volk (vgl. auch S. 78). Daß der bekannteste Berliner Milch-Großhändler ebenfalls Bolle hieß, dürfte Zufall sein, da das Lied wahrscheinlich schon längst populär war, als die ‹Bolle-Wagen› in den Straßen auftauchten.

DER GELIEBTE SCHWIEGERSOHN

Lerche hat zwei Töchter,
'n Schwiegersohn, den möcht er.
Er erwählt zum Schwiegersohne
Einen Schneider, der nicht ohne.
Tritt der Schneider in das Haus,
Ruft die Schwiegermutter aus:
«Siehste woll, da kimmt er,
Jroße Schritte nimmt er,
Jraue Haare hat er schon,
Der jeliebte Schwiegersohn.»

Abends um halb neune,
Wenn Hulda ganz alleine,
Fängt ihr Herzchen an zu puppern,
Nach dem Bräut'gam tut sie schnuppern.
Wenn sie endlich ihn erblickt,
Schreit sie laut und ist entzückt:
«Siehste woll, da kimmt er,
Jroße Schritte nimmt er,
Komm doch an mein Herze schon,
Fipps, mein oller Kronensohn!»

Lerche und Frau Lerche
Kommen aus der Kerche,
Unterwegs läuft ihn'n entgejen
Fipps, der Schneider, ganz verlejen,
Er kommt grad von Hulda her,
Und das freut die Lerchen sehr:
«Siehste woll, da kimmt er,
Jroße Schritte nimmt er,
Unser juter Schwiegersohn,
Hulda, na, die hat ihm schon.»

Hulda wart't jetzt öfter,
Seltner kommt der Schnefter.
Ach, das macht sie ganz bekümmert,
Und sie jammert und sie wimmert:
«Sollt er untreu werden mir?»
Endlich springt sie auf, die Tür:
«Siehste woll, da kimmt er,
Jroße Schritte nimmt er,
Doch nu wird er kälter schon,
Der jeliebte Schwiegersohn.»

Tochter, Mutter, Vater,
Sie verlassen tat er.
Was stieg ihm wohl in die Krone,
Dem ergrauten Schwiegersohne?
Lerche zu der Lerchen spricht:
«Seit zwei Monat kommt er nicht.
Siehste, nu verschwindt er,
Eene andre nimmt er,
Oder auch er hat se schon,
Der verdammte Schwiegersohn!»

Nach dem ‹Berlinischen Liederbuch›, Sorau 1891

MENSCHENFRESSER-SCHULTZE

von Walther Kiaulehn

Der Rummelplatz ist die Akademie der volkstümlichen Beredsamkeit. Ihre Mitglieder sind die Ausrufer der Rummelbuden. Es ist eine ehrwürdige Gilde, den Märchenerzählern ebenso verwandt wie den Bauernfängern. Doch haben sie von den schlimmen Burschen, Napfspielern und Ringneppern, nur die Technik der Verführung gelernt. Sie sind ehrliche Leute und nennen sich ‹ambulante Gewerbetreibende›, und das waren ja die alten Minnesänger schließlich auch.

Früher mußte der Ausrufer eine durchdringende Stimme haben. Seine einzige Hilfe war die Blechtüte, durch die auch der Schiffer spricht. Heute raunt er seine Verführungsrede durchs Mikrophon. Doch sein Glück liegt, wie einst, in der Beschaffenheit seiner Seele.

Im Herzensgrund des Rummelbudendemagogen müssen all die Sehnsüchte und Begierden, die Wollust und die Träume der einfachen Menschen liegen, zu denen er spricht. Zwar muß er gerissen, doch auch hingerissen sein. Wenn seine Begeisterung zur kalten Komödiantenmache absinkt, verliert er seine magische Kraft. Er muß ein Stück Volkspoesie sein.

Franz Molnar hat dem Schreihals in ‹Liliom› ein Denkmal gesetzt. Doch Liliom ist ein Strizzi aus Ofen bei Pest. Der Berliner Rummelbudenschreier trägt die Züge seiner Stadt. Die Großschnauze allein ist noch kein Erfolg. Es müssen auch der Witz und die Selbstironie dabei sein.

Die Beredsamkeit der Berliner Rummelbudenschreier hat eine wundersame Blüte getrieben. Als der Film noch in den Kinderschuhen steckte, mußte er auf die Berliner Rummelplätze gehen, um sein Brot zu verdienen. So wurden die Anreißer aus den Feuerfresserbuden die ersten Kinoerklärer. Sie erfanden die herzrührenden Dialoge zwischen den Liebenden, sie liehen den Schurken und den Edelmännern ihre Stimme. Sie wurden zu den Vorposten der Literatur im Film, sie sind die Väter der Drehbuchautoren.

Der größte aller Berliner Rummelbudenreißer war ‹Menschenfresser-Schultze›, der vor hundert Jahren auf dem Gesundbrunnen und der Hasenheide ‹gezähmte, schwarze Menschenfresser› zeigte. Im Winter verkaufte er auf den Berliner Plätzen und Weihnachtsmärkten ‹Tinneff mit Lakritze›, billigen Schmuck, Moccalöffel, Messer und Spazierstöcke.

‹Menschenfresser-Schultze› hatte nicht nur eine eiserne Schnauze, sondern er war auch das Vorstadtgenie aus Rinnsteinpoesie und Witz, mit der Kraft begabt, seine eigne Legende zu schaffen. Er kam und ging wie ein Sechsdreierkomet. Keiner wußte, wo Schultze eigentlich hergekommen war, und als er in den neunziger Jahren verschwand, war er so spurlos weg, als ob ihn die Hasenheide verschlungen hätte. Vielleicht hatten ihn seine Kannibalen als Hackepeter verbraucht. Übrig von ihm blieb die Erinnerung an einen robusten Kerl von Gardemaß in hohen Kürassierstiefeln, rotgrün kariertem Kattunhemd und einem Türkenfez auf dem stiernackigen Kopf mit Schnauzbart. Eine schwere Pistole hing ihm an der Seite, mit der rechten Hand stützte er den großen blechernen Sprechtrichter auf den Hüftknochen. So stand er in der Nachmittagsonne auf der höchsten Stufe seiner Bude wie sein eignes Standbild. Ihm zu Füßen saß, in einem bunten Mantel aus Entenfedern, ein Neger, der wie wahnsinnig auf einem Kuchenblech trommelte.

Als Schultze von der Höhe seines Ruhms so radikal verschwand, daß ihn nicht einmal die Berliner Gerichtsvollzieher wiederfinden konnten, befiel die Berliner ein echter Kummer. Nach einigen Jahren des Wartens widmete der ‹Kladderadatsch› seinem Andenken einen Vierzeiler, der sein schönster Nachruf wurde:

«Wat mal futsch is, kommt nie wieda! –
Is ne Rejel der Natur.
Aba jingts wie Schultze nieda,
Leuchtets lange noch retuhr!»

Die allgemeine Sehnsucht nach ‹Menschenfresser-Schultze› hatte inzwischen auch eine neue Generation von Berlinern erfaßt. Fünfzehn Jahre nach seinem Verschwinden tauchte wieder eine Kannibalenbude auf den Berliner

Rummelplätzen auf. In feinem Taktgefühl vermied es ihr Inhaber, in Schultzes Kostüm aufzutreten. Er war wie ein Seemann gekleidet und trug einen Tropenhelm. Doch auch ihm zu Füßen hockte der Mohr mit dem Federmantel und schlug das Kuchenblech. Auch der Kannibalenhäuptling ‹Klitschawayo Ossakowambo› war wieder da und ließ aus dem Innern des Zeltes seine schreckliche Stimme hören. Alles war wie einst, auch die indianische Prinzessin vom Titicacasee mit dem eisernen Busen zeigte sich, und was das Wichtigste war, Schultzes Geist schwebte über dem Ganzen, denn der Seemann mit dem schmuddligen Tropenhelm wiederholte Wort für Wort, was einst der große Schultze gesagt hatte, um das Publikum in seine Bude zu reißen.

Doch auch ‹Schultze-Zwo› ging dahin. Als ich zwischen den zwei Weltkriegen, auf den Spuren meiner Kindheit, die Berliner Rummelplätze abklapperte, gab es die Menschenfresserbude nicht mehr. Für einen Freund versuchte ich damals die Menschenfresserrede aus dem Gedächtnis zu wiederholen. Leider gelang es kaum halb. Dennoch machten die wenigen Sätze, die ich noch wörtlich wußte, meinem Freund großen Eindruck. Diesem Freund dann gelang vor einigen Jahren im Wegnerschen Antiquariat in Berlin-Schöneberg ein hübscher Fund. Es waren die Altberliner Erinnerungen des weiland freisinnigen Stadtverordneten Georg Bamberger, ‹Anno Tobak›*. Es ist nur ein schmales Bändchen, doch enthält es ein paar schöne Notizen über ‹Menschenfresser-Schultze›. Zwar läßt sich auch mit ihrer Hilfe die berühmte Kannibalenrede nicht annähernd vollständig wiedergeben. Doch wird man jetzt wenigstens ahnen können, was gemeint war, wenn von Schultze gesprochen wurde.

Auf ein herrisches Zeichen von Schultze hört der Federmohr auf, das Kuchenblech zu schlagen. Schultze spricht zunächst, während sich das Volk versammelt, durch die große Blechtüte. Doch bald setzt er sie ab und reicht sie hinter den Vorhang:

«Damen, sowie Herren, kommen Sie herbei, nehmen Sie Platz, nehmen Sie Anteil. Wir zeigen Ihnen im Innern unseres Theaters die wilden Leute aus dem tiefsten Hintersten der Welt; dort im fernen Westen, wo die Sonne südwärts sinkt und wo sie bei Tage scheitelwärts auf dem Firmament brennt, da

* Georg Bamberger, *Anno Tobak*, Verlag Bruno Schmidt, Berlin 1925.

hausen sie, diese Kannibalen, diese Menschenfresser. Nur der Aufmerksamkeit eines englischen Kapitäns haben wir es zu verdanken, daß wir diese Leute, heute, vor uns sehn. Schiffbrüchig und aller Nahrungsmittel entblößt, nur mit langen und kurzen Schußwaffen nebst Pulver und Blei versehen, drang der kühne Sohn Britanniens mit einer Handvoll Kameraden in den Urwald vor, um eßbares Wild zu schießen. Sie fanden es in Hülle und Fülle, doch stießen sie ebenso schnell auf die Spuren geheimnisvoller menschlicher Lebewesen. Es waren Menschenfresser. So wurde Häuptling Klitschawayo Ossakawombo vom Stamme der Uschambumbos am Großen Himalayasee entdeckt und gefangengenommen und nach vielen Abenteuern mit einigen Stammesgenossen, Männern sowie Frauen, nach Europa verfrachtet. Seitdem haben viele internationale Gelehrtenkongresse versucht, Licht über das abstoßende Übel zu verbreiten, das diese Unmenschen von uns trennt. Warum fressen sie Menschenfleisch und stoßen jede andere Nahrung zurück, die uns lieb und teuer ist?

Ich will Ihnen dieses schauerliche Geheimnis mit einem Wort enthüllen. Nicht Hunger und Durst treibt diese Kannibalen, Hand an ihre Mitmenschen zu legen, sondern Rachsucht und Niedertracht! Klitschawayo, rassle mit deinen Ketten, Ossakawombo, lasse deine Stimme ertönen!»

Im Innern der Bude klirren eiserne Ketten und eine heisere Stimme schreit: «Huahua! Uschukuku! Kakerlakak! Huahua!»

Schultze: «Da hören Sie es, Damen, sowie Herren: Huahua, Uschukuku, Kakerlakak, Huahua! Das ist ihre Sprache. Damit sprechen sie, damit machen sie Konversation, so wie unsereiner danke oder bitte sagt. Reizt man diese Leute, daß sie böse werden, dann laufen sie meilenweit, ja selbst noch weiter, und zerreißen in diesem Zustand jeden Menschen, ohne sich Rechenschaft darüber abzulegen. Die Männer und Frauen dieses Stammes begatten sich nicht aus Liebe, sondern aus Zorn. Die höchsten Bäume sind diesen Leuten nicht hoch genug, um sie nach ihren abstoßenden Liebesspielen zu erklettern und sich dort ihre Nachspeise zu suchen. Diese Leute essen Pech, Schwefel und Kalofonium mit dem gleichen Behagen wie wir hierzulande Salat, Radieschen und andere Essigfrüchte genießen.»

«Diese Leute haben keinen Gott und keine Kirche ... zu große, grüne Eidechsen ist es, wozu sie beten. Ringe ziehen sich diese Leute durch die Nase und den Mund, wie wir an Fingern oder Hand und Arm, oder man an wilde Bullen sieht.»

Der Entenfedermohr schlägt einen kurzen Trommelwirbel auf dem Kuchenblech.

Schultze: «Nehmen Sie Platz, nehmen Sie Anteil! Nutzen Sie den billigen Preis der Nachmittagsvorstellung aus. Bei gleicher Länge der Darbietungen wie am Abend, beträgt der Eintrittspreis pro Person nur zehn Pfennige. Nach sechs Uhr abends, wenn die Fabriken schließen und das wirklich noble Publikum kommt, sind wir gezwungen, den Eintrittspreis mit Rücksicht auf den wissenschaftlichen Charakter unseres Etablissements auf zwanzig Pfennig zu erhöhen. Auch Kinder dürfen unsere Vorstellungen besuchen. Ja, die Mutter hat doch kein Herz im Leibe, und der Vater hat keinen Groschen in der Tasche, wenn sie ihren Kindern diese Belehrung und Anschauung für das ganze Leben nicht gönnen! Also nehmen Sie Platz und Anteil, denn sofort und unwiderruflich nimmt der Beginn seinen Anfang! Wie Sie sehen, haben wir keine Kasse. Sie können das Theater ungehindert und direkt betreten. Erst im Laufe der Vorstellung wird abkassiert.»

Einige Sätze aus Schultzes Reden im Innern der Bude:

«Die werten Damen treten bitte auf die Kisten und die Herren stellen sich davor, damit die Kinder auch was sehen können.

Diese junge, tätowierte Indianerin ist eine Prinzessin namens Kükelükükü. Sie ist die letzte ihres Stammes. Die Tätowierungen auf Brust und Schenkel stammen aus ihrer Heimat. Auf ihrem Rücken dagegen sehen Sie das wunderbare Gemälde, die Erschießung der elf Schillschen Offiziere vor Wesel. Dieses Meisterwerk aus Deutschlands großer, schwerer Zeit trägt Prinzessin Kükelükükü erst seit einigen Jahren. Es ist ein rein patriotischer Akt. Sie will uns damit zeigen, wie glücklich sie darüber ist, in Deutschland zu sein. Die Prinzessin wird sich jetzt erlauben, zu Ihnen herunterzukommen, damit Sie sich, immer natürlich in schicklicher Weise, davon überzeugen können, daß ihre Tätowierungen nicht aufgemalt, sondern echt sind. Bei ihrem Rundgang wird Kükelükükü das Eintrittsgeld einkassieren. Ich bitte das Geld bereit zu halten. Während der ganzen Dauer dieser Prozedur wird die letzte indianische Prinzessin ein behördlich geeichtes Zentnergewicht aus reinem Messing auf ihrem Busen balancieren, ein Kraftakt, den kein zivilisierter, weiblicher Busen der anwesenden Damen nachzumachen imstande sein oder fertig kriegen wird.»

«Aha! Hören Sie das furchtbare Brüllen, meine Damen und Herren? Oachhuhu! Oachhuhu! Oach, Oach! Das ist Häuptling Klitschawayo vom Stamme der Uschambumbos. Menschenfleisch will das Ungeheuer haben. Ich verstehe mich auf seine Sprache. Jetzt, Kinder, vorsichtig! Wenn der Häuptling runterkommt, nicht den Daumen hinhalten. Der Häuptling beißt ihn unter Garantie ab und schluckt ihn runter, ohne zu kauen. Aber die Mütter unter den Damen brauchen keine Bange zu haben. Der Klitschawayo traut sich keinem was zu tun, solange ich diese doppelt geladene Pistole bei mir habe!»

«Stilenzium! Klitschawayo wird jetzt seine heimatlichen Kriegs- oder Gebetstänze zur Vorführung bringen. ‹Klitschawayo nutschitutschi, Kalokoko, müffmüff menkenki!› Aha! Sehen Sie, wie der Häuptling mich verstanden hat. Ich habe ihm gesagt, daß ich schieße, wenn er etwas anderes macht als seinen Tanz. Allerdings wird er beim Tanzen immer verrückter, denn er wähnt sich jetzt im Kampfe auf Leben und Tod in seinen heimatlichen Gefilden. Jetzt führt er den Todeshieb auf den Schädel des Feindes, der gespalten zu beiden Seiten auf die Erde fällt. Klitschawayo hat gesiegt und legt sich jetzt, der Landessitte nach, der Länge nach auf den Bauch, um zu beten. Stille!! Stille!! Der Häuptling betet, und wird sich dann erlauben, das geehrte Publikum um ein kleines Dussör, auch Trinkgeld genannt, zu ersuchen!»

DIE STRASSENHÄNDLER

Der Arkonaplatz, im Norden Berlins, war zu Beginn des Jahrhunderts ein Paradies für Straßenhändler. Sie überschrieen sich gegenseitig. Die ‹Tägliche Rundschau› veröffentlichte 1903 ein Stenogramm der Straßenhändlerreden:

«Echte Mottensteine! Heite jratis, morjen umsonst!»

*

«Schulstifte Nummer zwei! Schreiben so schwarz wie der Deibel an seine Jroßmutter! Zehn Fennje das Dutzend! Fürchten Se nichts, meine Herrschaften – et sind keine Endenbleie mang! – Jott, wenn de Herrschaften man halb die Kurasche zu't Koofen hätten, wie wir zu't Verkoofen!»

*

«Zwanzig Fennje die elejante Brieftasche! Jeder Käufer erhält eine zweite extra! Zehn Fennje det Portmonnee mit Heckjroschen! – Fümfunfumßich det mechanische Jelejenheitskorsett mit Rüschenjarnierung! – Meine Herrschaften, schlafen Se bei hellichten Tage, oder is Ihnen sonst wat in't Ooge jeflogen, det Se nicht die Einsicht haben, sich kurz zu entschließen? Na, mir kann et ja recht sind, wenn ick von die hochfeine Ware wat übrig behalte für det wirklich noble Publikum; det kommt erst nach Fabrikschluß, um Uhre sechsen.»

*

«Hier hochfeine Spazierstöcke schwarz Ebenholz mit Silberkandierung! Vier Mark das Stück – drei Mark – na, ick lasse se heite zu einer Mark. Sehen Se sich die Stöcke an! Ansehn, meine Herrschaften – bloß ansehn, wenn ick bitten darf – nich an't Silber polken! Echtes Silber verträgt dat nich. Wie kann man bloß 'n Stock, der mir selber 'ne Mark kost, vor fumßig Fennje so lange besehn? Sollten jejenwärtige Damen sein, die bei Herrschaft männlicher

Kinder konditionieren, denn bitte ich meine Extrakonfektion in Kinderspazierstöcken zu besichtigen, zehn Fennje das Stück.»

*

«Hochfeine Ziehjarrn, vier Fennje das Stück! Prima Mexika-Deckblatt! – Wat meenen Sie dahinten? Uf de Rieselfelder jewachsen? – Des denken Sie sich so, weil die Ware so jroß is for den Minimumpreis. Schon an die janze Aufmachung können Sie sehn: so verpackt sich keene Schwindelware. – Vielleicht Probe jefällig? Bitte, meine Herren, langen Sie zu! – n' Hochjenuß, nich? – Wat, Sie dahinten von de Rieselfelder – Sie wolln ooch eene? Bitte unscheniert zu kaufen; Probe-Exemplar verjriffen.»

*

«Hierher jesehn, meine Herrschaften! Hier verkauf ick das jroße universelle Küchenmesser! Es schält Kartoffeln, hackt Holz, kitzelt Hälse ab. Verwechseln Sie meine Ware nich mit die von drübend an die bekannte Schwindelecke, wo der Brüllkönig seinen Schund ausposaunt; da wern Sie weiter nischt wie beschubst. Hier: vierzig Fennje der unverwüstliche Jummiträger! Wer'n mir verwüstet zurückbringt, den lej ick noch hundert Mark drauf. Un des is mein letztes Wort, und des bleibt so sicher wie's Amen in de Kirche.»

*

«Also, meine Herrschaften, det is der beriehmte Bernsteinkitt, ooch Kristall-Palastkitt jenannt. Leimt, klebt un kittet allens. Die Manipollation is janz einfach: man hält ihn über 'ne brennende Flamme, denn schlächt man eenen Teller oder 'ne Tasse kaputt, det man wat zu kitten hat, un denn kittet man ihr. Et hält wie Eisen, sag ick Ihnen, da kann 'ne Kanone drieber fahrn, et schadt ihr nischt. In keene Wirtschaft sollte mein Kitt nich fehlen. Er befördert den ehelichen Frieden un stärkt de jejenseitije Liebe. Et kann vorkommen, det der Mann abends beschmettert nach Hause kommt, det treie Weib hält 'ne Jardinenpredicht, da wird er patzköppig un schlägt allens kurz un kleene. An andern Morjen kommt die tiefbetriebte Jattin her un sagt: Je'm Se mir von Ihren beriehmten Bernsteinkitt, ick muß de janze Wirtschaft zusammenkitten. Aber der Kitt klebt, leimt, kittet allens. Er hält wie Eisen, sag ick Ihnen, da kann – – (Chor der Zuhörer: 'ne Kanone drieber fahrn, et schadt ihr nischt!) – Jawoll, meine Herrschaften, so is et, da kann wirklich – – (Chor der Zuhörer: 'ne Kanone drieber fahrn, et schadt ihr nischt!) – un wenn Se ooch zum dritten Mal 'ne Kanone drieber fahrn lassen – et schadt ihr doch nischt! Also, wer will von den beriehmten Kitt?»

*

DER KINOERKLÄRER (in der frühen Stummfilmzeit):

«Se steht da mit een Jesichtsausdruck, een Jesichtsausdruck! Un, wie der Lord nu wieder rin kommt un seiner über alles jeliebten Deisie det an't Jesicht ansieht, wat se vorhat, da sagt er: – – – Ick mecht doch die beeden Herrn da vorn noch mal ins alljemeine Interesse bitten, det Rauchen einzustellen, ick hab et doch schon einmal janz laut jesagt, und jutet Deutsch war et ooch jewesen – – – da sagt er: Denk an mir un an deinem Kinde, bevor du sowat tust!»

EIN FERNGESPRÄCH

von Kurt Tucholsky

«Hier ist nochmals das Fernamt. Ich möchte Sie darauf aufmerksam machen, daß Sie möglichst langsam und möglichst dialektfrei sprechen müssen; der Telefonverkehr für solche Gespräche, wie Sie eins angemeldet haben, ist zwar freigegeben – aber nur unter der Bedingung, daß der dortige Überwachungsbeamte den Gesprächen folgen kann. Wir haben nun die Erfahrung gemacht, daß regelmäßig getrennt wird, wenn die Teilnehmer Dialekte oder fremde Sprachen sprechen. Wir weisen Sie in Ihrem Interesse darauf hin.»

«Ja doch. Allemal. Na jewiß doch.»

*

«Au backe! Et klingelt. Det is det Fernjespräch! Emma, sperr ma die Jehrn in die Kiche, det se nich so brillen!

Jaaa –? Emil, bist du da? Emil? Wat sacht der? Emil! Bist du da? 'n Tach, Emil! Hier ist Pauel! Ja, ick spreche nehmlich jewählt, damit daß die Beamten heern solln, det wir nischt Vabotnes sprechen! Heer ma, Emil! Wie jehts dir denn? Jut, ja? Saufst du noch so viel? Det mußte nich! Det jreift die Nieren an – die Nieren! Die Nieren! – liecht det an die Vaständjung, oda haste dir de Ohrn nich jewaschen? Emil! Paß ma uff! Ick rufe wejen Minnan an! Paß ma uff:

Minna wollt doch nu heiratn, weißte, wa? Nu will sie ihrer aba nich heiraten – neien! Er will nich! Er sacht, det dritte Kind wär nu auch nich von ihn – er sacht, ßweemal hätt er sich det mitanjesehn, aba det dritte Mal, sachta, akennt er det nich an! Er wäre keene Kleen-Kinder-Bewahranstalt! Emil! Bist du noch da? Nu hat Erwin, sein Schwager, ja, der Dusslige, der imma beit Billjardspiel so mohrelt – ehmderselbige! Ja, der hat ihr doch nu die Wohnungseinrichtung besorcht, det Bett und die Kommode und den

Schrank – allens aus Mahachoni – nu sitzt sie damit da. Emil? Bist du noch da? Wat sachste du? Klahren? Dir ham se woll mitn Klammerbeutel jepudert? Wat denn – klahren? Der laßt ihr hochjehn, det weeßte doch janz jenau! Natierlich – det wirst du mir nich lernen, wie man diß macht! Ochse! Een Ochse bist du – allemal! Nein. Neien! Mensch, wenn du so lang wärst wie de dumm bist, könntste aus der Dachrinne saufen. Ick bleibe bei mein Wort. Also paß ma uff:

Nu sitzt se da mit den Amöblemang. Nu hatten wir jestan bei Schippanowsky ieber die Sache jeredt – Lottchen wah ooch da und der dicke Mattberg, der immer den Stolzen markiert, und denn Hejemann. Also ick bringe det Jespräch so janz pee a pee uff sehr feine Art uff die Sache . . . ick hase erscht 'n bisken wat injejehm, na, nich Medessin . . . Emil? Emil! Bist du noch da? Und nach ne halbe Stunde wahn se denn so weit. Ja. Hejemann wah jleich fett . . . mit die andern konnt ick noch redn. Ick habe sie det anjebotn . . . und bei die Jelejenheit hat sich noch 'n andret Jeschäft ajehm . . . Emil? Emil – hättste Lust, deine olle Laube jejen einen Rennkahn umzutauschen – det heeßt, den nimmt dir der Mattberch wieda ab, det ist bloß die Form wejen. Er nimmt die Laube, und denn jibt er dir den Kahn . . . det heeßt: der Kahn jeheert 'n janich . . . er jibbt 'n bloß so lange aß seinen aus, bis daß er die Forderung beijetriehm hat . . . von Hejemann junior. Den kennste doch, wa? Emil? Emil! Wat hälst du von die Sache? Wacht ma, Emma rummelt hier so mit die Meebel! Emma! Wißte jleich stille sind! Na, laß mir man hier fechtig sein – denn kriste aba von Vatan eene jeklebt, dette dir um dir selber trieselst! Emil! Emil – wat hälst du von die Sache? Wat? Det willste nich machen? Det is 'n dotsichres Jeschäft! Wat? Na, Mensch, du mußt da aba orntlich eenen jehohm haben – du saufst ooch, bis daß dir der Schnaps aus de Ohren looft. Warum wißte denn det nich machen? Mattberg tritt die Forderung ab, wattn, wattn . . . Sicherheit? Wir sind hier nich bei de Reichsbank! Wat sachste? Det willste nich? Det willste nich? Na, denn werk dir mah wat sahrn:

Du bist eene janz dusslige Rotzneese, wo nich in de Zeit paßt! Ja, nu – wos mit die Dollaren aus ist, da paßt er! Na, vor dir machen se keene neue Inflation, vor dir nich! Na, jeh doch! Na, mach doch! Du wirst den Zaun nich pinseln! Du nich! Aba det wick dir noch sahren – ick wer dir mal sahren, wat du mir kannst – du kannst mir –

Emil! Emil! Emil! Ja, ich plauderte jrade mit den Herrn! Wat sacht er –? Na, is dett die Menschenmeeglichkeit!

Jetzt hat der jetrennt, weil ich ihm nich hochdeutsch jenuch jesprochen habe! Fernamt! Frollein, ick habe jesprochen, wie unsa Pastor in de Kirche, und der trennt?

So wie ick hier spreche – ach wat, Dialekt! Dialekt! Ick spreche keen Dialekt – ich spreche Deutsch, vastehn Se mir? So, wie ick spreche: mir vastehn ja die Nejer. N wie Nathan ..... Wech.

So, Emma, nu kriste dein Fett von Vatan!»

Dieser Text Kurt Tucholskys aus dem Jahre 1928 weicht in der Umschreibung der Berliner Aussprache von älteren Texten – etwa denen Glaßbrenners – stark ab. Das ist nicht nur mit dem allgemeinen Wandel jeder Rechtschreibung zu erklären, zeigt vielmehr, wie sehr die Wiedergabe des Berlinischen bis heute noch variiert (siehe hierzu S. 12). Tucholskys ‹Ferngespräch› ist dem 2. Band der ‹Gesammelten Werke›, herausgegeben von Mary Gerold-Tucholsky und Fritz J. Raddatz, Rowohlt Verlag, Hamburg 1961, entnommen. Der Abdruck erfolgte mit freundlicher Genehmigung der Herausgeberin und des Verlages.

BERLINER TEXTE ZU BEKANNTEN MELODIEN

Im Berliner Gemüt ist die Singelust ebenso stark wie die Neigung zum Spott. Prägt sich Rhythmus oder Melodie einer Musik dem Berliner kräftig ein, dann kann er nicht anders, er muß sich einen singbaren Text dazu schaffen. Aus dieser Sing- und Spottlust sind verblüffende Leistungen hervorgegangen.

Auf Motiv des ersten Satzes von Schuberts ‹Unvollendete› (war in Berlin lange als Signalpfiff beliebt):

Fri-daa! [Auch: I-daa!]
Wo kommste her?
Wo gehste hin, wann kommste wieda?

*

Auf Walzer aus ‹Der Freischütz› von Weber:

Wenn Mutta Nudel bäckt, wenn Mutta Nudel bäckt,
Denn läuft der Pudel weg, denn läuft der Pudel weg!

Auf Lied aus ‹Martha oder der Markt zu Richmond› von Flotow:

Martha, Martha, du entschwandest –
Und mit dir mein Portemonnaie!

Auf Ouvertüre und Marktchor aus ‹Die Stumme von Portici› von Auber:

Kommse rein, kommse rein, kommse rein,
Kommse rein in die jute Stube!

*

Wenn det nich jut for de Wanzen is,
Denn weeß ick nich, wat bessa is!

*

Mädel wasch dich, putz dich, kämm dich schön,
Denn du weeßt, wir wolln bei Jräberts jehn.

Mutter Gräbert'n war die Besitzerin des Vorstädtischen Theaters auf dem Weinbergsweg, eine sehr populäre Frau; sie schenkte in den Zwischenakten die ‹Weißen› eigenhändig aus.

*

Auf Melodie aus ‹Margarethe› von Gounod:

Immer rin, immer rin in de Heilsarmee!
Macht ville Spaß un dut nich weh!

*

Auf die Barkarole aus ‹Hoffmanns Erzählungen› von Offenbach:

Laß dir nischt von Hoffmann erzählen,
Der is nich comme-il-faut!

*

Auf Melodie aus ‹Gasparone› von Millöcker:

Mutter, der Mann mit dem Koks is da!
Mädel, sei stille, ick seh et ja.
Ick hab keen Jeld, du hast keen Jeld,
Wer hat den Mann mit dem Koks bestellt!

*

Auf den Zigeunerchor aus dem ‹Troubadour› von Verdi:

Ick hab es dir ja jleich jesagt,
Die Wurscht, die schmeckt nach Seefe!

*

Auf ‹An der schönen blauen Donau›, Walzer von Johann Strauß:

Ach Mutter, der Max, der Max, der Max
Hat Beene wie Wachs, wie Wachs, wie Wachs,
Hat Oogen wie'n Lachs, wie'n Lachs, wie'n Lachs,
Und Lippen wie Blut, wie Blut, wie Blut!
Ach Mutter, dem Max bin ick jut!

Auf ‹Wiener Blut›, Walzer von Johann Strauß:

Nenn mich du, nenn mich dein,
Nenn mich Moritz Silberstein!

*

Auf das Walzer-Duett aus der ‹Fledermaus› von Johann Strauß:

Jlücklich ist,
Wer verfrißt,
Was nich zu versaufen ist!

*

Auf den ‹Fatinitza-Marsch› von Suppé:

Du bist varickt mein Kind,
Du mußt nach Berlin,
Wo die Varickten sind,
Da jehörst du hin!

*

Auf den ‹Petersburger Marsch›:

Denkste denn, denkste denn,
Du Berliner Flanze,
Denkste denn ick liebe dir,
Weil ick mit dir tanze?

*

Auf den ‹Torgauer Marsch›:

Fritze Weber
Hat'n Keber
An de Zunge, an de Lunge, an de Leber!

*

Auf die ‹Böhmische Polka›, eine tschechische Melodie, aus dem Krieg 1866 von einem Berliner Regiment mitgebracht:

In Rixdorf is Musike, Musike, Musike,
Da tanz ick mit der Rieke,
Mit der Rieke aus Berlin.

*

Auf ‹Lang, lang ist's her›, Volkslied, ursprünglich englisch:

Et liecht eene Leiche im Landwehrkanal –
Lang se mir mal her,
Aber knautsch se nich so sehr!

*

Auf ‹Hinaus in die Ferne› von Methfessel:

Hinaus in die Ferne,
For'n Sechser fetten Speck,
Den eß ick doch so jerne,
Den nimmt mir keener weg.
Und wer det tut,
Den hau ick uff'n Hut,
Den hau ick uff die Nese
Det se blut'.

*

Auf die ‹Parade der Zinnsoldaten› von Jessel:

Freu dir Fritzchen, freu dir Fritzchen,
Morgen jibts Sellriesalat!

Dienstag Erbsen, Mittwoch Linsen,
Donnerstag Sellriesalat!

*

Auf ‹La Tonkinoise›, französisches Couplet:

Meine Frau, die ißt gern Sülze,
Und wenn se keene hat und keene kricht, denn brüllt se.

oder:

Mein liebes Fräulein Backhaus,
Sie sehn ja heut, Sie sehn ja heut so spack aus!

*

Auf das russische Lied ‹Stenka Rasin›:

Unrasiert und fern der Heimat –
Fern der Heimat, unrasiert!
Unrasiert und fern der Heimat –
Fern der Heimat, unrasiert!

Kaliklora, Kaliklora,
Kaliklora, Chlorodont!
Chlorodont und Kaliklora,
Kaliklora, Chlorodont!

Markgrabova, Kreis Solesku,
Markgrabova liegt bei Lyck!
Markgrabova, Kreis Solesku,
Markgrabova liegt bei Lyck!

WORTSPIELE – WORTWITZE

Zwischen 1875 und 1900, als Berlin Weltstadt wurde, zeigte sich eine eigenartige Erscheinung, die kam und ging und ging und kam, und die von da an nie mehr ganz aus der Stadt verschwunden ist. Es war wie eine ansteckende Krankheit, die natürlich auch in die Provinz wanderte, sofern sie nicht zuweilen sogar von dort kam. Diese vergnüglichen Epidemien ergriffen Männer und Frauen, reiche und arme Leute, Gebildete und Ungebildete. Wer keinen Spaß verstand, blickte mit Stirnrunzeln auf den grassierenden Unsinn, auf den großen Jux, auf die ausgeklügelte Blödelei, die sich wie eine Geheimwissenschaft gebärdete.

Jede neue Epidemie war ein neues Spiel, das so lange dauerte, bis die letzten, raffiniertesten Möglichkeiten ausgeschöpft waren. Das oberste Kennzeichen jeder Juxmanie besteht darin, daß sie einen besonderen ‹Pfiff› hat. Ohne den Pfiff wird sie nicht virulent, kann sie nicht ansteckend wirken. Auch gehört zu ihrer Eigenart, daß man nie weiß, wer sich den Spaß ausgedacht hat. Verfasser unbekannt!

Schon sehr früh gab es die Klapphornverse, die ebenso blöde wie kunstvoll und lustig sind, ähnlich den englischen Limericks.

Zwei Knaben gingen durch das Korn,
Der eine blies das Klappenhorn,
Zwar konnt' er's noch nicht orntlich blasen,
Doch blies er's wenigstens einigermaßen.

*

Zwei Knaben stiegen auf einen Turm,
Der eine hat 'nen Bandelwurm.

Der andere, frisch und munter,
Ließ sich daran herunter.

*

Zwei Knaben gaben sich 'nen Kuß.
Der eine, der hieß Julius,
Der andere hieß Gretchen –
Vielleicht war es ein Mädchen.

*

Zwei Knaben gingen durch das Korn,
Der eine hinten, der andre vorn.
Und keiner in der Mitte.
Das macht', es fehlte der Dritte.

*

Als die Stadt sich einige hundert Klapphornverse zusammengedichtet hatte, kam ein neues Spiel auf: Abkürzungen. M.w. hieß: Machen wir (M.w. m.W. = Machen wir mit Wonne; s.s.s. = sojar sehr sauber!). Q.m.w. = Quatsch man weiter. J.w.d. = Janz weit draußen. D.b.d.d.h.k.P. = Dof bleibt dof, da helfen keene Pillen. Hierbei war ganz allgemein ein Zug der Zeit zu spüren: man wollte ‹kurz› sein. So kam es vor allem im Wirtschaftsleben zu Abkürzungen, die bis heute gültig geblieben sind. K.d.W. = Kaufhaus des Westens. A.E.G. = Allgemeine Elektricitätsgesellschaft. B.Z. = Berliner Zeitung (am Mittag), B.V.G. = Berliner Verkehrsgesellschaft.

Es folgten die Imperative nach dem Muster von Reklamen wie: «Koche mit Gas!» «Schmücke dein Heim!» «Schlafe patent!» Sie trieben Blüten wie: «Kotze vor Gericht!» »Stiehl volle (stilvolle) Portemonnaies!» «Denkmal Friedrichs des Großen!» «Mausejraue Paletots!» «Backe mit Mehl!» (d. i. Wange mit Puder!) «Brause vom Faß!»

Dann wurde es Mode, die Einschachtelungen schwieriger Wörter in Sätze als Aufgabe zu stellen, wobei das Berlinische brillant zu seinem Rechte kam: Sag mal einen Satz mit ‹Drama›: «Dra'ma' (trage mal) Vatern de Stiebel rin!» Mit ‹Mutter Erde›: «Mutter, ehr de wegjehst, schmier mir 'ne Stulle!» Mit

‹Holzwarenfabrik›: «Wie wir neulich in Schönholz waren, vabrüh'k (fabrik) mir de janze Hand mit Kaffe.» Mit ‹Kaviar› und ‹Kasimir›: «'k hav jar keene Zähne mehr, 'k ha se mir alle ziehn lassen.» Mit ‹Wahnsinn› und ‹Unsinn›: «Wahn Sie'n schon in unsin Jarten?» Mit ‹Bellevue›: «Ick belle wü en Hund.» Mit ‹Konzert›: «Kohn zerrt seine Olle durch den Saal.» – Daneben wurde ‹getäuscht›, etwa indem man einen Satz mit dreimal ‹Dänemark› verlangte und, wenn der Gefragte antwortete: «Hier haste 'n Daler, jib den 'ne Mark und den 'ne Mark und den 'ne Mark!», ihn durch eine viel simplere Lösung korrigierte: «Nee, Dänemark is Dänemark und bleibt Dänemark.»

Auch auf Lieder wurde das Spiel ausgedehnt. Ein Lied mit ‹Äskulap›: «Es k(u)lappert die Mühle am rauschenden Bach.» Mit ‹Ischias›: «I schiaß den Hirsch im wilden Forst.» Mit ‹Waschblusen›: «Was(ch) blusen die Trompeten?» Das Lied der Barbiere: «Was schert mich Weib, was schert mich Kind!» Das Urbild dieser Witze gab wohl der kleine Junge, der das Lied von der ‹Kanone› verlangt: «Goldne Abendsonne ... nie kann ohne Wonne deinen Glanz ich sehn.»

Daneben gingen die Schüttelreime her, z. B.:

Mitten auf dem Tegler See
Kocht der brave Segler Tee.

*

Nimmst du diese Boa mit,
Kommst du gleich nach Moabit.

*

Eß nie mit Messer Kabeljau,
Bloß immer mit der Jabel kau.

*

Ich lernte sie als Perle kennen,
Jetzt jehtse mit de Kerle pennen.

*

Bist du böse, Gretchen,
Iß ein Kesebrötchen!

*

An dem Spiel mit den Schüttelreimen beteiligte sich auch der Kaufmann Rosenhain, der am Dönhoffplatz ein populäres Geschenkhaus betrieb. Jedes Jahr zu Weihnachten brachte Rosenhain ein immer originelles, praktisches und billiges Portemonnaie heraus. Das Zeitungsinserat dazu hieß:

Das Portemonnaie von Rosenhain
Gehört in alle Hosen rein!

*

Ferner gab es das Spiel von den ‹Unterschieden›, das in drei Arten auftrat:

1. Als einfache Wortspiele: «Was ist der Unterschied zwischen einem Türken und einem Schneider, dessen Braut Wanda heißt? – Der Türke wandat nach Mekka und der Schneider meckert nach Wanda.»

2. Ohne Wortspiel, nur zu dem Zweck, den Gefragten, der ein Wortspiel vermutet, hereinfallen zu lassen: «Was ist der Unterschied zwischen 'ne Kuh und 'n Postboten? – 'ne Kuh kann man melken, det braucht sich der Postbote nich jefallen lassen.» Oder: «Was ist der Unterschied zwischen 'ne Nähmaschine und 'n Eichhörnchen? – Also det is janz einfach: du nimmst unter den eenen Arm die Nähmaschine un unter den andern det Eichhörnchen, un denn jehste in'n Jrunewald. Da stellste beede unter een Baum – un det, wat denn den Baum hochrennt – det is det Eichhörnchen!»

3. Das ‹Nein› des Gefragten wird ausgebeutet. «Wissen Sie den Unterschied zwischen 'n Taxe un'n Briefkasten? Nee? Na, denn nehmen Se sich man in acht, det Se heute Abend nich in'n Briefkasten steijen!»

Eine ähnliche Entwicklung machten die biblischen Witze durch, bei denen nach dem ersten Vertreter eines Berufes gefragt wird: «Wer war der erste Kutscher? Leid – denn David sagt: Leid soll mir nich wieder fahren (widerfahren).» «Wer war der erste Kolonialwarenhändler? Simson – denn es steht geschrieben: Gott nahm von ihm seine Stärke. (Aber se doochte nischt, denn er jab se ihm wieder.)» «Wer war der erste Koch? Josua – denn er dämpfte den Auflauf der Amalekiter.» «Wer war der erste Leutnant? Josef – denn er trug einen bunten Rock und dünkte sich besser als seine Brüder.» «Wie heißt Gott mit Vornamen? Ernst – denn es heißt in der Bibel: Du sollst mich mit Ernst anrufen.»

Später kam der ‹kleine Cohn›, eine Farce, die von sonst ganz gesunden jungen Leuten mimisch vorgeführt (‹jemimt›) wurde, und ausschließlich durch groteske Sprünge und affenartige Behendigkeit des Darstellers hinreißend wirkte. Sie war zuerst durch den beliebten Berliner Schauspieler Thielscher (ähnlich wie der ‹urkomische Bendix› im ‹Amerikäng›-Theater in der Köpenicker Straße) dargestellt worden. Die zu ihr gehörige Melodie wurde schnell populär; die Gestalt des kleinen Cohn wurde – ähnlich wie die Figur Charlie Chaplins nach dem Ersten Weltkrieg – überall von den italienischen Gipsfigurenhändlern feilgeboten. Der Text dieser Farce lautete:

Ham Sie nich den kleinen Cohn jesehn?
Sahn Sie ihn denn nich vorüberjehn?
In des Volkes Menge
Kam er ins Jedränge;
Und nu denken Sie mein' Schreck:
Der kleine Cohn is weg!

Eine Zeitlang sang man nach der Weise ‹Trink' ma noch ein Tröpfchen› blödelnde Wortspiele:

Alle Eulen heulen,
Nur die Litfaß-äule nicht.

oder:

Alle Pferde springen,
Nur Blumento-pferde nicht.

oder:

Alle Möpse bellen,
Nur der kleine Rollmops nicht.

Bei einer weiteren Art des Fragespiels in Berlin bestand die Antwort in einem Silben- oder Buchstabenscherz. «Was ist Tesch? – Ein Druckfehler, soll Tisch heißen.» – «Was ist Pensch?» Kam nun die Antwort: «Ein Druckfehler, soll Punsch heißen», so wurde erwidert: «Nee, das ist die Mitte von einem Lam-pensch-irm!» – «Aber was ist kasch kesch kosch kusch? – Nie ‹kisch›.» (Nikisch, unvergessener Dirigent des Philharmonischen Orchesters.) – «Und was ist Frax? – Eine Frau, der man ein x für ein u vorgemacht hat.»

Jahrelang beanspruchte die Berliner die Frage: «Was ist paradox?» d. h. das Streben, möglichst widerspruchsvolle Wörter oder Namen zu kombinieren. Zum Beispiel: wenn det Joethedenkmal durch die Bäume schillert; wenn ein Ehebrecher in der Bleibtreustraße wohnt; wenn ein Oberkellner am Unterarm ein Überbein hat; wenn man hart an der Weiche leise Lieder zur Laute singt; wenn man von einem Stehkragen verlangt, daß er sitzen soll; wenn man einem Camembert aus 'm Roquefort (Rocke vor) holt; wenn Ernst albert; wenn ein Logenbruder im Parkett sitzt; wenn man einen Kreisarzt um die Ecke bringen will; wenn ein Onkel seinen Neffen vernichten will; wenn ein Atheist sein Weib vergöttert; wenn sich eine Dame mit ihrem Nacken brüstet; wenn einer mit seiner Flamme im Dunkeln sitzt.

Bisweilen wurde auch die Frage gestellt: «Was ist nicht paradox?» Zum Beispiel: wenn einem Einbrecher die Geldschränke offen gestanden sehr gut gefallen; wenn ein Fehler ausgerechnet von einem Finanzgenie gemacht wird; wenn die Butter im Sommer ins Geld läuft; wenn der Barbier einem um den Bart geht; wenn ein Claqueur alle Hände voll zu tun hat; wenn sich ein Modell bloßstellt.

*

Der Einfluß der Witz-Epidemien begann im 20. Jahrhundert abzunehmen. Das Kabarett, die Schlager und später Radio und Tonfilm, gaben der Weltstadt neue Möglichkeiten. Nur zu Beginn der Zwanziger Jahre, als die Inflation unentwegt fortschritt und Schieber und Kriegsgewinnler die Herren des Tages waren, erhielt der Berliner Witz noch einmal so starken Auftrieb wie in den alten Zeiten: es entstand die Figur des ‹Herrn Raffke›, dessen treffender Name erst nach einigen unbefriedigenden Experimenten wie ‹Neureich› und ‹Vollgold› zustande gekommen und sofort allgemein akzeptiert worden war. ‹Raffke› – diese Namensbildung mit dem in Berlin so häufigen -ke am Schluß, hatte den Saft des Lebens, und mit dem Namen stand der ganze Mann da: protzig, haarsträubend ungebildet, aber gutmütig und in seinem unfreiwilligen Witz den Berliner nicht verleugnend. Zu ihm (der weitbekannt wurde und auch heute noch ein Begriff ist) gehörte eine Familie, vor allem die mit großen Diamanten behängte dicke Frau Raffke. Sie trug die kostbarsten Pelze, und (dies war einer der ersten Witze über sie) als sie erfuhr, daß sie ihren neuen Pelz nicht als ‹Seeaal›, sondern als ‹Siel› bezeichnen müsse, nahm sie das bereitwillig zur Kenntnis, und wußte nun auch, daß ihr Sohn das ‹Riel›-Gymnasium besuche.

Raffke seinerseits zeigte einem Freund seine neue Villa und sagte, als dieser das vornehme Badezimmer bewunderte: «Na, jetzt glauben Sie es ja wohl, daß ick mir die janze Woche auf den Sonntag freue!» Nach dem Modell dieses Ausspruchs machten die Berliner fortan Jagd auf neue Bonmots von Raffke. So sollte er z. B. die Inschrift über dem Portal seiner Villa ‹A. D. 1922› gedeutet haben: ‹Aus Devisen 1922›.

Den Fußballspielern rief er ins Spiel: «Jungs, zankt euch nich um den dämlichen Ball, ick schenke jeden von euch so'n Ding!»

Schließlich veranstaltete die ‹Berliner Illustrierte› ein Preisausschreiben: ‹Was sagt Raffke?› Eine Zeichnung von Koch-Gotha zeigte Raffke mit seiner Frau vor der Ruine des Kolosseums in Rom. Was sagt er wohl dazu? Den ersten Preis gewann ein Arzt mit der Antwort: «Baut doch nich, wenn ihr keen Jeld habt!»

Mit dieser Glanzleistung war das ‹Raffke-Thema› erschöpft, inzwischen war auch die Inflation vorbei.

*

Es gibt allerdings, speziell in Berlin, eine Witz-Epidemie, die schon seit hundert Jahren immer wieder in Frische auflebt; das sind die Denkmals- und Neubauwitze. Bei den Denkmalswitzen kommt es darauf an, daß der Gesamteindruck des Kunstwerks oder eine besonders auffallende Einzelheit in einem kurzen Satz charakterisiert wird. Die Neubauwitze stellen Zweck und Eindruck des Bauwerks möglichst in einem einzigen Wort vor Augen. Freilich wären die meisten Witze dieser Art noch mehr wegen der Schnelligkeit ihres Entstehens zu bewundern als wegen ihrer Treffsicherheit; doch sind im Laufe der Zeit manche Witze um ihrer guten Qualität willen in die Überlieferung eingegangen.

So hatte Schadow dem Husarenführer Zieten, dessen Standbild dann am Wilhelmsplatz aufgestellt wurde, die Haltung eines Beobachters gegeben, der, die gekrümmte Hand am Kinn, in die Ferne zu spähen schien. Der Zufall fügte es, daß nach der Erbauung des Hotels ‹Kaiserhof› Zietens Blick genau auf den dortigen Friseurladen gerichtet war, weshalb die Berliner ihm nun die Frage unterschoben: «Ob ick mir heute rasieren lasse?» – Der alte Blücher (von Rauch) neben dem Opernhaus hielt den Fuß auf ein Kanonenrohr gestützt, das unvermeidlich an einen Kanonenofen erinnerte. Diese Pose forderte zu der Interpretation heraus: «Uff mein' Ofen laß ick keen' ruff, ick hab ja selber kaum Platz dadruff.» – Die Siegessäule, ursprünglich am Königsplatz aufgestellt, wo die Siegesallee begann, gefiel den Berlinern zwar gut, aber sie merkten doch, daß die Figur der sie krönenden Viktoria etwas zu groß im Verhältnis zur Säule geraten war. Daher nannten sie die Viktoria ‹det eenzje Berliner Meechen ohne Vahältnis›; die Säule selbst wurde als ‹Siegesschornstein› bezeichnet. (In der Hitlerzeit lief dann der Witz um, die Viktoria sei die einzige Jungfrau in Berlin, an die Goebbels nicht heran könne.) Sehr anschaulich kommt die Haltung des Heiligen Georg (Denkmal im Schloßhof) zum Ausdruck durch den Seufzer, den man ihm in den Mund legte: «Na, nu langts ma aba – 'n Ferd reiten, 'n Sebel halten, de Fahne hochstemmen und sich denn mit'n Drachen keilen, – det is doch 'n bißken ville!»

Unter Wilhelm II. entstand die Siegesallee, die sich 700 Meter lang durch den Tiergarten zog und mit 32 völlig gleichartigen halbrunden Denkmalsanlagen aus schneeweißem carrarischem Marmor prunkte. Jedem der dargestellten brandenburgischen Fürsten (18 Hohenzollern, 14 Askanier oder Wittelsbacher) waren zwei Hermen beigegeben, die berühmte Zeitgenossen oder treue Diener des betreffenden Herrschers verewigen sollten. Auf die Frage der Fremden beim Anblick der Herrscher-Standbilder: «Was stellen diese Figuren vor?» lautete die Antwort der Berliner: «Det rechte Been». Und der Maler Max Liebermann erklärte zu dieser grell-marmornen Attacke auf das Augenlicht: «Ick hab ma 'ne Schneebrille jekooft, damit ick jesund durch'n Tiergarten komme.»

Die Stadt Berlin schenkte Wilhelm II. für den Schloßhof einen Neptunsbrunnen, der von dem Bildhauer Begas stammte: ein großes Becken, auf dessen Rändern Nymphen saßen, als Symbole der großen deutschen Ströme. Die Mädchen hielten die Hände so an dem Brunnenrand («Meechen, die den Rand halten») wie Schwimmerinnen, die eben aus dem Wasser aufgetaucht sind. In der Mitte des Beckens saß auf einem ragenden Felsenthron Neptun mit dem Dreizack. Doch mit diesem Brunnen hatte Oberbürgermeister v. Forckenbeck, der ihn dem Kaiser als nachträgliche Huldigungsgabe zu seinem Regierungsantritt übereignete, kein Glück; das Werk mißfiel Wilhelm, wenn es ihn nicht sogar ärgerte. Er ließ den Brunnen nicht in einem der Schloßhöfe, sondern nur vor dem Schloß an der Straße aufstellen. Die Berliner, denen dieser Vorfall viel Spaß machte, hielten die Erinnerung daran noch jahrelang lebendig in der Redensart: «Warum sind Sie denn so beleidigt? Ich hab Ihnen doch keinen Brunnen geschenkt.» Der Brunnen selbst bekam, in Anspielung sowohl auf den Namen des Oberbürgermeisters als auch auf den neptunischen Dreizack, den Namen ‹Forkenbecken›.

Fünfzehn Jahre nach der Abdankung der Hohenzollern begann das ‹Dritte Reich›, und damit kamen die ‹Flüsterwitze› auf. Wahrscheinlich sind die kürzesten Witzworte jener Zeit wie ‹Machtübergreifung›, ‹Deutscher Blick› oder ‹Deutsche Rundschau› in Berlin geprägt worden; ebenso entstanden hier wohl die Witze über den alten (nebenbei: in Berlin eher bemitleideten als verdammten) Hindenburg, wie etwa: «Die Wilhelmstraße muß täglich immer wieder gefegt werden, denn wenn irgendwo ein Stück Papier liegen bleibt, unterschreibt Hindenburg es sofort.» Oder: Hindenburg sei längst tot; wenn man ihn noch in der Öffentlichkeit brauche, spiele ihn Adele Sandrock. Oder: Hindenburg liest im Rundfunk eine Rede ab und stottert gerade mühsam den Satz hervor: «Es ist jetzt keine Zeit zu Festen und . . .» hier bleibt er stecken, Meißner souffliert ihm rasch: «Bällen». Worauf Hindenburg getreulich in «Wau, wau, wau» ausbricht. – In diesen Wochen wurde auch (nun schon wirklich im Flüsterton) das Gespräch zweier Berliner SA-Leute verbreitet: «Mensch, haste schon jehört? Der Reichstag brennt!» – «Pst, pst! Erst morgen!»

Fast sicher kann man die Definition des Unterschiedes zwischen einem Krematorium und einer Parteiversammlung – «Im Krematorium wird man verbrannt, in der Parteiversammlung verkohlt» – wegen des Wortes ‹verkohlen› für einen Berliner Witz halten. Und auch das folgende ‹Flüstergespräch› stammt wohl aus Berlin: Müller fragt: «Was jibt's denn jetz für neue Witze?» – Schulze: «Sechs Monate KZ.» Im Berliner Dialekt ist ein bitterer Witz über die ‹Kristallnacht› überliefert: Ein Parteifunktionär überrascht einige SA-Leute beim Plündern eines jüdischen Juwelierladens. Einer schwachen Gewissensregung folgend sagt er: «Na, nu is et aber woll jenuch hier, jetzt jeht ihr aber ma nach Hause!» Darauf antwortet ein SA-Mann zornig: «Watt denn, watt denn, wat heeßt hier jenuch? An Justloffen denkste woll janich mehr, watt?» (Gustloff, Auslandsfunktionär der Partei, war schon zwei Jahre vorher durch ein jüdisches Attentat umgebracht worden.)

Dann kam der Krieg mit seinen Bombenangriffen, und Sätze wie: «Keiner soll hungern, ohne zu frieren», «Spare in der Not, da hast du Zeit dafür», «Hunger allein tut's nicht, es muß auch Krankheit dazukommen», wandern durch die Berliner Luftschutzkeller. Der zunehmende Männermangel wird zynisch glossiert in dem Gespräch zweier Berlinerinnen, die sich auf dem Kurfürstendamm begegnen: «Nanu, Lotte, du bist ja in andern Umständen! Wie is'n das jekommen?» – «Beziehungen ebent!»

Allmählich wurde Berlin zur Trümmerwüste (‹eine Stadt der Warenhäuser, denn da *waren* Häuser›, spotteten die Berliner). Daher gab es eine beliebte ‹Scherzfrage›: «Was ist Berlin als Kunstwerk?» – «Eine Radierung von Churchill, nach Ideen von Hitler.»

Als Stationen für eine Omnibuslinie wurden genannt: ‹Reichstrümmerfeld› (Reichssportfeld), ‹Klamottenburg› (Charlottenburg), ‹Stehtnix› (Steglitz), ‹Trichterfelde-Rest› (Lichterfelde-West).

Die Verabschiedungsformel unter Freunden lautete in Berlin seit 1944 oft: «Bleib übrig, bleib gesund! Und pfleg mein Grab!» Doch das ist matt im Vergleich zu jener spontanen Mitteilung, die am Eingang eines zerbombten Hauses zu lesen war, unbeabsichtigt monumental in ihrer Schnoddrigkeit: «Alles im Eimer, bin bei Frieda.»

Als vor dem Zusammenbruch 1945 Berlin von Osten und Westen her eingeschlossen war, beteuerten die Berliner, Goebbels' Phrasen parodierend: «Ick jloobe fest am deutschen Siech, solange ick noch for'n Jroschen von de Westfront an de Ostfront fahrn kann.» Dem gleichen Geist entsprang der grimmigste und vielleicht genialste Ausdruck der Luftkriegs-Stimmung: «Wer jetzt noch lebt, is selba schuld – Bomben sind jenuch jefallen!»

Die Berliner Hungerjahre nach dem Waffenstillstand gipfelten in der Blokkade. Sie wurde durch die Luftbrücke mit ihren ‹Rosinenbombern› überwunden. Danach schritt der Wiederaufbau mit höchster Beschleunigung vorwärts. Und die unverwüstlichen Berliner konnten sich jetzt in Neubauwitzen ergehen. Denn für die Entstehung von Denkmälern war die Zeit nicht geeignet. Nur das Erinnerungsmal für die Opfer der Luftbrücke, vor dem Flughafen in Tempelhof, wurde als Novität allgemein beachtet – und auch gleich mit dem Namen ‹Hungerharke› belegt. Im übrigen zogen sich moderne Kirchenbauten mit ihrer von jeder Tradition abweichenden skurrilen ‹Sachlichkeit› treffende Bezeichnungen zu: die neue Kaiser-Wilhelm-Gedächtniskirche heißt ‹Seelengasometer›, eine andere Kirche, wegen ihrer langgestreckten, flachen Form ‹Gebetsabschußrampe›, eine andere ‹St. Aluminium›, entsprechend dem am meisten hervortretenden Baumaterial.

Doch auch Profanbauten im neuesten Stil reizen den Spott der Berliner anscheinend mehr als alle derartigen Gebäude, die je bis 1918 geschaffen worden sind. Das moderne Konzertgebäude der Hochschule für Musik, in der Nähe des Bahnhofs Zoo, wird ‹Bahnhof Hindemith› genannt, und die zeltartig wirkende neue Philharmonie ‹Zirkus Karajani›. Mit den meisten Namen ist die Kongreßhalle am Tiergarten, ein Geschenk der Amerikaner an Berlin, belegt worden. Ihre architektonische Eigenart besteht in dem nach innen gewölbten Dach aus Spannbeton, das über dem runden Baukörper scheinbar schwebend hängt. Doch wie witzig auch immer alle Namen für diese Halle gemeint sein mögen – Schwangere Auster, Babywaage, Achterbahn –, keiner trifft wirklich ins Schwarze, keiner ist einmütig akzeptiert worden. Einen Witz zu machen, der auch übermorgen noch lebt und funkelt, ist ebenso schwer wie ein Lied zu machen, das als Volkslied empfunden wird und deshalb erhalten bleibt.

POST FESTUM

Ein Wörterbuch hört auf, ohne zu Ende zu sein; das entspricht seinem Wesen. Doch Mitarbeiter und Herausgeber können sich nur schweren Herzens damit abfinden. Man sieht das am deutlichsten an den großen Konversationslexika: der Herausgeber hat ein zwölfbändiges Werk versprochen, und wenn diese zwölf Bände endlich im Bücherregal stehen, darf der Bezieher drei Monate lang davon überzeugt sein, den augenblicklichen Wissensstand der Welt in seiner Bibliothek gehortet zu haben – bis ihn der Brief erreicht, der die Ergänzungsbände ankündigt. Aus ist es mit der schönen Gewißheit von der ganz und gar geschlossenen Wissenssammlung!

Ein Wörterbuch zu machen, ist eine heikle Arbeit, und sicher ist dies der Grund, warum man nicht gern damit aufhört. Erst wenn das Buch sich seiner Fertigstellung nähert, glaubt man nämlich die mühselige Technik erlernt zu haben, über die man schon bei der Abfassung des ersten Drittels hätte verfügen müssen. Jetzt, am Ende, geht einem alles so kinderleicht von der Hand. Aber das Buch ist fertig, basta! Und dieses ‚basta' bringt der Herausgeber nur schwer auf die Zunge.

Die Neuauflage des ‚Richtigen Berliner' beschäftigte die Beteiligten etwa drei Jahre lang. Wenn man das rückschauend betrachtet, ist das kaum zu glauben, denn die Hauptsache beim ‚Richtigen Berliner', das Wörterbuch, war doch vorhanden. Es brauchte nur Gärtnerarbeit daran getan zu werden, Unkraut und Wildwuchs waren auszujäten; Verdorrtes mußte herausgenommen und dafür Neues eingebracht werden. Alles andere machte sich ja beinahe von selbst. Na und, darüber sind drei Jahre vergangen? Ja, und für uns gilt natürlich auch, was für die anderen Wörterbuchmacher zu sagen ist: wir konnten uns auch nicht entschließen, aufzuhören. Dazu kommt jedoch noch etwas anderes. Jedes Wort, gleichgültig ob es blieb oder ausgesondert wurde, hatte magnetische Kraft, zog und führte jeden von uns bis dahin, wo er ihm zuerst im Leben begegnet war. So stiegen die Menschen und die Zeiten von damals wieder herauf. Ein kleiner, sommersprossiger Junge mit ‚barften Beenen' rannte über das ‚Tempscher', das Tempelhofer Feld, zum Affenbaum hin mit seinen tiefgebogenen Ästen. Als wenn sie auf seinen Zweigen gewachsen wären, so schaukelten sich schon viele kleine Jungs im alten Affenbaum. Einer von ihnen schimpfte den anderen, der ihn vom Baum gestoßen hatte, eine ‚Aaskrete'.

So hing an jedem Wort eine Geschichte und wenn man ihnen allen wirklich nachgegangen wäre, hätte man leicht noch mehr als drei lumpige Jahre verträumen können. Doch aus all den kleinen Erinnerungen, mit denen diese Wörter behangen sind wie mit Sommerfäden, webt sich von selbst das Zaubergewand zusammen, das wir brauchen, um wieder die fernen Paradiese der Jugend betreten zu können.

W. K.